L'amour des bibliothèques

Du même auteur

AUX ÉDITIONS DU SEUIL

Adieu les philosophes
Que reste-t-il des Lumières ?
« L'Avenir du passé », 2001

CHEZ D'AUTRES ÉDITEURS

Discours, Révolutions et Histoire
Représentations de l'histoire et discours sur les révolutions de l'âge classique aux Lumières
UGE, 1975

Le Clairon de Staline
De quelques aventures du Parti communiste français
Le Sycomore, 1981

(avec Daniel Oster)
Gens de lettres, Écrivains et Bohèmes
L'imaginaire littéraire, 1630-1900
Minerve, 1992

Ces livres qu'on ne lit que d'une main
Lecture et lecteurs de livres pornographiques au XVIIIe *siècle*
Minerve, 1994

Le Règne de l'histoire
Discours historiques et révolutions, XVIIe-XVIIIe *siècle*
Albin Michel, 1996

(avec Jean-Jacques Tatin-Gourier)
André Chénier
Poésie et politique
Minerve, 2005

Jean M. Goulemot

L'amour des bibliothèques

Éditions du Seuil

ISBN 2-02-081683-0

www.seuil.com

Les caractères sont le plus précieux trésor de l'univers, leur fonction majeure est de transmettre les règles de l'esprit que les anciens sages ont voulu faire passer à la postérité, leur fonction mineure est d'enregistrer mille et un détails difficiles à retenir. Ils permettent aux anciens et aux modernes, quoique séparés par des milliers d'années, de converser ensemble, face à face ; ils permettent aux lettrés du monde entier, quoique séparés par des milliers de lieues, d'exprimer leurs intimes pensées, main dans la main ; ils permettent aux hommes d'acquérir mérite et renommée ; ils aident aux affaires humaines ; ils ouvrent l'esprit, ils servent de référence commune à tous les hommes disponibles à tout moment ; immédiatement intelligibles, comment ne pas considérer les caractères comme le trésor le plus précieux de l'univers ?

Empereur Kangxi, *Tingxun geyan*, édition de 1730.

À la mémoire de Jacques Proust.

À tous ceux qui, volontairement ou non,
m'ont aidé à écrire ce livre.
Aux amis aujourd'hui disparus,
aux lecteurs observés d'un œil d'entomologiste,
aux conservateurs toujours disposés
à répondre à mes questions les plus saugrenues,
aux personnages par moi rêvés,
aux ombres incertaines de ma mémoire,
aux bibliothécaires tous grades confondus,
aux livres lus, à ceux que je possède,
à ceux que j'espère pouvoir encore lire et écrire,
à ceux que j'emporterai en paradis,
à toutes les bibliothèques connues et inconnues.
À toutes et tous merci.

Ouverture

Comme le bon écolier prêt à rendre sa copie, je relis ces pages, depuis le premier jour sans cesse reprises. Grâce à elles, il me paraît retrouver, comme un parfum entêtant jamais complètement évanoui, les sensations d'un passé lointain, en même temps que m'envahit au fil de la lecture une impression de brouillage et d'incomplétude, celle que l'on éprouvait aussi, non sans angoisse, à la relecture fébrile des copies d'examen. Rien n'y semblait digne d'avoir été écrit ; rien ne ressemblait à ce qu'on avait voulu obstinément exprimer. Avec cruauté se révélait brutalement le dérisoire de l'entreprise. Le désespoir était proche : le modèle des livres lus, la perfection de leurs démonstrations et leurs argumentations convaincantes, tout paraissait soudain trahi. On se sentait comme démasqué, victime d'une sorte de mise à nu par cette incapacité à leur redonner vie. Cela valait-il même la peine d'être corrigé ? L'échec était là, patent.

À me relire, de quoi suis-je vraiment certain dans cette évocation des bibliothèques dont je prétends qu'elles ont construit ma vie de lecteur et sans doute ma vie elle-même ? Surtout pas de mes souvenirs les plus lointains : ce qui me fait douter de cette affirmation, devenue commune, selon laquelle, avec l'âge et ses naufrages, la mémoire longue continue à fonctionner alors que les événements les plus récents, à peine vécus, sont déjà oubliés. Je m'interroge sur la capacité d'inventer dans cette sorte de solitude vouée à la réminiscence que constitue l'accès à la vieillesse. N'en est-on pas venu au point où il faut donner sens au fatras et à l'accumulation, quitte à en modifier les commencements pour les rendre dignes de fonder une lignée ? Je suis donc sans excuse, et résigné à plaider coupable. Dans les limites qu'impose l'écriture, je ne suis tout à fait sûr, et encore, que des souvenirs utilisés ici à partir des notes prises lors de mon séjour en Espagne ou des périodes où j'ai tenu mon journal de lecteur de la Bibliothèque nationale de France, ou quand, pensant déjà à ce livre, j'ai passé de longues journées à lire et à observer les étudiants lecteurs dans la bibliothèque de l'université Johns Hopkins à Baltimore. Ils ne sont ni triés ni même embellis par le temps qui a passé et par leur mise en forme, à tel point qu'ils me surprennent aujourd'hui encore. Ce qui, pour moi, est peut-être la seule vraie preuve de leur authenticité.

Quand je remonte à mon enfance, tout devient plus trouble. Je peine à faire la part de ce qui réellement fut et de ce qui, logiquement, pour l'adulte que je suis devenu, aurait dû être. La mémoire lointaine se construit, qu'on l'accepte ou non, comme un roman réécrit à mesure que les années passent et que le temps écoulé rend le passé plus imprécis. Aujourd'hui, sans pouvoir faire la part des choses, je revis le contexte de la guerre, qui nous obligeait plus que jamais à rêver, à se prêter, dans la faim et le froid, à l'illusion d'une vie plus heureuse. Il suffit que je me revoie mangeant des fruits verts ou trop mûrs que nous chapardions dans les jardins, ramassant le long des haies du bois mort encore humide pour alimenter le feu de la cuisinière, ou regardant dans la cour de récréation, avec l'intensité du désir, les fils de fermier dévorant de belles tranches de pain couvertes de rillettes luisantes de graisse, pour retrouver, comme par miracle, les consolations que m'apportaient déjà les livres peuplés d'enfants blonds et roses que je lisais alors. S'il m'est arrivé au fil de ces pages de faire de mes rêves une réalité vécue, il demeure vrai que ces mêmes rêves constituaient en ce temps-là une part essentielle de mon quotidien. De tout ce que je raconte ici de cette époque, mon seul mensonge, s'il existe, est d'avoir érigé mes rêves en réalité, de n'avoir pas confessé d'entrée que j'ai été, par la force des choses, dès la petite enfance, un rêveur éveillé et impénitent.

Vieillir, c'est aussi, comme si le temps suivait invariablement une trajectoire en boucle, retrouver son enfance, dont on avait souhaité s'éloigner pour devenir adulte et oublier, une fois pour toutes, les années noires. Il m'avait fallu faire du passé table rase et cultiver la trop lente vertu d'oubli. Non sans jubilation, non sans violence. Il est ainsi des ruptures nécessaires. On les croit définitives ; elles ne sont heureusement, parfois, que temporaires. On finit par se réconcilier avec ce passé, totalement ou partiellement reconstruit, quand il faut bien donner sens à un cheminement proche de son terme et qui, le moment venu, constituera sa trace et sa mémoire. Est-ce le temps de la sagesse résignée ? Je n'en suis pas si sûr. C'est une autre étape, un moment d'unité retrouvée, avant d'autres séparations, elles, on le sait, plus définitives.

Je reconnais donc non pas avoir menti, mais avoir transformé mes rêves anciens en événements vécus pour tenter de me comprendre, ou parfois avoir, sans même m'en rendre compte et sans en être encore totalement certain, confondu rêve et réalité. On dira que mon plaidoyer manque de rigueur, qu'il était facile de vérifier en consultant les témoins. J'en conviens aisément. Mais le recours aux témoins ne parvient pas, lui non plus, à me convaincre. J'ai perdu de vue nombre de ceux qui m'ont accompagné durant cette période. Certains sont morts. Je l'ai appris par hasard ; je peine à me rappeler leurs visages, et j'ignore comment l'âge les avait modelés. Quand ma mémoire est généreuse, je me souviens d'eux avec un visage d'enfant de toute éternité, comme s'ils n'avaient jamais réussi à vieillir. Et à ceux qui sont vivants, pourquoi faire confiance ? Pourquoi se souviendraient-ils, eux, d'un camarade de classe, tôt parti à Paris, entraperçu au hasard des vacances, devenu professeur, disait-on ? Pourquoi ne pas faire de la vie rêvée la chose du monde la mieux partagée entre eux et moi, et croire qu'ils gardent de leur enfance, non ce qui me concerne, mais des bouts de rêve qu'ils ont peut-être, eux aussi, tendance à confondre avec la réalité ?

Quand nos parents disparaissent, nous découvrons qu'avec eux s'efface toute une part de notre vie dont ils ont été les témoins privilégiés. J'ai ainsi soudain découvert que plus personne ne nous appellerait, mon frère et moi, par un diminutif qui n'appartenait qu'à eux, que plus personne ne saurait à quel âge j'avais eu la diphtérie et mon frère la scarlatine. La mort des parents marque la disparition définitive de notre enfance. Sa fin et son oubli. J'aurais pu parler à mon frère de ce livre, de mes souvenirs, et je ne sais quelle pudeur m'a retenu de le faire. J'ai craint qu'il ne m'oblige à reconnaître que mes souvenirs étaient mensongers, tout bonnement faux, comme pour m'interdire d'user de la vérité à ma convenance, en se moquant aussi peut-être de l'importance puérile que j'attache à ce passé illusoire.

Me voilà donc parti à l'aventure. Hardi matelot !

I

Jalons

I

À en croire le *Petit Larousse* ou le *Petit Robert*, le mot « bibliothèque » aurait trois sens. D'abord une « collection de livres, de manuscrits », ensuite un lieu où ils sont entreposés, et enfin un « meuble à tablettes servant à ranger des livres ». On reste sur sa faim. Où ranger dans ces définitions la « Bibliothèque de la Pléiade » ou la plus ancienne « Bibliothèque universelle des romans » qui charmait les lecteurs du XVIIIe siècle ? Dans une bibliothèque publique, par exemple, on trouve le lieu où sont rangés les ouvrages qui constituent la collection, appelée parfois « fonds », sur des « tablettes servant à ranger des livres », ce qui recouvre pour un même établissement les trois définitions que proposent les dictionnaires. Par ailleurs, quand je dis « ma bibliothèque », ce n'est évidemment pas la Bibliothèque nationale de France, dont je suis pourtant depuis des lustres un habitué, qui occupe ma pensée, mais ma collection de livres anciens, installés eux-mêmes (je n'ose dire rangés) sur des étagères qui tapissent tout un mur, et les centaines de livres, de travail, de divertissement ou de bibliophilie, qui encombrent mon appartement et mon bureau. Bien qu'ayant construit de mes mains les meubles qui les abritent et dont, pour certains, sans modestie aucune, j'aime le chêne ciré, ils ne participent pas directement de ce que désigne cette expression emphatique, « ma bibliothèque ».

Toutes ces définitions parlent beaucoup des livres et peu de lecture. Il est vrai qu'on peut collectionner avec passion des livres anciens ou modernes sans jamais lire un seul d'entre eux, et pas simplement parce que leur manipulation risque de les abîmer et leur fait perdre de leur valeur marchande. Or nous savons que les livres qu'on ne lit pas cessent assez vite d'être des livres. Ils deviennent quelque chose de différent et tirent leur valeur d'autres qualités que l'intérêt suscité par la lecture. L'indication « comme neuf » ou, pire encore, « non coupé » ou « n.c. », figurant dans un catalogue de livres d'occasion ou dans celui d'une vente de grande bibliophilie, me remplit d'aise et m'afflige tout à la fois : voilà un livre impeccable, mais qui n'a pas été aimé comme un livre, dévoré, comme l'on dit, digéré aussi, et qui, conservé si propre et si frais, est devenu un objet de décoration ou de spéculation. Que n'a-t-il été enfermé dans un coffre ? Mais le collectionneur aime montrer, exhiber même, le bon achat ou la trouvaille. Il y a chez lui de la vanité du chasseur ou du pêcheur. Les livres rangés sur les étagères, parfois abrités de la poussière par un vitrage, ont toujours évoqué pour moi les faisans alignés autrefois aux pieds des chasseurs, fiers de se montrer aux photographes. Dans le langage du marchand, le « non coupé » indique un état irréprochable, un objet auquel on a prodigué des soins attentifs, dont on a entretenu la reliure, protégé les gravures, qu'on a tenu éloignées de la poussière ou de l'humidité. Je me sens parfois heureux d'acquérir ce puceau, et je ressens de nouveau cette envie fébrile que j'éprouvais devant les livres d'anniversaire quand, l'ouvre-pages à la main, je me préparais à accomplir l'acte initiatique d'offrir leurs feuillets à la lecture. Ledit livre rare acheté, je me garde moi aussi d'en couper les pages et, une fois couvert de papier cristal, s'il n'est pas relié, il va rejoindre la bibliothèque de mes livres modernes. Cependant, j'éprouve une nostalgie profonde des livres qui n'étaient pas massicotés, et dont il fallait couper les pages en s'interrogeant sur les mystères de la pliure du placard imprimé.

Pour moi, une bibliothèque publique, c'est essentiellement un lieu consacré à la lecture. J'ai pris nettement parti entre la communication et la conservation dans ce débat qui divise encore, semble-t-il, les conservateurs et l'administration des bibliothèques. Je suis partisan de la communication, malgré mes goûts de collectionneur invétéré et de thésauriseur de l'imprimé et malgré la conscience d'avoir en bibliothèque d'autres besoins que ceux du lecteur appartenant au grand public. Depuis mon adolescence, je fréquente beaucoup les bibliothèques, et j'y suis en général heureux et satisfait. J'y ai lu plus de livres que dans mon bureau ou dans le train, dont un destin d'universitaire provincial a fait de moi un usager captif. Et je me demande pourquoi les dictionnaires – est-ce un signe des temps ? – n'emploient jamais le mot « lecture » dans leur définition de la bibliothèque. C'est pourtant là que je consulte leurs ancêtres, le *Dictionnaire* d'Émile Littré, le *Larousse du XIX*^e^ *siècle* de Pierre Larousse ou le *Grand Robert*. Peut-on les soupçonner, eux qui n'existent que parce que leurs auteurs ont lu et que les lecteurs qui les consultent lisent, d'avoir choisi la conservation contre la communication ? Pour moi, une bibliothèque, c'est donc d'abord un lieu où l'on vient lire. Toutes sortes de livres, rares ou communs, anciens ou récents. Leur nature, leur qualité sont sans aucun doute moins importantes que leur présence et leur circulation. Dans cette optique, à mes yeux, la notion de richesse d'une bibliothèque est, en fin de compte, totalement problématique.

Peut-être est-il vrai que la lecture en bibliothèque est particulière. Je la définirais volontiers comme une lecture grégaire, librement imposée et placée sous surveillance. Les systèmes de contrôle actuels pour éviter les vols, les aspirations réglementaires et bureaucratiques naturelles à toute institution en général, et à celle-ci en particulier, la conscience aujourd'hui dissimulée, mais bien présente, du fait que la lecture se mérite, l'absence fréquente de commodités pour l'utilisation des livres en accès direct font que l'on doit lire à sa place ou, seule liberté ou fantaisie permises, dans le cas d'un usuel, à une place restée libre. Finies ces bibliothèques que je ne nommerai pas, mais douces à ma mémoire, où le lecteur, vaincu par la nécessité, emportait un volume pour le lire dans les toilettes ou même installé paresseusement en plein soleil, dans l'espace vert le plus proche, en regardant passer les promeneurs. Comme il existe pour chacun des souvenirs d'enfance, il finira par exister chez les lecteurs de ma génération une mémoire de ces lectures de braconnage devenues maintenant impossibles.

Le livre qu'on va lire est un essai. Prenons le mot pour ce qu'il est. Entre le rugby, où le mot désigne la tentative pas toujours couronnée de succès, et la définition d'un livre d'humeur, adoptant un certain ton ironique, mais appelant d'autres réflexions et des études plus approfondies. Le présent livre ne se veut pas un ouvrage savant, malgré les lectures nombreuses de documents divers et un recours constant à l'histoire des bibliothèques, du livre, de l'édition et de la lecture. Il n'implique aucun refus méprisant de l'érudition, il n'est pas allergique aux poussières du passé. Il mêle volontairement les éléments d'une histoire générale complexe, celle de l'accumulation puis de la conservation publique ou privée des livres, de leur communication, et l'histoire plus restreinte, privée, en un sens, d'une vie de lecteur en bibliothèque, dont il propose des fragments en une sorte d'autobiographie incertaine et réduite. Il confond le « je » de la mémoire et les impersonnels du savoir et du questionnement. Parce que je ne peux dissocier mon expérience des bibliothèques, françaises, espagnoles ou américaines, d'un regard porté sur la bibliothèque, non seulement comme dépôt de livres et lieu de lecture, mais aussi comme lieu d'apprentissage et de sociabilité. À bien y réfléchir, j'ai passé plus de temps à lire en bibliothèque qu'à manger, à fréquenter les cinémas ou les musées, à prendre enfin des vacances au bord de la mer. Moins qu'à dormir sans doute, mais plus qu'à écrire ou à lire à mon bureau ou étendu sur mon lit. Je suis prêt à déclarer sous serment que la lecture et plus généralement le travail en bibliothèque ont constitué mon activité principale. J'allais écrire mon vrai travail. S'il m'arrive parfois de regretter d'avoir été enseignant pendant presque quarante ans, et aujourd'hui sans doute plus encore qu'hier, je ne remets jamais en question les heures, les jours, les semaines, les mois, les années passés en bibliothèque. Et, pour finir ces comparaisons comptables, j'ai sans nul doute connu plus de bibliothèques que de femmes. On n'en déduira pas pour autant une pathologie particulière, dont je serais la vivante et maussade illustration.

J'ai consacré une partie de mes recherches à l'histoire du livre et de la lecture dans des domaines aussi particuliers que le livre pornographique ou l'utopie. Pour l'histoire des bibliothèques, je me suis intéressé aux bibliothèques imaginaires des Lumières, de Montesquieu à la Révolution. Dans ma recherche comme dans ma bibliophilie, j'ai été amateur de curiosités, qui ne se confondent pas nécessairement avec les *curiosa*. Plus largement, au-delà de ces recherches, j'ai vécu pour et par le livre. Je l'ai pratiqué en bibliothèque, commenté dans mes cours, critiqué dans les gazettes et à la radio, mis au service de mes loisirs, collectionné avec passion. Le livre m'a aidé à construire le regard que je porte sur les autres, sur moi et sur le monde. Tous les prétextes ont été bons pour renforcer mes liens avec lui. Pour mes enfants en bas âge, j'ai acheté des livres de jeunesse anciens : des Babar d'avant la guerre, des Benjamin Rabier, de vieux Jules Verne ou des Bécassine, en feignant d'ignorer qu'ils pouvaient préférer les livres de leur époque. J'ai rarement pris de décision sans consulter des livres. J'y ai cherché des conseils de pédiatrie, des recettes de cuisine (activité où la lecture n'a donné que de pitoyables résultats). J'ai consulté des manuels de bricolage et des guides touristiques, de préférence toujours anciens et parfaitement inactuels. Je suis de ceux qui, face à un problème, affirment d'entrée qu'il doit bien y avoir des livres pour aider à le résoudre. Ma connaissance du passé – mais peut-il en être autrement ? –, du mien comme de celui de mon pays et de quelques autres, tient aux livres.

Je n'ai même pas honte de reconnaître que, sans m'en rendre compte, j'ai appris dans les livres à aimer et à haïr, puis plus tard à tolérer et à dialoguer, un peu comme dans mon adolescence on apprenait à embrasser au cinéma, non en profitant de la complicité accueillante des salles obscures, mais en regardant, avec une rare intensité pédagogique et une réelle volonté de savoir, les couples enlacés sur l'écran. Après chacune de mes lectures, même quand il s'agissait de livres sans liens apparents avec l'actualité, j'ai eu soudain conscience de mieux comprendre le monde et plus encore de savoir avec certitude qu'il existait. Au même titre que la peinture, les livres m'ont appris à voir et à regarder. J'appartiens donc à la religion du livre au point d'en être devenu l'un des ministres.

Et pourtant, ni le livre ni la lecture ne relèvent ici directement de mon propos. Ils en constituent les implicites indispensables, de même que les questions jamais trop clairement formulées qui se situent à l'origine d'une réflexion sur les bibliothèques. Par exemple, pourquoi choisir de lire en bibliothèque, et parfois même des livres que l'on possède déjà chez soi ? Écartons le désordre qui habituellement règne sur les étagères de tout bureau qui se respecte et rend la recherche d'un volume presque désespérée. Question d'oreille et d'ambiance, plus certainement. J'aime si peu la solitude et le silence de mon bureau qu'en travaillant j'écoute toujours de la musique et ne peux m'empêcher, à intervalles réguliers, d'aller suivre le bulletin d'informations en dégustant du thé, de regarder un carton à dessins ou de feuilleter un autre livre, totalement étranger au travail entrepris à ce moment-là. La lecture en bureau me rebute parce que je la trouve autistique et silencieuse. L'absence des autres, des mille petits bruits perçus en bibliothèque, comme le frottement du bras sur la table, la page que l'on tourne, le stylo qui roule, aujourd'hui le chant de l'ordinateur qui marque son retour à la vie active, tous ces bruits et mille autres me sont indispensables.

Ils sont la vie à laquelle je veux que le livre et la lecture appartiennent pleinement. Si je lève la tête de mon livre, je vois en face de moi un visage penché sur un livre ou perdu dans ses rêves qui m'attendrit comme un autre moi-même. Malgré les épaisses moquettes dont s'enorgueillit la Bibliothèque nationale de France, d'une belle couleur ocre-roux, et que l'on doit, semble-t-il, à l'attention excessive du président Mitterrand, il existe dans le déambulatoire des bruits de vie, parfois excessifs, mais toujours consolants.

À moins d'un oubli, je ne connais guère de bibliothèques d'importance dans lesquelles, même sous la forme d'un trompe-l'œil, on ne parvienne à voir ou à deviner le ciel au-dessus des lampes qui illuminent le plan de travail, soit en levant la tête vers une verrière, soit par le biais d'une galerie ou d'une fenêtre qu'occultent pourtant quelquefois, comme à la bibliothèque de l'Arsenal, un édifice planté de l'autre côté de la rue. C'est dire le lien qui unit les bibliothèques, pensées parfois abusivement comme une clôture, et le monde extérieur de la vie urbaine ou des grands espaces. À la bibliothèque universitaire de Lausanne, on aperçoit de sa place les montagnes enneigées. Mais là, trop, c'est trop. On finit par y perdre la sensation réconfortante et protectrice d'un lieu isolé, fait de livres. L'idée si contemporaine de confondre totalement le dehors et le dedans pour ouvrir sur la vie n'arrive pas à me convaincre, car la vie n'est pas nécessairement dehors comme le laisse entendre cette théorie. Ce qui ne signifie pas qu'il faille confondre, ainsi qu'on le prétend parfois, la bibliothèque avec un cloître.

Tels les couvents et les cloîtres, les hôpitaux ou les églises, les bibliothèques se soumettent à la règle du silence, devenu un bien inaccessible avec l'apparition des téléphones portables, l'irrépressible besoin actuel de parler de soi, bruits bien plus importants que ceux de la page qu'on tourne ou du lecteur sourd qui bâille à s'en décrocher la machoire, sans même s'en rendre compte. Les bruits d'origine technique ont largement remplacé les bruits humains. L'ancienne Bibliothèque nationale de la rue de Richelieu vibrait des bruits d'installation des lecteurs jusque vers 10 heures du matin. Résonnaient alors les bonjours échangés, les sorties dialoguées vers les cafés avoisinants. À partir de 16 heures, on y feuilletait la dernière du *Monde*, annoncée et vendue, dans l'entrée même de la Bibliothèque, par un réfugié, iranien, je crois, lecteur passionné du produit qu'il vendait et qui, laissant journaux en piles et pièces sur un sac de tissu, s'absentait fréquemment pour aller discuter avec un compatriote, sur le trottoir d'en face, avec des gestes véhéments. Les bruits exprimaient des besoins humains et ils mettaient le plus souvent en jeu le bruissement du papier. Tout demeurait en accord avec le lieu. On ne voit plus de lecteurs revenant, *Le Monde* sous le bras, aux environs de 16 heures. *Le Monde* et la Bibliothèque nationale de France, à des titres divers, devraient s'en inquiéter. L'urbanisme réussi, la démocratie au quotidien, c'est aussi le journal de proximité.

Une bibliothèque doit être un lieu vivant. Mon bureau, où je suis seul avec mes livres et mes fantômes – photos de mes parents disparus, des enfants qui depuis ont bien grandi –, est un lieu marqué par moi qui vieillis, par mon goût des objets, des peintures et des gravures accumulés. Malgré cette veillée tranquille des morts et des souvenirs, je n'y éprouve jamais l'impression d'être accompagné. Je suis seul avec eux, vivant parmi les ombres. Je ne ressens jamais dans ce bureau cette impression qu'il m'est étrange et familier comme la salle de lecture d'une bibliothèque assidûment fréquentée, avec des visages qui, en dépit des habitués, me sont, pour un grand nombre, inconnus. L'espace du bureau est un espace habitable transformé en bureau, il y règne un joyeux désordre : livres mal classés, cartons à dessins sur des chevalets, photos, crayons, trombones, pots de colle, boîtes de pastels… tandis que celui de la bibliothèque a été pensé non par les lecteurs (dommage, suis-je enclin à penser parfois), mais, théoriquement, pour eux et pour les livres. Ainsi, il est ordonné : en magasins, salles diverses de lecture et lieux discrets d'administration. Les livres lus, usuels ou non, y sont continuellement remis en place, selon un ordre que l'on sait rigoureux, à défaut d'être toujours compréhensible. Une simple erreur, et voilà un livre égaré pour longtemps. La hauteur des salles de lecture, souvent impressionnante, n'a rien de comparable avec les trois mètres soixante de hauteur sous plafond de mon bureau. Dans la bibliothèque, mon regard peut se perdre bien au-delà de mes voisins immédiats. Je n'ai d'autre espace ouvert dans mon bureau que celui de mes rêves. Si mon bureau ressemble à une chambre ou à un salon avec des livres, où l'on aurait substitué au lit ou au sofa une table avec sa lampe et son désordre solidement implanté, sans réel remède, les salles de lecture que j'ai fréquentées dans les grandes bibliothèques européennes créées en général, ou pour le moins aménagées, au XIXe siècle, ressemblent par leur volume et le silence qu'on est en droit d'y exiger à des salles de culte désaffectées. Il arrive, quand l'architecte, saisi par la modernité, préfère le béton aux livres, qu'elles évoquent, malgré quelques taches de couleur du bois, les *Carceri* de Piranèse, par leurs voies d'accès cimentées et les lourds tissages d'acier ornant les murs. Que peut-on licitement en déduire sur les architectes et leur imaginaire ? Moins, sans doute, que sur l'effet, pour le lecteur lui-même, de cette architecture de coffrage au symbolisme grossier, de mélange de matériaux propres à l'ère industrielle.

II

De ces cathédrales du livre naissent paradoxes et contradictions. Le silence, le recueillement auxquels elles invitent sont bien étrangers à notre époque bavarde et saisie par une réelle fébrilité. La lecture silencieuse, toujours décrite comme marquant l'inscription de la lecture dans l'intellect et la solitude du sujet, s'exhibe là devant témoins. Dans une bibliothèque fréquentée, nous lisons sous le regard d'autrui. La lecture, souvent, nous y installe dans une sorte d'absence, un ailleurs mental, plus réel alors que le monde environnant. Nous lisons en oubliant les regards amusés ou désapprobateurs portés sur nous, en oubliant peu à peu le contrôle social de notre corps. Tel qui est absorbé par son livre s'abandonne et se laisse aller, comme un dormeur, à des gestes inconsidérés. Abîmé dans sa lecture, le lecteur, sans même en être conscient, grimace, se gratte le cuir chevelu, soupire, ricane, fronce les sourcils et parfois explore avec une habileté méticuleuse ses fosses nasales et ses conduits auriculaires. Il n'est pas de mon propos de condamner ce laisser-aller, qu'on peut interpréter comme une liberté retrouvée ou au contraire comme le résultat d'une aspiration libertaire déplacée. Plus simplement, je constate que le lecteur observé, s'il se livrait à une telle pantomime dans une autre occupation, fût-ce dans un lieu public, ne l'exécuterait pas aussi librement et spontanément qu'il la pratique ici dans l'activité de lecture. On m'objectera les explorations corporelles très largement pratiquées par les automobilistes français retenus dans les embouteillages. Le parallèle n'est pas exact. L'automobiliste interrompt ces activités d'exploration dès que la voie est libre. Il se concentre alors sur sa conduite et tente de rattraper le temps perdu. Elles ne l'empêchent pas, cependant, d'observer avec nervosité son environnement et parfois même de klaxonner d'une main rageuse devenue momentanément libre. Le train, l'autobus, le métro, où parfois se pratique l'exploration corporelle, n'ont pas pour finalité d'être des lieux de lecture. La lecture y est occasionnelle, et je connais peu d'exemples de lectures si absorbantes dans un moyen de transport qu'elles conduiraient notre voyageur à oublier l'arrêt auquel il doit descendre.

Le comportement du lecteur bouleversé physiquement par sa lecture, oublieux de son corps, de la discipline imposée socialement sur lui, du lieu où il se trouve, des autres aussi, offrant son abandon aux regards de ses voisins, ce lecteur ne soulève en bibliothèque ni intérêt ni rappel à l'ordre. Au lecteur distrait, on reprochera les chuchotements intempestifs ou la sonnerie de son téléphone portable. Mais un consensus existe sur les effets déstabilisants de la lecture, donnassent-ils de l'humaine condition une image de faiblesse et d'abandon. L'idée de silence n'appartient plus guère à notre culture : nos contemporains aiment le bruit même s'ils s'en plaignent. Le baladeur, l'écoute de la musique à une puissance élevée, l'usage de véhicules à l'échappement bruyant illustrent cette nécessité du bruit comme pour se donner l'illusion que l'on n'est pas seul, en tête à tête avec soi-même. Pascal considérerait que faire du bruit, parler pour ne rien dire, sont les formes modernes du divertissement. Le lecteur obéit souvent à des impératifs contradictoires. Il réclame le silence de ses voisins et s'indigne bruyamment quand ceux-ci chuchotent, mais il oublie de débrancher son téléphone portable. La baisse généralisée de la pratique religieuse rend nombre de lecteurs contemporains insensibles à la parenté entre lieux de culte et lieux de lecture. Sur une affichette invitant fort courtoisement à se taire – « Prière de respecter le silence » –, apposée à l'extérieur de la salle K, en rez-de-jardin à la Bibliothèque nationale de France, un lecteur a ajouté, ironiquement croyait-il, face à cette recommandation voulue incongrue : « On prie. »

Dans cet archipel que représente une bibliothèque, chaque lecteur est comme une île. Mais qui fréquente avec assiduité une grande bibliothèque sait bien qu'entre lecteurs on finit par se regarder, parfois même se reconnaître, par pratiquer une familiarité distante comme avec des voisins d'escalier, par échanger quelques mots et aller jusqu'à prendre un verre le temps de s'adonner un court instant aux délices de banalités de la pause café. À la Bibliothèque nationale de France, ce qui n'existait pas rue de Richelieu, l'exiguïté des locaux n'expliquant pas tout, on a installé deux cafétérias. L'une, apparemment plus grande, au haut-de-jardin et une seconde, sans doute plus modeste, le chercheur vivant plus de savoirs que de pain, au rez-de-jardin. La vision de ces nourritures terrestres, modestes en nombre, élevées en prix et médiocres de qualité, a surpris. D'aucuns y vont vu une révolution. L'imaginaire qui préside à l'individualisation du chercheur le peint sobre, ascétique, éloigné en tout cas des appétits communs. Tout au plus, comme aux artistes, dont il est une espèce de cousin qui n'a pas réussi, lui accorde-t-on l'alcoolisme et une certaine activité sexuelle, jugée brouillonne et compensatrice, mais point chez lui de raffinement culinaire. « Ceux-là, disait le serveur d'un café de la rue de Richelieu en désignant les habitués de la Bibliothèque, on peut leur servir n'importe quoi ; ils ne se rendent pas compte ! » Et il illustrait la parole par l'action. Déjà, le docteur Tissot, bien connu pour sa lutte contre l'onanisme au XVIIIe siècle, démontrait dans son traité *De la santé des gens de lettres* (1768) que les échauffements dus à la station assise, dont, parce que grands lecteurs, ils souffraient plus que les autres, favorisaient chez eux certains débordements et certaines absences.

Ce qui était salué comme un progrès, une attention nouvelle portée aux besoins des lecteurs, ne m'étonna point. À Madrid, où il y a quelque quarante-cinq ans j'ai fait mes premières vraies armes de lecteur, à la Biblioteca nacional, il existait un bar fort sympathique où l'on buvait un excellent *Valdepeñas* en suçotant des olives et en mangeant du fromage *manchego*. À l'Ateneo, autre grande bibliothèque madrilène, on pouvait même, si ma mémoire ne me trahit pas, déguster d'excellents petits pains avec des filets d'anchois, à son pupitre dans la salle de lecture. Et une amie me rappelle, fait exceptionnel en ces temps de censure antitabac intransigeante, qu'il y avait des places réservées aux fumeurs. Ce qui, en France, se donne facilement comme une innovation n'est souvent en réalité qu'une façon peu discrète, et non exempte de vanité, de combler un notable retard. Parce qu'on met des tabourets *design* autour d'un guéridon dans un restaurant d'entreprise, on croit donner l'illusion de faire du neuf et d'être social. Donc, à la BNF, on saucissonne enfin (assez mal) comme dans les bibliothèques dignes de ce nom. J'aimerais croire, pour en finir, que cette possibilité offerte de se restaurer ne répond pas seulement à des impératifs commerciaux, comme les boutiques des musées, mais avant tout à une mutation radicale de l'image que l'on se fait des lecteurs, dont on reconnaîtrait qu'ils ne vivent pas seulement de lectures.

La France a longuement vécu sur cette idée que la culture, dont la lecture constitue une des voies d'accès, se mérite. En bibliothèque, le lecteur a donc longtemps été par principe mal assis et mal éclairé. Il jouissait d'une place restreinte et l'usage de la machine à écrire lui a été interdit dès son invention. Les choses ont heureusement changé. Mais on conserve de cette période janséniste le coût excessif des photocopies, que les plus politiques interprètent comme une victoire obtenue par les tenants de la conservation et les plus érudits comme la volonté de renouer avec la tradition médiévale qui faisait nécessairement du lecteur un copiste. L'accès au savoir se gagnait alors à la force du poignet. Ce qui aurait dû inquiéter, un peu plus tard, notre bon docteur Tissot.

On ne confondra pas les données fournies par cet essai sur les bibliothèques avec les résultats d'une enquête sociologique. Elles renvoient à des rêveries, des intuitions, des désirs peut-être, tout autant qu'à des réalités. Le lecteur qui lève la tête de son livre, le regard perdu dans le lointain immédiat, a cessé un instant de réfléchir à sa lecture. Je ne sais quel rêve le porte, mais je ne peux m'empêcher de croire que la bibliothèque y joue un rôle. Ceux qui gardent en mémoire leurs rêves d'écolier comprendront. Une mouche qui volait dans la lumière du printemps suffisait à distraire l'élève pourtant attentif que j'ai été. Elle me donnait envie de sortir dans la cour, de faire quatre heures, d'entendre la cloche de la récréation, de revoir ma grand-mère et ma mère qui m'attendaient. Ailleurs, la même mouche et son rayon de lumière m'eussent entraîné à d'autres rêves, où j'aurais peut-être imité Icare dans son vol. La bibliothèque m'incite à m'interroger sur les livres que lisent mes voisins, sur mes voisins eux-mêmes, sur les bibliothécaires affairés à ranger les livres ou à renseigner les lecteurs. La rationalisation des bibliothèques contemporaines, leur recours aux technologies avancées, à la numérisation font que je désire, par refus de les prendre pour des robots, une relation plus humaine, réelle ou rêvée, avec tous ceux qui me permettent de lire. Je reste un moment à bavarder avec le personnel du vestiaire, je salue en sortant les uns et les autres, je me réjouis de retrouver tel employé qui travaillait déjà rue de Richelieu.

C'est aussi pour moi une manière de compenser l'absence notable de nombre d'habitués de l'ancienne Bibliothèque nationale. De ces lecteurs familiers, il reste bien peu sur le site Tolbiac. Un lecteur âgé remarquait avec amertume que la nouvelle Bibliothèque avait éclairci les rangs. Le changement de lieu, l'adaptation nécessaire et difficile aux techniques nouvelles, la lourdeur des réservations, la multiplication des contrôles, la manie passablement perverse du changement qui rend vite caduque ce que l'on a péniblement appris, l'aspect marathonien des déplacements ont écarté les lecteurs les moins susceptibles de s'adapter, moins ingambes et plus attachés aux habitudes acquises. Certains ont eu l'impression que le lecteur n'était plus au centre du système, que tout tendait même à lui permettre de ne plus fréquenter la bibliothèque. La consultation à distance des catalogues, des textes numérisés, la possibilité de les imprimer à domicile font que la bibliothèque ne semble plus le lieu indispensable à la lecture. Elle met en œuvre un évident procès de désocialisation. On serait tenté de lui proposer un slogan : « Fréquentez mieux la bibliothèque publique en restant chez vous ! » Ce qui, on me l'accordera, est un énoncé contradictoire.

Qu'est-ce qu'une bibliothèque sans lecteurs ? Un entrepôt, aussi vain qu'un livre en attente de son lecteur. Une âme morte parce que séparée du corps et éloignée de cette unité si fortement décrite par Descartes. Ici comme un navire sans passagers et à jamais à quai, finissant par se désintégrer sous les efforts conjugués de l'eau, du vent, du sel et de la faune marine. Ce qui ne veut pas dire qu'il n'existe aucune parenté entre la collection et la bibliothèque et que cette dernière soit totalement étrangère au musée. À bien y regarder, ce qui, dans cet ensemble, donne à la bibliothèque sa singularité, c'est le contact physique autant qu'intellectuel que la lecture établit entre le livre et le public. S'il y a collection, et dans le musée et au cœur de la bibliothèque, elle n'a pas le même statut que l'accumulation privée, puisqu'elle est soumise là au regard public, ici à la lecture, aux mains du lecteur, au doigt qui tourne les pages, à la découverte progressive, ligne après ligne, du contenu. Rien à voir, en ce dernier cas, avec le parcours du visiteur de pinacothèque. Le collectionneur que je suis devenu ne se contente pas de caresser du regard comme un visiteur dans un musée. Je touche, je déplace, je nettoie, et, s'il s'agit de livres, je ne me contente pas de tourner les pages, de regarder les illustrations, je m'intéresse aussi aux reliures, à l'état du volume, aux marques laissées par les propriétaires antérieurs. À tel point que la reliure fatiguée et ternie d'un volume demandé en consultation dans une bibliothèque me donne envie de sortir mes chiffons et mes cires pour lui redonner un peu de son lustre.

Mais nous savons aussi que les musées ne sont aujourd'hui que minoritairement de peinture. Les bibliothèques sont presque toujours uniquement de livres. Si les livres y sont minoritaires, on les appelle médiathèques. Ce terme traduit une généralisation sans doute à la mode, mais discutable, de l'idée de lecture.

Les choses à collectionner sont sans nombre. Des gravures de Dürer aux enveloppes de morceaux de sucre en passant par les livres eux-mêmes, on voit que le choix est ouvert. Depuis mon plus jeune âge, j'ai collectionné avec passion : des tableaux, des dessins, des gravures, des documents littéraires, des livres anciens et modernes, des objets d'art primitif. À la relecture, je me demande si cette liste est complète. Mais peu importe. Si je m'en tiens aux seuls livres, je sais que les volumes que j'ai collectionnés n'ont ni la même fonction ni le même statut que ceux que je lis en bibliothèque. Même s'ils ont en commun le rapport corporel, presque érotique, entretenu avec eux. Ainsi, il est rare que je prête les livres de ma bibliothèque personnelle. Si je transgresse l'interdit, c'est avec la conscience de commettre une sorte de faute, de ne pas respecter une règle non écrite. Les livres que je collectionne ne sont pas faits seulement pour être lus. Je les manipule le moins possible. Pour les classer, les cirer, les dépoussiérer, plus rarement, en cas d'extrême nécessité, pour les lire. Je connais leur valeur approximative, leur rareté. Rien de tout cela en bibliothèque, où le livre est destiné à être lu. C'est la lecture dont il est justiciable qui lui donne sa valeur. Même à la réserve de la Bibliothèque nationale de France ou de bibliothèques plus modestes, le critère est de rareté, qui ne se confond pas avec la valeur marchande. Comme le musée (exceptons peut-être les musées américains), la bibliothèque dévalorise (au sens monétaire du terme) les livres qui y sont gardés. Leur utilité immédiatement perçue est leur capacité à fournir une information nécessaire à un moment donné. Il est rare qu'on vienne lire dans une grande bibliothèque pour y éprouver un plaisir esthétique. Quand il existe, ce n'est qu'un supplément d'autant plus apprécié.

Tout musée implique une mise à distance, une présentation d'ensemble au hasard des salles, des vitrines et des accrochages. On peut isoler dans sa visite telle ou telle pièce, s'y attarder, marquer pour elle plus d'intérêt, la transformer même en un document à consulter. Cet acte de tri et de hiérarchisation est intellectuel et il ne dérange en rien l'ordre du musée ; il n'implique, sauf autorisation particulière, aucun contact physique, aucun déplacement des pièces contenues dans les collections exposées. Si tel est le cas, c'est pour une exposition, une restauration, un nouvel aménagement prévu par une réorganisation du musée lui-même. Dans toute collection privée, il y a un classement et un désordre. Les gravures que je possède sont dans des cartons que je me promets à intervalles réguliers de classer. Promesse non tenue et tâche sans cesse remise. Mes livres anciens sur deux rangs subissent de très fréquents déplacements. Selon la taille, le thème, l'époque, la série, les motifs de la reliure… J'agis plus ou moins à ma fantaisie et au rythme que m'imposent mes achats et mes trouvailles. Je n'ai point de catalogue, malgré la conscience que j'ai acquise qu'il me faudrait en dresser un. Non pas pour m'y retrouver, mais sans doute pour laisser le moment venu un bagage en ordre à nos enfants, pour l'assurance en cas de sinistre, ou la nécessité de vendre…

Suis-je un cas à part, un produit de mon éducation ? Mes

premiers souvenirs remontent à l'Occupation. Ma famille était réfugiée. Elle possédait plus ou moins le nécessaire, excepté pour les biens de bouche et les vêtements, mais rien n'était superflu. Mes collections m'ont protégé rétrospectivement de ces temps de disette. Elles m'ont servi à exorciser le passé et mes peurs d'alors. Aujourd'hui, comme malgré moi, mes collections m'obligent à penser à ma mort. Que deviendront-elles après moi ? Faute pour nos enfants de temps et de conscience de ce qu'elles représentent, iront-elles finir dans une boutique de brocanteur ou dans une vente aux enchères non cataloguée ? Mes collections me poussent à m'interroger beaucoup plus sûrement que les livres que j'ai écrits sur la trace que je laisserai. Paradoxalement, enfin, elles m'ont aidé à ne pas m'attacher trop fortement aux choses, à les considérer comme une réserve utile et plus amusante à constituer que le dépôt régulier à la Caisse d'épargne. Dans des moments de besoin, il m'est arrivé de vendre quelques-unes des pièces qui les composaient. Leur sacrifice n'en fut pas un ; j'éprouvais même une certaine fierté à vendre avec bénéfice ce que j'avais habilement acquis, sentiment totalement étranger à celui qui naît de la consultation des pièces les plus rares d'une bibliothèque publique. La richesse d'un catalogue de bibliothèque peut procurer la sensation de s'immerger dans le patrimoine culturel d'une nation, voire parfois de l'humanité. C'est peut-être là la raison d'être la plus profonde de la lecture en bibliothèque, même si je ne prétends pas pour autant qu'elle soit consciente. J'imagine mal un collectionneur exaltant sa collection au point de se prétendre dépositaire d'une fraction du patrimoine culturel. Si riche que soit sa collection, pas un collectionneur ne se prétend l'égal d'un musée. Tout au plus peut-il rêver que sa collection rejoindra un jour les richesses de ce dernier. La prétention de posséder une part du patrimoine culturel est acceptable quand elle concerne les archives d'un grand homme ou une œuvre d'un grand maître, mais elle semble toujours un peu exagérée. Enfin, s'agissant des collections de livres, il leur manque ce désir d'exhaustivité qui hante toute bibliothèque publique, fût-elle modeste.

C'est dire la complexité du rapport aux temps présent et passé qu'exprime la fréquentation d'une bibliothèque publique contemporaine d'envergure. J'insiste sur l'adjectif « contemporaine », car les bibliothèques ont une histoire et la notion de lecture publique est elle-même relativement récente. Une plaque apposée à l'entrée de la bibliothèque Mazarine indique que celle-ci, ouverte au public en 1749, est la première bibliothèque publique ayant existé en France. Leur extension, leur multiplication datent du XIXe siècle. Encore faut-il s'entendre sur le sens de cette plaque commémorative et comprendre que la bibliothèque Mazarine n'était plus réservée à son seul propriétaire, mort depuis presque un siècle, mais accessible sous certaines conditions à des lecteurs privés. La lecture publique est un terme trompeur. Elle laisse croire à une pratique indifférenciée et généralisée. Il n'en est rien. Combien de places de lecteurs dans l'ensemble des bibliothèques existant en France et quel pourcentage de la population lisante pourrait y satisfaire collectivement son besoin de lire ? Nul n'ignore que le public des bibliothèques est minoritaire, que ses demandes sont diverses, qu'on distingue par exemple à la Bibliothèque nationale de France le haut-de-jardin, ouvert au grand public, et un rez-de-jardin réservé aux chercheurs ayant montré patte blanche, qui dispose d'une très riche réserve. Rien à voir cependant avec un couvent, malgré les allusions de l'architecte au cloître d'un monastère, qui impressionnèrent si fortement, prétend-on, le président Mitterrand. Je suis sûr que pas un des lecteurs qui usent la semelle de leurs souliers à arpenter ces illusoires promenoirs ne trouve la comparaison pertinente. Si l'on choisit d'y converser avec un ami, on gêne les lecteurs. Donc on les arpente, on ne s'y promène pas. Peut-on même avancer que dans les bibliothèques conventuelles, ouvertes à tous les moines du couvent et à tous ceux de leur ordre, se pratiquait ce que nous entendons aujourd'hui par lecture publique ? On permettra aux historiens d'en douter.

Si l'on se propose d'expliquer ce que cache ou recèle l'amour des bibliothèques, il est bien évident que les moines médiévaux, pour attachés qu'ils fussent à leur bibliothèque, éprouvaient pour elle des sentiments différents des nôtres ou de ceux des savants du musée d'Alexandrie. De même qu'il existe une histoire des bibliothèques, de la lecture, de leur statut, des enjeux réels ou imaginaires qu'ils recouvrent, de Sumer à aujourd'hui, il existe aussi une histoire, qui reste à écrire, des intérêts qu'elles suscitent, des passions qu'elles font naître. Selon le support du « livre » – plaques d'argile séchée, papyrus, rouleaux, codex, livres en papier imprimés, microformes, pages numérisées sur écran – ou le lieu utilisé pour la lecture – édifice détourné de sa fonction première ou spécialement pensé et conçu en fonction de l'image que l'on se forge de la lecture et du lecteur –, des liens différents se créent avec le livre et la bibliothèque et se constituent des statuts, des usages, des pratiques autres de la lecture publique ou en public – ce qui ne veut pas dire la même chose.

Enfin, dans la fondation des institutions culturelles, la peur joue un rôle aussi grand que le désir et la volonté créatrice. Signe visible de la puissance politique, désir de posséder tous les savoirs du monde, mais également peur de la perte, de la destruction, du cataclysme, de la déperdition généralisée : la bibliothèque traduit et exprime tout cela. L'incendie, l'inondation, les barbares, le triomphe de l'ignorance, la victoire des censeurs et de l'intolérance sont autant de menaces qui pèsent sur les bibliothèques. Ce n'est pas un hasard si, depuis les origines, le feu est une des formes privilégiées du cauchemar de l'anéantissement culturel. La vivacité des flammes, l'éclat qu'elles dégagent, leur avance dévorante représentent paradoxalement le prélude choisi pour l'entrée dans les ténèbres. On connaît la lignée : l'incendie d'Alexandrie, accidentel de la part de César, voulu par le calife Omar ou quelques chrétiens fanatisés, le livre sacrifié en *auto-da-fe*, le volume condamné par les théologiens de la Sorbonne, brûlé de la main du bourreau, les bûchers de livres dressés par les nazis durant les saturnales hitlériennes, suivis sans doute par le feu purificateur des gardes rouges du Grand Timonier ou des Khmers rouges et de leurs émules, les talibans en colère et fiers de leur ignorance,... la lignée n'est sans doute pas près de s'éteindre. Il est des incendiaires idéologiques qui ont toujours le flambeau à la main. Mais l'histoire ne cesse jamais d'être ironique : c'est au nom d'un livre, petit ou grand, relié de rouge ou de noir, commun ou réservé à une élite, que les bibliothèques ont été, sont et seront vouées aux flammes. D'autres brûlent quand les villes sont livrées aux affrontements des armées et que tout est la proie des incendies et des combats. À ma connaissance, aucune convention de Genève ou d'ailleurs n'interdit aux armées de brûler les livres. Quand on pense à ces livres voués à la destruction au nom d'un autre livre qui contiendrait une vérité valable pour tous et pour tout, c'est comme si, au-delà de la barbarie, s'affirmait une évidence : on n'en a jamais fini de lire et, devrait-il en mourir ou condamner à la destruction tous ses semblables, c'est encore et toujours le livre qui conserve le dernier mot.

II

Mythes et réalités des origines

Pendant longtemps, Alexandrie a été pour moi une ville d'Égypte fondée par Alexandre. Je connaissais l'insolence de Diogène face à l'homme de guerre, mais rien qui eût à voir avec les livres et les bibliothèques. À la figure de Diogène, on attache rarement le livre, ou même jamais. Diogène se contentait d'un bol de lait caillé et de quelques olives et savait satisfaire sans aide extérieure ses pulsions amoureuses. Peut-on imaginer que celui qui dormait dans un tonneau et qui, au cœur d'Athènes, armé d'une lanterne, en plein midi, « cherchait un homme », ait eu le goût de la lecture ? Un peu plus tard, je ne parvins pas à lire *Le Quatuor d'Alexandrie* de Lawrence Durrell, dont on disait pourtant grand bien. Avait-il même un rapport avec l'Alexandrie des Ptolémée ? Je l'ignore toujours. Celui qui fut mon meilleur ami, Claude Cristin, trop tôt disparu, avait beau me vanter les beautés de l'Égypte ancienne, rien n'y faisait. Dans une des aventures d'Astérix apparaissait Cléopâtre, séductrice de César, mais visiblement sans qu'il s'agisse de passion livresque. Une lecture de hasard consacrée à Dominique Vivant Denon m'en apprit un peu plus. Une note biographique me signala la célèbre bibliothèque des Ptolémée. Vite satisfait, repu même, j'en restai là. Et je n'arrive pas à me souvenir d'où me vient tout ce que je sais aujourd'hui sur la fondation de la bibliothèque, ses usages et son incendie. Comme bien d'autres de mes connaissances, je dois sans doute celle-ci aussi à une incise durant un séminaire de Krzysztof Pomian, consacré aux collections. La référence à Alexandrie éveilla d'autres lectures oubliées, de Voltaire surtout et de l'*Encyclopédie*. J'en savais plus que je ne croyais. J'avais relégué des informations sur un événement pour moi totalement désuet dans un recoin de ma mémoire, sans même songer à établir une fiche.

Les réflexions remarquablement informées, intelligentes et profondes de François Jacob sur le paradigme des bibliothèques ont fait le reste et donné sens à bien des questions qu'alors confusément je me posais. C'est à elles que je dois peut-être l'envie d'écrire cet essai et de raconter mes expériences de lecteur. Car un lecteur en bibliothèque est bien évidemment un Alexandrin, lecteur et commentateur, héritier d'une longue pratique du livre et de la lecture. Je n'ai aucune estime pour le lecteur muet qui profite de son plaisir en égoïste. Je crois à la lecture apostolique, liée au commentaire et au partage. Au-delà de l'usage que je faisais des bibliothèques comme lecteur, à quoi servaient-elles ? Que m'aidaient-elles à chercher ? Quelles étaient les limites de l'aide qu'elles pouvaient m'apporter ? Pourquoi donnaient-elles une impression mêlée de faiblesse et de force ? Pourquoi la bibliothèque me communiquait-elle le sentiment contradictoire de mon éternité et de ma finitude ? Grâce à la bibliothèque d'Alexandrie (mais rêvée par moi et par tous les lecteurs mes frères), j'ai formulé mes questions et proposé mes réponses. Que grâce soit rendue à sa mémoire !

Au commencement...

Au commencement, il y eut Alexandrie et sa fabuleuse bibliothèque de rouleaux venus du « monde entier », si l'on donne au monde une limite bien précise qui pourrait être les contours de la Méditerranée orientale. Dans notre culture, elle existe comme un paradigme fondateur. Elle ne fut pourtant pas la première. Il y en eut d'autres avant elle : par exemple, les bibliothèques athéniennes, qui n'atteignirent jamais son ampleur et répondaient plus à un besoin intellectuel immédiat qu'à un projet scientifique et politique. Aristote, grand amateur de « livres », les utilisait pour son enseignement et les mettait à la disposition de ses disciples. Une telle bibliothèque, privée à l'origine, acquit un statut semi-public puisque son usage était réservé aux membres du Lycée. Après la disparition d'Aristote, Ptolémée Philadelphe s'en porta acquéreur pour la bibliothèque d'Alexandrie, fondée avant lui par Ptolémée Sôter. Sans entrer dans les détails, de l'avis des historiens, les prêtres, les rois et les philosophes de ce temps-là possédaient déjà des bibliothèques. Elles étaient bien évidemment privées, liées étroitement à la fonction de leurs propriétaires, tenues plus ou moins secrètes, jamais, bien sûr, ouvertes au public ni même exhibées, parce qu'on n'en ressentait pas la nécessité pour prouver sa puissance ou l'étendue de son savoir.

Bien avant, il y eut les bibliothèques de la Mésopotamie ancienne. Elles obligent à lier l'origine des bibliothèques non à la lecture, mais à l'écriture, et nous préservent d'une interprétation trop anachronique de la bibliothèque. À l'écriture et donc aux « livres », si le mot convient pour les plaques d'argile séchée qui servaient de support à l'écriture cunéiforme. Avec l'écriture – à l'origine ensemble de dessins représentant les choses du monde, puis, par la suite, non pas les choses mais leurs noms –, grâce aux marchands et aux princes, se constituent les archives. On cesse ainsi d'être esclave d'une mémoire orale à transmettre, que menacent la fiabilité du conteur ou du témoin, l'oubli et la mort. Les archives correspondent essentiellement à des documents comptables ou à la mémorisation de faits échappant au quotidien, qu'on peut reproduire et diffuser par la copie. Elles trouvent alors refuge dans les bibliothèques privées, et même dans une bibliothèque publique, celle qu'installe, dans son palais de Ninive, le roi Assurbanipal (668-627 av. Jésus-Christ). Il accumule d'abord, semble-t-il, les tablettes liées à son règne selon une forme qui tient de l'archive et de l'annale. Puis il fait rechercher des tablettes qui lui sont étrangères avec obstination et méthode, et parfois même avec brutalité. On cite un ordre royal qui ordonne de mettre la main sur des tablettes, dont on lui a signalé sans doute l'existence, et de les lui expédier en indiquant que « nul ne doit les retenir ». Il accumule ainsi et classe, grâce à des « colophons de rangement », des milliers de tablettes. Lors des travaux de fouille que menèrent plus ou moins officiellement les archéologues anglais au XIXe siècle, on exhuma de la bibliothèque du roi Assurbanipal un ensemble de 5 000 tablettes entières et de très nombreux fragments à partir desquels on estima à 30 000 tablettes le contenu de la bibliothèque royale. Comme on l'a remarqué, cette première bibliothèque publique montre que l'écriture fut « d'emblée porteuse d'une force d'expansion, de cumul, de développement, d'approfondissement et de diffusion des connaissances et du savoir ». Elle porte en germe, mais avec d'importantes lacunes que comblera Alexandrie, tout ce que les bibliothèques publiques représentent réellement et symboliquement dans l'imaginaire du pouvoir qui les développe et des lecteurs qui les utilisent, et dans la mémoire que l'Occident en conserve. Mais s'il est fortement ici question de l'écriture, et avec raison, on ne s'interroge guère sur la lecture et les lecteurs. Lecteur, où étais-tu ? que faisais-tu ?

La bibliothèque d'Alexandrie représente sûrement la première véritable bibliothèque publique. Non parce qu'elle le fut réellement, au sens que notre époque donne au terme, mais parce que notre mémoire culturelle l'a décidé, et qu'à travers son histoire incertaine et floue, controversée même, des mythes et des rêves, des règles d'usage et des pratiques de lecture se sont construits et des peurs se sont confortées. Entendons-nous ici sur le terme « public » et cessons de le réduire frileusement à une opposition héritée des débats politiques du socialisme naissant ou même contemporain. Par « bibliothèque publique », il faut ici entendre plus certainement une bibliothèque qui a largement assuré la publicité de son existence et de sa richesse sans trop se soucier de son ouverture à un lectorat plus populaire et plus nombreux. La bibliothèque d'Alexandrie fut connue des Grecs et nul n'ignorait, en Égypte, en Judée, à Rome, qu'il existait une bibliothèque royale installée à Alexandrie. Les méthodes d'enrichissement mises en œuvre par Ptolémée Philadelphe – saisies ou même emprunts de manuscrits, cela afin d'en établir copie, ensuite rendus ou non à leurs propriétaires, rouleaux obtenus contre caution à Pergame ou à Athènes, et souvent gardés malgré les demandes de restitution – ont rendu célèbres dans tout le pourtour de la Méditerranée la bibliothèque et son royal propriétaire. Le roi intervenant directement dans la gestion des achats et des fonds, il n'y eut pas en ses débuts de conservateur désigné. Elle ne cessa, tout au long des règnes, d'augmenter ses richesses. Elle compta 200 000 rouleaux avec Ptolémée Sôter, puis 400 000 avec Ptolémée Philadelphe, et on estime qu'elle en comptait 700 000 lors du premier incendie, quand Jules César détruisit par le feu la flotte alexandrine.

Décision royale donc, initiative du pouvoir certes, mais éclairées par un homme de savoir. Pour les Ptolémée, ce fut Démétrius de Phalère, disciple de Théophraste, qui avait vécu à Athènes et qui était, tout à la fois, orateur, philologue, philosophe, homme politique et historien. Il avait été élève d'Aristote. Il encouragea le roi dans sa politique d'acquisition. Il attira son attention sur des textes importants rédigés dans une autre langue que le grec, comprit la nécessité du classement et du catalogage des rouleaux, et articula la bibliothèque sur le musée, sorte d'académie dans laquelle des savants, soumis à une organisation collégiale, sans obligation d'enseignement, utilisaient pour leurs travaux les ressources de la bibliothèque. Sous son impulsion, semble-t-il, le roi avait constitué « un recueil de livres sur la royauté et sur l'exercice du commandement », dont Démétrius lui conseillait la lecture. C'est dire que, dès l'origine, la bibliothèque illustre cette vérité que les livres naissent des livres, que le savoir ne se développe que par de nouvelles façons de les mettre en rapport.

À mesure que les années passent, les institutions premières se confirment. La bibliothèque possède un directeur. Certains d'entre eux sont passés à la postérité. Au IIIe siècle avant Jésus-Christ, Zénodote d'Éphèse, puis ensuite Ératosthène de Cyrène, Apollonios de Rhodes… On affina la méthode de catalogage grâce au grammairien Callimaque. Il proposa de dresser des catalogues des auteurs qui avaient brillé dans chaque discipline (il y eut six sections pour la poésie et cinq pour la prose), ce qui ne constituait qu'un catalogue partiel des rouleaux de la bibliothèque, mais améliorait le système antérieur dans lequel une seule personne connaissait le classement des rouleaux, qu'elle utilisait pour satisfaire les demandes des lecteurs, et auquel elle initiait son successeur. On peut imaginer que, dégagés de tout souci matériel, les pensionnaires du musée consacraient l'essentiel de leur temps à la lecture et à la réflexion en se faisant apporter les rouleaux dont ils avaient besoin. Peu à peu, on élargit les domaines auxquels étaient consacrés les « rouleaux ». Par exemple, on sait qu'un Juif, Aristée, de culture grecque, ayant rompu avec ses origines, fut un moment chargé de faire traduire des textes, jugés par lui importants, du syriaque, du persan et de l'hébreu. Il désigna ces derniers au roi en les appelant « textes royaux ». Le roi fit acheter les rouleaux. Puis on fit venir de Judée à Alexandrie soixante-douze sages juifs, représentant les douze tribus d'Israël, qui furent logés au musée et rémunérés pour leur travail de traduction. Vérité ou volonté de renforcer la symbolique des chiffres, on prétendit que la traduction avait été achevée en soixante-douze jours.

L'usage systématique de la traduction illustre une volonté royale d'annexion, comme celle d'Alexandre lui-même, mais en recourant aux armes de la culture et du savoir pour tenter « de franchir les limites du monde ». Si la traduction en grec relève d'une nécessité didactique pour élargir les champs du savoir, l'acte de traduire est conçu comme une façon de dominer l'autre, de le réduire à soi et à sa propre culture. La traduction a ici valeur d'absorption et de possession, selon une espèce de cannibalisme d'abord linguistique. La puissance royale se manifeste ainsi doublement, dans la volonté d'universalisation culturelle (l'universalisme étant en l'occurrence, bien sûr, fort réduit géographiquement), mais également dans le fait de traduire. Cet acte de domination permet de résoudre une contradiction non encore formulée, mais inscrite déjà dans le devenir des bibliothèques, entre une idée de patrimoine et le recours à des textes étrangers qui mettent celle-ci en question. Elle permet aussi de comprendre que les bibliothèques nationales des grands pays mêlent conservation du patrimoine culturel national et éléments du patrimoine général de l'humanité.

La formule selon laquelle tout était déjà présent dans la bibliothèque d'Alexandrie est excessive et mérite d'être nuancée. La bibliothèque n'était pas à proprement parler publique. Les rouleaux étaient réservés à une élite de savants et d'écrivains qui lisaient, échangeaient des idées, travaillaient à de nouveaux livres et, le cas échéant, enseignaient dans des galeries couvertes et des salles voisines. Rien à voir avec les salles de lecture de nos grandes bibliothèques. Malgré les cours (dirigés vers quel public ?), aucun souci réel de diffuser, dans un but éducatif, le savoir. Le phénomène traduit surtout la volonté de thésauriser tous les écrits de la Terre dans un édifice, qui faisait partie de l'ensemble royal du quartier du Bruchion. Le but était d'assurer le primat de la langue et de la culture grecques et, comme on l'a remarqué, de compenser la marginalité géographique de la capitale par une centralité symbolique, dont la mémoire constituait un enjeu. Qui en aurait la maîtrise, d'Alexandrie, de Pergame ou d'Antioche ?

Avec la bibliothèque apparaissaient aussi de nouveaux rapports au temps : temps de l'accumulation, temps de la lecture, conçu comme un dialogue différé entre l'auteur et le lecteur, et temps de la diffusion. Dans la même perspective, l'accumulation de textes venus parfois de très loin, appartenant à d'autres cultures, modifiait le rapport à l'espace. Connues jusqu'alors uniquement des voyageurs et des navigateurs, ces cultures se trouvaient dorénavant, par la fréquentation des rouleaux, à portée de ceux qui ne quittaient pas le silence de la bibliothèque. Ce n'est point un hasard si naquirent dans la bibliothèque d'Alexandrie la géographie, puis la cartographie grâce à Ératosthène.

On le sait, l'histoire mais aussi l'imaginaire des bibliothèques sont habités par des mythes : Babel, Alexandrie, Prométhée, qui ne sont pas si antinomiques ou exclusifs l'un de l'autre qu'on le suppose. Les bibliothèques naissent en un temps où les hommes deviennent attentifs à une prolifération des savoirs. Elles représentent un effort de contention, une tentative de maîtrise autant qu'un désir de possession et de conservation. Un parallèle complexe est à établir entre la tour de Babel où s'exprime, par le désir de s'élever jusqu'aux cieux, une sorte de défi à la divinité et, toutes proportions gardées, une bibliothèque comme celle d'Alexandrie, qui tente, par la traduction, de réduire à l'unité la diversité cacophonique des savoirs. Alexandrie survient après Babel, et Ptolémée et ses conseillers s'efforcent symboliquement de rendre inutile le châtiment infligé par Dieu aux hommes trop ambitieux. Les multiples langues parlées dans l'univers, traduites en grec, permettront que la bibliothèque soit une nouvelle Babel et son contraire. Par ses classements, son unification linguistique, la bibliothèque veut maîtriser le brouillage que Dieu a introduit dans la langue unique des fils d'Adam. Ainsi, à Alexandrie, on mêla et on unifia des textes persans, araméens, grecs et hébreux pour éviter l'éparpillement des savoirs, soumis au vent de l'histoire, aux quatre coins de l'univers. Le texte biblique indique « Et Yahvé dit : "Voici que tous font un seul peuple et parlent une seule langue, et tel est le début de leurs entreprises ! Maintenant, aucun dessein ne sera irréalisable pour eux. Allons ! Descendons ! Et là, confondons leur langage pour qu'ils ne s'entendent plus les uns les autres." Yahvé les dispersa de là sur toute la face de la terre et ils cessèrent de bâtir la ville » (Genèse, 11,5). La bibliothèque mythique est défi à l'ordre divin, parce que refus de l'impossibilité de communiquer. Cette victoire est néanmoins illusoire, puisque Alexandrie subit, avec quelques siècles de retard, le châtiment qui fut celui de Babel : la dispersion des savoirs et l'errance des hommes de culture. Livres, où est votre victoire ?

Qu'on en soit conscient ou non, toute bibliothèque obéit à une vocation prométhéenne : s'égaler à (aux) Dieu(x) en se rendant maître des savoirs, en organisant la résistance au temps destructeur, en se faisant fort d'atteindre une puissance qui menace le désordre du monde. Babel ne prétend-elle pas s'élever jusqu'aux cieux ? Pourtant, remercions Dieu de nous avoir faits hommes créés à Son image, à défaut d'avoir pu, comme les anges déchus, rivaliser avec Lui. Humains, simplement humains. Hommes du Livre et des livres.

Les bibliothèques aussi sont mortelles

Pendant longtemps, la bibliothèque d'Alexandrie n'a guère attiré l'attention des historiens au-delà de sa fondation. Manque de documents, destin incertain du royaume d'Égypte : il n'est pas facile de décider. Il existe pourtant des données objectives pour expliquer le peu d'informations possédées sur cette part de l'héritage d'Alexandre, marqué par une lente et sûre décadence – d'autres diront torpeur. En un étrange raccourci, on passe presque brutalement, dans le survol historique, de la fondation à la destruction, partielle d'abord, définitive ensuite. La fondation comme la destruction sont sujettes à des versions quasi contradictoires. Le mythe n'obéit pas ici à une *doxa*. Par là même, il ressemble aux « livres » contenus dans les bibliothèques, qui sont soumis à des interprétations différentes, parfois même opposées, au gré de l'humeur des lecteurs, des sensibilités dominantes et de l'environnement historique.

Longtemps, on s'en est tenu à l'incendie par les conquérants arabes, inspirés par le Coran et lancés à la conquête du monde, jusqu'à leur défaite à Poitiers et leur repli sur l'Andalousie. L'Islam est alors une religion armée. Dût-on s'en étonner, l'incendie de la bibliothèque d'Alexandrie a été le fait d'hommes du Livre et ordonné au nom du Livre lui-même. Quitte à proposer aujourd'hui un récit jugé sans doute politiquement incorrect, rappelons ce qui, selon certains, relève de la légende dénigrante, forgée au moment des violents conflits qui opposent la chrétienté à la menace militaire arabo-musulmane, tout en suggérant que même les légendes ne sont pas de simples affabulations laudatives ou médisantes.

En 641, les armées arabes pénètrent dans Alexandrie. L'Égypte est alors conquise. Amrou, leur chef militaire, consulte le calife Omar sur ce qu'il doit faire des nombreux papyrus trouvés dans la ville. Il reçoit une réponse qui, selon Pierre Larousse, traduit d'une « façon naïvement brutale la logique du fanatisme ». « Si ces livres sont conformes à l'Alcoran, ils sont inutiles ; s'ils sont contraires à l'Alcoran, ils sont superstitieux : donc il faut les détruire. » En conséquence, à en croire le témoignage d'Abu Faradj, qui mourut évêque d'Alep en 1286, Amrou répartit les papyrus dans les nombreux bains d'Alexandrie qui les brûlèrent pour chauffer l'eau. Et, prétend-on, il fallut six mois pour les consumer. Quand bien même ce témoignage tardif serait sujet à caution, il ne manque ni totalement de crédibilité ni de force symbolique. L'apaisement religieux, la laïcisation que connaît l'Occident font que nous rejetons dans un passé lointain les comportements iconoclastes. Malgré la répétition incessante des bûchers purificateurs, les livres brûlés par les nazis, détruits par la révolution culturelle au profit de l'unique Petit Livre rouge du Grand Timonier, ou, plus proches de nous, menacés de *fatwa*, nous effaçons la barbarie de nos mémoires. Remercions les talibans, fiers dynamiteurs des monuments antérieurs à l'Islam, de nous avoir rappelé que le désir de détruire n'a jamais vraiment quitté les rivages de l'histoire humaine. Polyeucte n'est pas seulement le héros lointain d'une tragédie de Corneille. Il est parfois l'un des nôtres, l'un de nos voisins, ou même l'un de nos frères.

Cette version du brasier final de la main des envahisseurs arabes a été adoptée, évidemment, par l'Europe chrétienne, mais aussi par les hommes des Lumières, pourtant hostiles à l'Église, et toujours disposés à l'accuser de censure et d'autodafé. *Le Grand Dictionnaire géographique, historique et critique* de Bruzen de la Martinière fait sienne cette version, et Voltaire lui-même l'accepte sans barguigner dans le chapitre VI de l'*Essai sur les mœurs* quand il écrit: « C'est dans cette conquête que fut brûlée la fameuse bibliothèque d'Alexandrie, monument des connaissances et des erreurs des hommes, commencé par Ptolémée Philadelphe, et augmenté par tant de rois. Alors les Sarrasins ne voulaient de science que l'Alcoran, mais ils faisaient déjà voir que leur génie pouvait s'étendre à tout. » L'acceptation par Voltaire du sac d'Alexandrie par les Arabes ne va pas jusqu'à reprendre à son compte la phrase d'Omar, qui convenait pourtant si bien au pourfendeur de l'intolérance. Cette omission tient au fait que Voltaire, malgré ce qu'il a écrit dans la tragédie *Mahomet ou le fanatisme*, se refuse à juger l'Islam comme une religion « persécutante ». S'il concède que « le législateur des musulmans, homme puissant et terrible, établit ses dogmes par son courage et par ses armes », « cependant sa religion devint indulgente et tolérante », selon une évolution radicalement différente de celle du christianisme, qui serait passé de l'évangélisme primitif à l'intolérance fanatique – cette indulgence culturelle éprouvée envers l'Islam permettant par ailleurs de mieux dénoncer l'archaïsme, la barbarie et l'inculture des Juifs. On s'étonnera dès lors que Voltaire ne fasse pas la moindre allusion au premier incendie de la bibliothèque, provoqué par César assiégeant Alexandrie.

À la suite de ce premier incendie, relevant d'une logique défensive dans une ville assiégée, la bibliothèque avait été reconstruite et enrichie par celle des rois de Pergame, qu'Antoine, dit-on, offrit à Cléopâtre. Elle aurait compté plus de 300 000 titres avant d'être de nouveau partiellement détruite en 390, lors des luttes qui opposèrent chrétiens et païens, pour être enfin reconstruite au commencement du VIe siècle et définitivement anéantie en 641. L'accent mis par la mémoire occidentale sur cette dernière date, l'oubli relatif des destructions antérieures tiennent au fond au fait qu'à elle seule la mise à sac par Omar érige la bibliothèque d'Alexandrie en une sorte de paradigme et rend exemplaire son histoire. Et pourtant, la bibliothèque détruite par César anéantissant la flotte alexandrine mérite qu'on s'y arrête, comme sur une préfiguration. Déjà s'y manifestent le feu et l'eau, agents unis de destruction. Ce que le feu ne détruit pas est rendu inutile par l'eau. Il y a là une annonce du destin tragique du papyrus et, plus tard, du papier. Mais Antoine offre à Cléopâtre les livres de Pergame et reconstitue la bibliothèque perdue. Cette perte annulée révèle une espérance selon laquelle toute bibliothèque détruite renaît de ses cendres, différente de et semblable à ce qu'elle a été.

Dans l'histoire de l'humanité, le feu est très tôt un élément indispensable à la survie, un moyen de purification et une forme extrême du châtiment. Un livre est brûlé pour rappeler les flammes éternelles de l'Enfer, auxquelles il condamne peut-être, dans l'au-delà, ses lecteurs trop zélés. Sa destruction par le feu possède aussi, avec moins de force symbolique, valeur de purification. La flamme purifie parce qu'elle détruit. Le purifié paie un droit de passage qui est son anéantissement, sa réduction en cendres livrées au vent. Il est significatif que, lors de la destruction ultime de la bibliothèque d'Alexandrie, l'eau se mêle au feu, et que ce même feu serve à chauffer l'eau des bains, eau qui elle-même lave et purifie les corps. Le redoublement traduit un rapport ambigu au livre et au savoir, fait d'orgueil, de nécessité et de peurs. À la logique des censeurs, qui commencent par détruire le livre et parachèvent leur purification en tuant aussi son lecteur, s'oppose un autre cheminement, d'appréhension plus incertaine : la mémoire de la lecture se substitue au livre lui-même et rend sa destruction largement illusoire. Le livre détruit, sa mémoire demeure. Un lecteur se le remémore et peut en transmettre le contenu à un disciple ou un inconnu. Un livre lu, même détruit, n'est jamais tout à fait mort et muet.

L'acte prométhéen de défi au temps, d'accumulation des savoirs, la volonté d'emprise sur la diversité des langues, conçue comme un châtiment divin, appellent sanction et purification. Toute bibliothèque est menacée de destruction, ainsi que l'est la mémoire collective du fait de la disparition des archives, de leur censure ou de leur questionnement imposé aux historiens par les impératifs politiques, et la mémoire individuelle par la dégradation de l'âge et l'approche de la mort. Les photos, fidèles témoins d'un instant passé, jaunissent et finissent par perdre leur sens quand plus personne ne peut identifier ce qu'elles représentent. Elles sont des épaves sans lien avec ce qu'elles ont prétendu arracher à la finitude. Il leur arrive même, comme ce fut le cas sous Staline, par exemple, d'être modifiées. Dans le groupe des apparatchiks sérieux et fraternels, un des individus photographiés y est remplacé par une plante verte ou par son successeur.

Le destin de la bibliothèque d'Alexandrie constitue un sévère rappel à l'ordre adressé à nos enthousiasmes. Par quelle insouciance faisons-nous confiance à des objets de papier, que menacent les sources mêmes de la vie – la lumière, l'eau, le feu –, qui connaissent, à leur manière, les taches brunes de la vieillesse, l'attaque des moisissures et des parasites, et qui doivent subir, comme des êtres humains, des traitements préventifs, des cures de désintoxication, des périodes d'isolement aseptique, et même des transplantations d'organes ? Rien n'y fait vraiment. L'homme est le plus grand ami et le pire ennemi du livre. L'a-t-il sauvé, protégé, classé et rangé que les censures qu'il exerce sur lui, et les conflits armés qu'il engage, l'exposent à la mort. On devrait dresser dans toutes les grandes bibliothèques un monument aux livres brûlés, aux bibliothèques pillées ou détruites.

Malgré des oublis passagers, le destin d'Alexandrie rappelle avec insistance que les bibliothèques sont fragiles et mortelles. Comme les hommes et les civilisations dont elles sont les gardiennes. Car il n'est sans doute rien de plus humain que le livre et de plus proche de la maison que la bibliothèque. Ce qui explique les soins dont on les entoure et les violences qu'on leur fait subir. En fin de compte, ils n'ont, eux aussi, que des histoires de famille. Avec leurs moments de joie, de multiplication et de partage, et leurs angoisses de la perte et du néant.

Mémoire d'Alexandrie

La chute de l'empire romain d'Orient a ravivé la mémoire d'Alexandrie. L'arrivée en Italie, puis dans l'Europe entière, des manuscrits grecs a fait sortir des limbes la bibliothèque, et le musée. Alexandrie est apparue comme un modèle, toujours d'actualité, d'accumulation et de circulation du savoir. Qui n'a rêvé parmi les savants humanistes, de Pic de la Mirandole à Montaigne, d'écrire, de commenter, de philosopher à partir d'une bibliothèque. Montaigne, dans sa « librairie », a pratiqué ce va-et-vient du livre, de la sentence peinte sur les charpentes à la page d'essai, en pensant sans doute à la proximité du muséum et de la bibliothèque. La « République des lettres » qui se constitue alors en exigeant de ses membres, comme apport et gage d'appartenance, la possession de quelques livres ou d'un ou deux manuscrits illustre bien ce rapport au livre partagé. Sans lieu d'inscription, sans magasins ou dépôts, sans salles de lecture ni même lieux institutionnels d'enseignement et de réunion, elle appelle à la création de bibliothèques. Peiresc, possesseur généreux d'une importante bibliothèque, attache une grande importante à ce rituel d'appartenance et d'allégeance communautaire. Les libertins érudits ont tous rêvé d'être bibliothécaires, gardiens et usagers des livres, à la façon des frères Dupuy ou de Gabriel Naudé. Nul doute que le développement de la Bibliothèque royale, dont Voltaire tirera orgueil pour la monarchie française, témoigne de la mémoire d'Alexandrie. Il faudra le scepticisme des Lumières, peu souvent reconnu, pour que l'on s'interroge d'une façon critique sur la valeur de l'accumulation des livres. Qui aurait jamais imaginé que les Lumières furent traversées de tentations vandalistes ? Dans cette optique, n'est-il pas symptomatique que Voltaire fasse d'Alexandrie, dans l'*Essai sur les mœurs*, le dépôt des savoirs mais aussi des errements humains ? Un peu comme l'histoire de l'esprit humain que nous conte le même *Essai sur les mœurs*, qui unit à la présence récurrente des ténèbres de la superstition et du fanatisme les avancées de la raison, la lente émergence de la sagesse, le pari enfin sur l'avenir, attaché à la seule culture.

Face à la destruction, l'attitude des humanistes, avouée ou

non, est nécessairement ambiguë. À la conscience de la finitude de toutes choses héritée de la tradition chrétienne se joint chez eux la croyance en l'exemplarité du destin des empires antiques. Les neiges d'antan ne sont plus : le temps a voué au néant la perfection des formes, l'intelligence des esprits, la puissance militaire. Le voyage à Rome se fait dans un champ de ruines d'où naît une méditation sur le temps et la fragilité des constructions humaines. Rome n'est plus dans Rome. L'empire d'Orient est livré aux barbares qui incendient et pillent. Autant de raisons de s'abandonner au pessimisme, mais aussi d'espérer. Les œuvres survivent aux hommes et leur confèrent cette part d'éternité qu'ils possèdent. Grâce aux manuscrits qui parviennent en Occident, les œuvres des philosophes, des poètes, des auteurs tragiques, des historiens, de nouveau lues et commentées, sont aussi plus vivantes qu'au moment de leur rédaction. Les humanistes se veulent les héritiers du passé retrouvé et nient, sans en être conscients, la force destructrice du temps. À la destruction, ils substituent l'oubli temporaire, l'occultation provisoire. Paradoxalement enfin, la chute et le pillage de Constantinople apparaissent comme nécessaires à une renaissance. Le retour à la tradition antique, les retrouvailles avec des textes dépouillés, rendus philologiquement plus purs, devaient passer par l'effondrement de l'empire romain d'Orient, lui-même sorte de forme altérée et corrompue de la Rome impériale. Quel que soit le destin des grandes métropoles où naissent les bibliothèques et d'où elles disparaissent sous l'assaut des armées ennemies et des pillards, le livre sort triomphant. Par une autre voie, on retrouve ici la leçon, malgré tout optimiste, du premier incendie de la bibliothèque d'Alexandrie.

Aux XVIIe et XVIIIe siècles, dans l'Europe occidentale, se constituent les grandes bibliothèques privées ou publiques : bibliothèques princières, royales ou impériales. Dans l'*Essai sur les mœurs*, Voltaire rend hommage à Henri IV pour l'établissement d'une Bibliothèque royale qui aurait déjà compté en son temps plusieurs centaines de milliers de livres. Dans *Le Siècle de Louis XIV*, il montre que l'enrichissement des fonds de la Bibliothèque royale répond au rôle que jouent dorénavant la culture et la préservation du passé dans la représentation et la légitimation du pouvoir royal. La Bibliothèque fait alors pleinement partie des collections royales et de l'apparat de la puissance. Comme pour la peinture, qui est montrée au public à travers non seulement les salons, mais aussi l'exhibition de la Pinacothèque royale, la Bibliothèque royale, sur autorisation spéciale, est ouverte au public. Des écrivains viennent y travailler. Nous en possédons des preuves pour Jean-Jacques Rousseau et Denis Diderot. Il existe également une importante Bibliothèque de la reine, dont on peut admirer de nombreux exemplaires dans les fonds de la bibliothèque municipale de Versailles. Tout laisse à penser (et surtout quand on y trouve les œuvres du républicain Algernon Sidney ou des textes philosophiques entrées clandestinement en France) qu'une telle bibliothèque était plus patrimoniale que d'usage.

Parallèlement se développent les bibliothèques privées, quelquefois au double sens du terme : collection d'ouvrages, mais aussi lieu pour les lire ou les consulter. Ainsi, Colbert constitue une importante bibliothèque qu'utilisent ses collaborateurs. Rien de tel avec d'autres grandes bibliothèques, comme celles de Mazarin, du duc de La Vallière ou du marquis de Paulmy. Celles-ci relèveraient, plus nettement que celles qui les ont précédées, d'une ardente passion bibliophilique et d'un goût pour la collection, mais également pour la lecture, la culture et le savoir, sans oublier parfois un sens aigu de la spéculation financière. Le catalogue établi pour la vente de la bibliothèque du duc de La Vallière est impressionnant et les prix atteints lors des enchères sont très élevés. Les ventes publiques de livres sont alors nombreuses à Paris. Une bibliothèque fournie représente un signe social indispensable. Pour l'aristocrate qu'on accuse un peu vite de frivolité, pour le financier et le maltôtier qui y voient un moyen de parer de plus nobles oripeaux une fortune jugée mal acquise, cela semble évident. La constitution d'une bibliothèque touche tous les secteurs de la minorité lisante. Grands aristocrates, riches bourgeois, écrivains, gens d'Église, officiers passionnés des arts mécaniques : le goût du livre se répand chez tous avec force. On lit plus et on veut posséder des livres. Des meubles nouveaux naissent, destinés à les accueillir. Et ce qui vaut pour les individus vaut aussi pour les villes ou les États. Les guides de voyage signalent fréquemment, au XVIIIe siècle, la présence dans une ville de telle ou telle bibliothèque, en indiquant quelquefois même les jours et les heures d'ouverture. Indication qu'on chercherait en vain aujourd'hui dans un guide touristique. Le comte Peñaflorida, noble espagnol vivant dans un village basque, Azcoitia, possède une importante bibliothèque. Il fait venir ses livres de Madrid, de Paris, de la société typographique de Neuchâtel et recommande à son fils, Munibe, qui effectue un voyage de formation en Europe, outre des achats de livres à lui faire parvenir, de fréquenter autant qu'il peut les bibliothèques et les cours publics. On ne compte plus les livres donnant des conseils pour former une bonne bibliothèque, de Sorel à Formey en passant par Naudé et Lenglet-Dufresnoy. Ce qui n'est plus guère fréquent de nos jours. Les plus optimistes en déduiront que ce savoir-faire est pour l'Occident un don désormais socialement acquis dès la naissance ; je laisse les pessimistes annoncer, et d'une façon chaque fois plus convaincante, la disparition du livre sans nécessité d'incendie, par refus délibéré de lire.

La multiplication des livres, leur circulation aux quatre coins de l'univers, vers les colonies, les territoires conquis, l'étranger, l'augmentation des traductions ont révélé l'importance du livre mais aussi sa fragilité. Alexandrie livrée aux flammes en recueillait ainsi, de fait, une nouvelle force. Et ce d'autant, serait-on porté à croire, que les voyages en Égypte sont plus nombreux. On trouve des références à Alexandrie dans les grands ouvrages de culture générale de l'âge classique. Citons le *Dictionnaire historique* de Moreri, *Le Grand Dictionnaire géographique, historique et critique* de Bruzen de la Martinière, l'*Encyclopédie* de Diderot et d'Alembert à l'article « Bibliothèque ». Le *Dictionnaire historique et critique* de Pierre Bayle l'utilise comme une référence évidente à l'article « Pergame » et, suprême distance érudite, ne la cite pas à l'entrée « Alexandrie ». Il semble évident que la complicité culturelle qui se tisse entre Pierre Bayle et son lecteur implique que ce dernier connaisse le destin de la bibliothèque d'Alexandrie. Dans l'un des ouvrages de vulgarisation géographique les plus connus au XVIIIe siècle, *Le Jeune Voyageur françois ou la connoissance de l'ancien et du nouveau monde* de l'abbé de Laporte, on trouve au tome I, consacré à l'Égypte, une évocation de la splendeur de la bibliothèque en un temps où les livres étaient si rares et leur destruction si cruelle. « Les Turcs qui croient que l'Alcoran peut suppléer à tous les livres, ont fait de la bibliothèque de Ptolomée une espèce de citadelle. »

Une enquête plus approfondie montrerait une présence constante et paradigmatique de la bibliothèque dans la culture du siècle. Son destin vient confirmer une représentation cyclique du devenir de l'histoire encore très majoritaire, mais révèle aussi ses ambiguïtés. Ainsi, dans l'article « Bibliothèque » de l'*Encyclopédie*, la bibliothèque d'Alexandrie constitue sans doute une référence fondatrice, mais Diderot cherche dans le même temps à l'inscrire dans une lignée où dominent les bibliothèques modernes, de Paris à Saint-Pétersbourg, en passant par celles d'Amsterdam, de Varsovie ou d'Allemagne. À en croire les dépouillements lexicaux dont son œuvre a été l'objet, Jean-Jacques Rousseau ne fait aucune allusion à la célèbre bibliothèque. On était pourtant tout disposé à imaginer ce pourfendeur de la culture inventant un autre Fabricius dénonçant sur les ruines d'Alexandrie la vanité des savoirs puisque les livres et les lieux qui les abritent sont voués à la destruction. Faut-il voir dans ce silence inattendu un paradoxe rousseauiste, qui tiendrait à ce statut étrange d'un écrivain condamnant l'écriture en écrivant des livres ?

Même sommaire, l'enquête sur la présence d'Alexandrie provoque d'autres surprises. Les nombreux voyageurs en Égypte, comme Savary (*Lettres sur l'Égypte où l'on offre le parallèle des mœurs anciennes et modernes*, 1786) ou Volney (*Voyage en Égypte et en Syrie*, 1787), choqués par le champ de ruines que leur offre la moderne Alexandrie, et par son appauvrissement, finissent par en oublier sa bibliothèque ou par s'abandonner à des considérations assez banales sur la finitude des constructions humaines, ou, plus généralement, sur l'histoire comme déperdition et anéantissement. Se trouve alors appliqué à Alexandrie un discours devenu classique à propos de la Rome moderne et du Colisée. À cette différence près qu'à Alexandrie même le passé se révèle incapable de resurgir. Il est sans traces. « Avouez qu'il est douloureux, écrit Savary, de chercher une ville fameuse au milieu de ses propres murailles. » Jean de Thévenot (*Relation d'un voyage fait au Levant*, 1665) notait déjà : « Cette ville [...] autrefois si fameuse, si riche et si belle, est à présent tellement ruinée, qu'elle n'est pas elle-même : on n'y voit que des masures entassées les unes sur les autres, et les amas de pierres et de terre qui y sont de tous côtés sont plus hauts que les maisons. » C'est dire que très tôt s'est imposée l'idée que la ville ancienne n'est plus présente dans ses ruines et que rien ne permet de deviner la splendeur passée. De la bibliothèque, il ne reste que les témoignages écrits.

Plus étonnant encore, le *Voyage en Égypte et en Syrie* de Volney. Pas une notation sur Alexandrie ne s'y trouve. Au fond, Volney se refuse à l'archéologie. Il observe l'Égypte alexandrine ou romaine en ethnologue ou en politique plus qu'en archéologue, en historien ou en philosophe. Ce voyage, cohérent avec son titre, propose un point de vue géopolitique où Alexandrie, dont Savary constatait qu'elle était « une bourgade de peu d'étendue, contenant à peine six mille habitans », n'a pas sa place. Mais pourquoi Volney ne l'a-t-il pas utilisée comme exemple dans *Les Ruines ou Méditation sur les révolutions des empires*, au lieu de faire de la méditation sur la finitude des gouvernements un tête-à-tête avec les ruines de Palmyre ? Dans le contexte de la Révolution, la bibliothèque d'Alexandrie ne constitue pas une référence. Le vandalisme révolutionnaire tient aux affrontements internes, au refus d'un passé dont on veut détruire les traces et les symboles. L'enjeu est désormais d'ordre politique : la situation implique une urgence, un choix. La réflexion sur le passé ne doit pas faire craindre un lendemain lourd de menaces, mais permettre une compréhension du présent. C'est peut-être toute la différence avec Savary, qui, méditant sur Alexandrie, notait : « Si les trois quarts des ouvrages que possède l'Europe étaient anéantis tout à coup, que l'imprimerie n'existât pas, et qu'un peuple sans lettres s'emparât de cette belle partie du monde, elle retomberait dans la barbarie d'où tant de siècles ont eu peine à la tirer. »

III

Résurrection : la nouvelle bibliothèque d'Alexandrie

Le legs incertain du passé proche

Un jour, il faudra admettre qu'en bien des domaines la Révolution n'instaure pas une coupure. Ainsi, ce qui était en émergence dans la description des voyageurs en Égypte dès le XVIIe siècle (à preuve, la relation de voyage de Jean Thévenot, en 1665) –, un regard à prétention ethnologique, ancré dans le présent et sans mise en perspective historique ni exaltation d'un destin dont la bibliothèque, par sa richesse puis sa destruction, constituerait un élément fondamental –, est très largement confirmé par les voyageurs européens du XIXe siècle.

Cette ignorance de la bibliothèque d'Alexandrie dans les récits des voyageurs qui parcourent l'Égypte, son absence du discours culturel qui légitime l'expédition d'Égypte ont toutefois de quoi surprendre. On trouvera étonnant, par exemple, que Dominique Vivant Denon n'y fasse même pas allusion dans son *Voyage dans la Basse et la Haute-Égypte pendant les campagnes du général Bonaparte*, publié en 1802. Comme les voyageurs qui l'ont précédé, Denon attache peu d'importance à Alexandrie, qui, au fond, pour l'armée et les scientifiques qui l'accompagnent, représente simplement le port d'accès en Égypte. Et pourtant, Vivant Denon est un homme des Lumières, « l'œil de Napoléon » et son « ministre des Arts », et l'expédition est tout autant scientifique que militaire, comme le prouve *La Description de l'Égypte ou Recueil des observations et des recherches qui ont été faites en Égypte pendant l'expédition de l'armée française*, qui offre un remarquable bilan scientifique de l'expédition napoléonienne. Vivant Denon n'a-t-il pas enfin joué un rôle déterminant dans la création du fonds des antiquités du Louvre ? À preuve, l'intérêt qu'il porte aux antiquités et à leur histoire dans son *Voyage au royaume de Naples* et son *Discours sur les monuments d'antiquité arrivés d'Italie*, prononcé le 8 vendémiaire an XII (1804).

Mais pourquoi s'obstiner à vouloir confondre le voyage en Italie et le voyage en Égypte ? Leurs finalités ne sont pas comparables. Malgré les débats sur l'ancienneté de la civilisation égyptienne, dont Voltaire se fait le témoin, par Newton interposé, pour attaquer la chronologie biblique, l'Égypte n'appartient pas à la généalogie culturelle des pays occidentaux. Sans compter qu'en y débarquant aussi pour y faire la guerre, on n'y est pas vraiment en quête d'un passé servant à expliquer le présent européen. L'histoire d'Égypte ne constitue pas non plus un paradigme du destin historique de tout État. La présence des ruines conduit ici à prendre conscience d'une différence non temporelle mais culturelle. Si l'on évoque les pyramides, c'est pour leur exotisme et non pour permettre une méditation sur le temps. En outre, les savants qui accompagnent l'expédition d'Égypte sont plus proches de la leçon de Buffon que de celle des humanistes en quête de généalogie culturelle. Si l'on excepte les chapitres dédiés aux pyramides, l'intérêt se porte pour l'essentiel sur l'Égypte stratégique, sur le monde contemporain, sur l'altérité qui frappe le voyageur. Les savants en font une sorte de relevé photographique à la façon des planches de ruines, où campent quelques personnages hiératiques, comme étrangers, à la manière de ceux que grave Cassas.

Par ailleurs, la majorité des récits de voyage qui se publient depuis l'aube des Lumières, parce qu'ils sont souvent consacrés à des peuples apparemment sans histoire, ne possèdent pas de dimension historique. Point d'histoire pour les Indiens du père Lafitau ni pour ceux du baron de La Hontan. L'ancienneté philosophique proclamée de la Chine elle-même n'est qu'un moyen de mettre en doute la chronologie biblique. Les antiquités chinoises n'ont au demeurant guère de réalité, parce que la perfection du modèle politique et social chinois installe la Chine dans un temps immobile. Le regard porté sur ces mondes jugés primitifs est photographique avant la lettre. La dimension temporelle y est naturellement effacée. L'analyse la réserve en général à Rome. L'abbé Barthélemy, par le biais du voyage imaginaire du jeune Anacharsis, la rend sensible pour la Grèce, à la veille de la Révolution. Quant à l'Égypte, elle appartient à un autre registre. On mesurera l'originalité de son statut en rappelant que, sur un mode ironique, Leibniz conseillait sa conquête à Louis XIV pour le détourner de ses inquiétants projets de monarchie universelle. L'expédition d'Égypte possède des origines intellectuelles et politiques antérieures à la période postrévolutionnaire. À la différence de la Grèce ou de l'Italie, l'Égypte deviendra, grâce à son utilisation politique durant l'âge classique, un terrain d'expérimentation économique tout désigné au XIXe siècle pour les saint-simoniens, au même titre que l'Algérie, pays lui aussi sans passé aux yeux de la métropole. Percement du canal de Suez, guerre en Crimée, ces faits relèvent d'une même visée politique vers l'Orient qui détache de leur passé ces contrées transformées en théâtres des opérations militaires puis économiques.

L'Égypte comme histoire n'intéresse donc, au XVIIIe siècle, que les traités généralistes et les histoires universelles. Dans ces panoramas, elle a obligatoirement sa place. On en aura la preuve non seulement en consultant dictionnaires et encyclopédies, mais en lisant le tome XXV de l'ouvrage de Delisle de Sales, écrit en collaboration avec C.-J. Mayer et L.S. Mercier, *Histoire des hommes, ou Histoire nouvelle de tous les peuples du monde* (41 volumes pour l'histoire ancienne, 1780-1785), consacré aux Ptolémée. De très larges passages traitent de la vie intellectuelle à Alexandrie, et partant de la bibliothèque. On y explique que Sôter, « après avoir embelli sa capitale de tous les monuments qui pouvaient la rendre une des Métropoles du monde connu, songea à y fixer à jamais la raison et les barrières en y réunissant tous les livres qui pouvaient avoir quelque célébrité. Telle fut l'origine de la fameuse bibliothèque d'Alexandrie ». Le texte souligne les relations entre bibliothèque et puissance politique, les limites de la volonté d'exhaustivité de son fondateur, la notion de célébrité, ici essentielle, et la différence qui nécessairement existe entre une telle bibliothèque et les bibliothèques modernes. Pour la formation des bibliothèques, l'imprimerie a tout changé : les livres sont plus accessibles, de moindre coût, alors qu'à l'époque des Ptolémée il en coûtait l'effort de vaincre les difficultés d'accès aux sources et de transcrire.

L'image que Delisle de Sales donne de Ptolémée doit

beaucoup à l'imagerie du prince éclairé qu'ont élaborée les Lumières. Au point de noter qu'il « ne croyait pas que la vie sédentaire et spéculative fût un crime en politique ; sa raison éclairée lui dictait que l'homme qui rend, par son génie, un état respectable à ses voisins, a autant de droit à être protégé, que le Prêtre qui le bénit, ou le Soldat qui verse son sang pour lui dans les batailles ». Une telle affirmation permet de ranger Ptolémée parmi la cohorte des grands hommes qui ont œuvré à la civilisation. Ne bénéficie-t-il pas, dès lors, du phénomène de panthéonisation qui naît et se développe dans la seconde moitié du XVIIIe siècle ? Il est notable que ce soit la fondation d'une bibliothèque qui permette ici de concilier le sage, le savant, le guerrier et le religieux et de modifier les hiérarchies sociales habituelles. On ne s'étonnera pas de l'absence de références aux lecteurs et aux usagers de la bibliothèque. Pourtant, l'idée que la lecture est la conséquence du développement de l'imprimerie commence à s'imposer aux esprits. L'idée d'un rayonnement politique par le culturel se déduit naturellement des nouvelles légitimations du pouvoir qui se font jour au XVIIIe siècle ; mais on est loin de penser un lectorat réel et important hors de la lecture individuelle. Pour quelque temps encore, la bibliothèque relève du rayonnement politique plus que d'une valorisation du patrimoine. Autant dire qu'elle ne constitue pas alors pour ses lecteurs une pratique culturelle.

Pourtant, Louis Sébastien Mercier, partageant apparemment en cela le point de vue de Voltaire sur la politique culturelle de la monarchie française, consacre le chapitre CXCIV de son *Tableau de Paris* à la « Bibliothèque du roi ». L'intérêt qu'il lui porte, au point d'en faire un paradigme, ne l'empêche pas de réfuter l'idée admise que l'accumulation des livres est synonyme de « richesse de l'esprit humain ». « L'esprit se trouve obscurci, écrit-il, dans cette multitude de livres insignifiants, qui tiennent tant de place, et qui ne servent qu'à troubler la mémoire du bibliothécaire, qui ne peut pas venir à bout de les arranger. » Il existe chez Mercier, comme on le verra, une claire volonté de tri et d'élimination, qui est commune à tout un secteur des Lumières. L'énumération des livres à détruire – ils représentent presque la majorité des fonds de la Bibliothèque du roi – ne relève pas chez Mercier du caprice : elle se fonde sur le critère d'utilité et sur une philosophie des progrès de l'esprit humain. L'idée est simple : l'humanité sort enfin des ténèbres de l'ignorance, dont sont témoins ces in-folio poussiéreux, où s'entassent la folie et la stupidité. Il n'est pas utile de les conserver comme autant de témoins des temps obscurs. Mercier en appelle donc au feu purificateur. « Mais qui saisira un flambeau pour anéantir cet absurde ramas de vieilles et folles conceptions, que le génie méconnaissant ses propres forces, et se confiant en autrui, va consulter encore dans les premières années de la vie, et qui lui font perdre un temps précieux ?... » La puissance hallucinée de l'évocation est si forte qu'elle effraye Mercier lui-même. « Réprimons ce premier mouvement : ne brûlons rien. Cessez de frémir, pesants érudits, bizarres bibliomanes, fastidieux compilateurs de faits inutiles : allez, gorgez-vous d'une science déplorable ; copiez les erreurs anciennes, composez-en un nouveau magasin ; oubliez votre siècle pour celui de Sésostris... » La destruction des livres ne mettra pas fin à l'ignorance humaine et c'est même d'elle que se nourrit le militantisme philosophique. Sans erreurs, il n'est pas de combat philosophique nécessaire, ni même possible. De la connaissance de l'erreur peut naître parfois une étincelle de vérité. Point n'est besoin des livres pour errer. L'erreur, l'ignorance sont au cœur de l'homme. Ne brûlons pas les livres, changeons l'homme. « Point de flambeau destructeur : la sottise n'est point dans le livre, elle est dans le lecteur... »

Louis Sébastien Mercier tourne ensuite sa critique vers le mauvais fonctionnement de la Bibliothèque royale. « Ce vaste dépôt n'est ouvert que deux fois la semaine et pendant deux heures et demie. Le bibliothécaire prend des vacances à tout propos. Le public y est mal servi, et d'un air dédaigneux. La magnificence royale devient inutile devant les règlements des subalternes, paresseux à l'excès. » Cette critique est la preuve la plus évidente du fait que le lecteur de bibliothèque publique est enfin advenu, et se définit d'entrée autant par ses plaintes que par l'acte de lire. Admettons que ces phrases acerbes de Louis Sébastien Mercier, tout lecteur impatient de lire et ayant trouvé porte close les a, au moins une fois dans sa vie, prononcées.

Des notes trouvées dans le fonds Mercier de la bibliothèque de l'Arsenal, sans doute des brouillons datant de 1801 – Mercier rédige alors *Le Nouveau Paris* –, reprennent le thème des bibliothèques. Parce que les saisies révolutionnaires de livres ont très largement modifié le réseau national des bibliothèques et les usages de la lecture publique, et que Mercier postule que le Consulat puis l'Empire vont ouvrir une ère culturelle nouvelle, la référence à Alexandrie change de sens et de ton. À l'incendie qui marque sa perte se substitue dès lors une référence prophétique à sa grandeur : « Paris sous l'influence magnanime peut-il manquer de devenir une autre Alexandrie, une seconde Babylone... ? » Ces rêves de grandeur n'effacent pas les cauchemars de la déperdition et de l'incendie provoqué par le fanatisme et l'intolérance, dont

Mercier semblait, mû par une pulsion iconoclaste, réclamer la venue. Dans *Le Nouveau Paris*, il note au chapitre LIII : « Les paroles d'Omar à l'égard du Coran ne furent pas plus terribles que celles des décemvirs quand ils disaient avec une intention formelle : Oui nous brûlerons toutes les bibliothèques ; car il ne sera besoin que de l'histoire de la révolution et des lois… » L'idéologie politique peut remplacer le fanatisme religieux avec la même brutalité destructrice. L'une et l'autre postulent l'inutilité des livres offerts par les bibliothèques à la lecture : à la référence au Livre unique, détenteur de tout savoir et de toute vérité, les révolutionnaires substituent la révolution et les lois qu'elle a fait naître, comme fin ultime de l'histoire et discours indépassable.

Le XIXe siècle ou l'étrange traversée du désert

Tout au long du XIXe siècle, l'Orient fascine. Le monde politique, militaire, économique, mais aussi les élites culturelles : écrivains, peintres et photographes. Avant de diriger leurs pas vers l'Afrique profonde, les voyageurs parcourent l'Égypte, la Syrie. Ces écrivains qui voyagent, de Fromentin à Maupassant, ces peintres, qu'on appellera les orientalistes, attirés par la lumière, les mœurs et des coutumes différentes et jugées mystérieuses et plus libres, ces photographes qui viennent fixer à tout jamais la lumière, les attitudes, les ruines et les paysages, tous dirigent leurs pas vers le Maghreb, puis vers la Méditerranée orientale. Chateaubriand est peut-être le premier d'entre eux, mais bien d'autres suivront : Lamartine, Nerval, Flaubert, Maxime du Camp, qui photographie plus qu'il n'écrit, Fromentin, peintre autant qu'écrivain, et qui choisit le désert contre les oasis, les caravanes, les fleuves et les villes, et tant d'autres encore.

On serait tenté de croire que le développement de la lecture publique, l'expérience révolutionnaire, les excès du vandalisme rendraient les voyageurs, qui, pour la plupart, abordent l'Égypte par Alexandrie, sensibles au temps qui passe, aux cultures qui meurent, à la mémoire de ce qui fut. Napoléon évoque pour ses troupes les siècles qui, du haut des pyramides, les contemplent, mais ne fait jamais référence aux trésors culturels disparus dans les tourmentes de l'histoire. Parce qu'elles ont survécu, guetteurs immobiles, les pyramides inspirent des réflexions sur le temps et la postérité. De leur visibilité dans le désert, des secrets qu'elles recèlent ou qu'on leur prête naissent presque spontanément le discours dont on les honore. Les photographies des sphinx sont innombrables et elles traduisent une espèce d'émerveillement stupéfait. Les pyramides ne représentent pas une ruine, mais un surgissement du passé lointain dans la fragilité du présent et l'immensité des sables. D'Alexandrie, la barbarie des hommes, la voracité des flammes ont tout détruit. Il n'en reste rien : des pierres, un village appauvri, quelques milliers d'habitants. De ce que fut Alexandrie, rien ici ne porte les traces. Pas même des ruines. L'Alexandrie des Ptolémée et de Cléopâtre n'est désormais qu'un fait de discours. La description qu'en donne Maxime du Camp ressemble à un lamento : « Alexandrie tout entière au reste, sauf quelques quartiers presque déshabités aujourd'hui, n'a aucun caractère défini. Aux constructions européennes, elle a emprunté la laideur, sans prendre le confortable ; de l'architecture indigène elle a gardé les matériaux insuffisants et peu solides, sans savoir conserver l'élégance et l'imprévu. La ville n'est ni française, ni allemande, ni russe, ni italienne, ni espagnole, ni arabe, ni turque, ni anglaise ; elle est un peu tout cela à la fois ; en un mot, c'est une ville franque, la pire chose qui soit au monde. Lorsque Amrou la prit, il écrivit à Omar qu'il y avait trouvé 4 000 bains, 4 000 palais, 400 places, 40 000 Juifs payant tribut et 12 000 marchands de légumes. De tout cela il ne reste rien. »

Son ami Gustave Flaubert, dans son *Voyage en Égypte*, en dira moins encore. À Alexandrie, Flaubert n'accorde pas un regard, pas même une méditation fugace. Il n'éprouve nulle nostalgie, tout au plus une sensation de vide, de décalage entre ce que l'on est et le lieu où l'on se trouve. « Je ne puis me résigner à me coucher – je pense à Cléopâtre – les eaux sont jaunes – il fait très calme. » Tout ici dégage une sensation mortifère. Rien non plus de significatif dans les articles que Théophile Gautier écrit pour le *Journal officiel*. La seule référence culturelle qu'ils offrent est une allusion au thème pictural de la « fuite en Égypte ». Rien non plus chez Gérard de Nerval, ni dans les articles publiés dans le *Journal de Constantinople* en 1843, ni dans la lettre qu'il adresse à Gautier. Les intérêts de Théophile Gautier, qui avait demandé des renseignements à Nerval sur les « almées du Caire et leurs danses tant célébrées », et de Gérard de Nerval lui-même se portaient ailleurs que sur ce passé historique, dont les livres seuls étaient devenus les dépositaires.

À bien des égards, Chateaubriand offre des perspectives autrement intéressantes, même si, dans l'*Itinéraire de Paris à Jérusalem*, Alexandrie lui inspire la même amère désillusion qu'à ses contemporains. « Si j'avais été enchanté de l'Égypte, Alexandrie me sembla le lieu le plus triste et le plus désolé de la terre. Du haut de la terrasse de la maison du consul, je n'apercevais qu'une mer nue qui se brisait sur des côtes basses plus nues, des ports presque vides et le désert libyque s'enfonçant à l'horizon du midi : ce désert semblait pour ainsi dire accroître et prolonger la surface jaune et aplanie des flots... » Dans le livre XI des *Martyrs*, qui relate l'histoire d'Eudore, une large part est faite à Alexandrie dans sa splendeur. Si imposante que le héros confesse : « Avant de rejoindre Dioclétien dans la Haute-Égypte, je passai quelques jours à Alexandrie, pour en visiter les merveilles. La bibliothèque excita surtout mon admiration. Elle était gouvernée par le savant Didyne, digne successeur d'Aristarque. Là je rencontrai des philosophes de tous les pays, et les hommes les plus illustres des Églises de l'Afrique et de l'Asie [...]. Un soir, j'étais resté presque seul dans le dépôt des remèdes et des poisons de l'âme. Du haut d'une galerie de marbre je regardais Alexandrie éclairée des derniers rayons du jour. Je contemplais cette ville habitée par un million d'hommes, et située entre trois déserts : la mer, les sables de la Libye et Nécropolis, cité des morts aussi grande que celle des vivants. Mes yeux erraient sur tant de monuments [...] ; je considérais ces deux ports couverts de navires, ces flots, témoins de la magnanimité du premier des Césars, et de la douleur de Cornélie... » On mesure la différence du panorama contemporain perçu depuis la terrasse de la maison du consul à cette vision de l'opulente Alexandrie des Ptolémée. Il a fallu la magie de la fiction pour qu'Alexandrie surgisse de ses cendres. C'est par la dynamique de la trame narrative – le voyage du héros à travers l'Égypte – que peut se réécrire la description désabusée de l'Alexandrie moderne. Une comparaison, terme à terme, des deux moments de la cité se révèle possible. Mais la fiction permet d'aller plus loin encore. Ce que le panorama de l'Alexandrie contemporaine ignorait – la bibliothèque, à jamais effacée par le feu – peut, grâce à elle, redevenir réalité. Le changement est plus que de tonalité : il touche aux contenus. L'écriture efface l'absence, dénie à la mort ses droits. « Plein d'admiration pour Alexandre, je rentrai dans l'intérieur de la bibliothèque : je découvris une salle que je n'avais point encore parcourue. À l'extrémité de cette salle, je vis un petit monument de verre qui réfléchissait les feux du soleil couchant. Je m'en approchai ; c'était un cercueil : le cristal transparent me laissa voir au fond de ce cercueil un roi mort dans la fleur de l'âge, le front ceint d'une couronne d'or, et environné de toutes les marques de la puissance. » Le texte est un piège : la bibliothèque n'est pas décrite, car seul ce cénotaphe importe. À ses côtés, le héros voit un homme lisant un verset du Livre des Maccabées dans la Bible des Septante qui évoque le destin d'Alexandre et de son empire. La richesse de la bibliothèque se trouve alors oubliée au profit d'un seul livre qui dit la vie, la mort et la vanité des gloires humaines. Pour le chrétien qui médite, il était écrit dans la nature des choses que rien ne résiste au temps, et que seul Dieu est éternel. Par le biais du religieux, et non de la bibliothèque détruite, se formule ici une réflexion sur l'humaine condition.

Peut-on parler d'un détournement pour faire entrer dans la leçon des *Martyrs* les fastes d'Alexandrie ? Ce serait oublier les contraintes descriptives, le rapport singulier au réel qui commandent l'écriture des itinéraires au XIXe siècle. À ces contraintes, la fiction n'a pas à se soumettre. Il est de son pouvoir de recréer, au gré de sa fantaisie, un passé de grandeur, dont les ruines mêmes ont disparu. Face aux itinéraires, elle peut se jouer du temps, voire faire comme si le futur du passé, donné par elle comme un présent, n'allait pas advenir. Alexandrie, ressuscitée par la fiction du voyage d'Eudore, est plus vraie que les témoignages qu'en fournissent les livres, et dont pourtant elle se nourrit.

Ce qui reste d'Alexandrie pour la mémoire collective se trouve un peu plus en aval dans le *Dictionnaire* de Pierre Larousse. L'entrée « Bibliothèque d'Alexandrie » est une sous-rubrique importante de l'ensemble « Alexandrie », qui en compte six. Elle donne les dates fondamentales de sa création et de son histoire jusqu'à sa destruction. Plus que sur la richesse de la bibliothèque, l'accent est mis ici sur sa destruction, dont Pierre Larousse fait sienne la version traditionnelle. Signe des temps, malgré toute la rigueur de son information, Pierre Larousse choisit le symbole du feu et de l'eau, preuve que, malgré le silence des voyageurs, Alexandrie est devenue un fait de mémoire et un mythe.

La nouvelle bibliothèque d'Alexandrie

Toute bibliothèque détruite est-elle vouée à renaître de ses cendres ? Le livre appellerait le feu et la bibliothèque réduite en poussière sa reconstruction. La règle n'est peut-être pas générale, mais les cas de reconstructions, n'osant s'avouer par peur d'être tenues pour responsables des destructions elles-mêmes, ne sont pas rares. Citons les bibliothèques allemandes détruites par les bombardements de la fin de la Deuxième Guerre mondiale, la Bibliothèque nationale de Varsovie, incendiée lors du soulèvement de la ville, plus près de nous la solidarité internationale aidant à la reconstruction de la bibliothèque de Sarajevo. On serait tenté d'évoquer le phénix qui renaît de ses cendres et d'ajouter un nouveau mythe à ceux qui déjà nourrissent l'imaginaire des bibliothèques. Ce serait aller vite en besogne. Il y a plus de bibliothèques détruites que de bibliothèques reconstruites et, dans le cas d'Alexandrie, il a fallu plus de treize siècles pour que la bibliothèque revive. On y verra la preuve de sa force mythique, qui a survécu aux aléas de l'histoire et de la mémoire collective, mais cela illustre aussi la difficulté – et parfois quasi-impossibilité – à renaître.

Et pourtant, cette nouvelle bibliothèque d'Alexandrie, plus que celles de Sarajevo ou de Varsovie, constitue un symbole, et elle contient un message auquel il est difficile de se sentir étranger, parce qu'il s'impose comme une évidence en jouant de notre mémoire et qu'il nous a été martelé à longueur de chartes et de discours. Mais revenons-en aux faits. Pour qui n'est pas dans le secret des dieux, entendons des politiques, des directeurs et des responsables de l'Unesco, des généreux donateurs, des architectes et des maîtres d'œuvre, ils forment une séquence clairement ponctuée. À l'origine, un professeur, Dowidar, propose la création d'une bibliothèque universitaire moderne pour l'université d'Alexandrie. Nul doute que la charge historique du lieu, le modèle antique revisité qui relie bibliothèque, recherche et enseignement ont imposé à ce vœu leur marque, en servant aussi à le légitimer. Le temps passe et le projet succède au souhait. Il trouve une écoute favorable à l'Unesco. En février 1986, au cours d'un voyage officiel, le directeur général, M. Amadou-Mahtar M'Bow, évoque la possibilité d'une aide internationale pour réaliser le projet. En juin 1986, le conseil exécutif de l'Unesco invite le directeur général « à coopérer avec le gouvernement égyptien à la mise en œuvre et à l'exécution de ce projet». En 1987, le Haut Comité national de la bibliothèque d'Alexandrie, sous le haut patronage du président de la République, M. Mohammed Hosni Moubarak, est constitué. Le 14 décembre de la même année est institué le GOAL (General Organization of the Alexandrian Library), qui est chargé de créer la Bibliotheca alexandrina et d'atteindre tous les objectifs qui lui sont fixés.

La volonté du gouvernement égyptien est soutenue par l'aide internationale que confirme Federico Mayor, directeur général nouvellement élu, en posant le 26 juin 1988, en compagnie du président Moubarak, la première pierre de l'édifice. L'Égypte fournit le terrain, élabore un plan financier des sommes prévues pour la rémunération du personnel égyptien. En outre, le gouvernement égyptien invite l'Unesco à créer une Commission internationale pour la renaissance de l'ancienne bibliothèque d'Alexandrie. Celle-ci se réunira pour la première fois, sous la présidence de Mme Moubarak, en février 1990, à Assouan.

Parallèlement, des études de faisabilité ont lieu. Un symposium réunissant des architectes, des bibliothécaires et des experts examine le projet de cahier des charges en mars 1988, à Alexandrie même. On organise un concours international d'architecture que finance le PNUD (Programme des Nations unies pour le développement et l'alphabétisation). Pour faire face aux problèmes de financement, l'Égypte et le PNUD, aidé par l'Unesco, organisent en 1990 une campage de collecte dans les pays intéressés. Cette campagne est précédée d'un appel du directeur général de l'Unesco invitant tous les gouvernements et tous les pays à participer, par des contributions en espèces, en équipement ou en services, à l'immense effort entrepris par le gouvernement égyptien. Un compte spécial est ouvert à l'Unesco pour recueillir les dons. Quel pays de culture pouvait rester sourd à un appel qui mentionnait Alexandrie? Les aides sont généreuses. Le concours a lieu. Il est remporté par une équipe internationale, qui comprend trois Norvégiens, un Autrichien et un Américain. Les travaux commencent : ils seront longs pour nos habitudes, courts sans doute si on les compare aux constructions de l'Alexandrie antique.

L'architecture de la Bibliotheca alexandrina mêle modernité des formes comme des techniques de préservation des documents – la lumière est si forte et l'eau si proche – et utilisation traditionnelle des volumes. Ainsi, une unique salle de lecture, à la manière des bibliothèques anciennes, peut accueillir 2 000 lecteurs. Si la partie sud de la bibliothèque est protégée par un mur de granit, ce dernier provient d'Assouan et comporte des inscriptions en cent vingt langues, utilisant tous les alphabets du monde. Pas plus que les bibliothèques anciennes, la bibliothèque d'Alexandrie ne se signifie par son aspect extérieur pour ce qu'elle est, mais la symbolique de ses matériaux révèle son projet. On est à la fois proche et loin du livre, de la lecture publique et des discours les plus simples qui accompagnent parfois les médiathèques de construction récente : faire communiquer les bâtiments avec leur environnement à la manière des livres lus ou des disques écoutés qui rendent présentes des absences réelles.

La modernité est là pour démontrer que la Bibliotheca alexandrina n'est pas un défi au temps, porteur d'usure, et à la destruction inévitable des constructions humaines. Reproduire la bibliothèque antique représentait une tâche impossible et sans doute vaine. Le défi, ici, consistait à redonner vie non au corps mais à l'esprit de recherche, d'apprentissage et de diffusion qui a été sa caractéristique durant ses sept cents ans d'existence. Or il n'est de recherche qu'avec les techniques, les inquiétudes et les questionnements contemporains. C'est donc une bibliothèque digitale que propose Alexandrie. Construite dans un Moyen-Orient que déchirent les conflits, elle s'en fait l'écho en se donnant pour mission d'être un centre de recherche et de dialogue et un lieu de passage, « fenêtre du monde ouverte sur l'Égypte » et « de l'Égypte sur le monde ». En un mot, une bibliothèque pour le XXIe siècle : non seulement par le recours aux technologies de l'information qu'elle utilise, parfois même afin de redonner vie au passé lointain et d'effacer le temps en employant le numérique pour la protection et la reconstitution des manuscrits anciens, mais en affirmant aussi, en une période d'affrontements, une volonté de « compréhension entre le Nord et le Sud, l'Orient et l'Occident », qui illustre un pari sur l'avenir.

Dans la moderne Bibliotheca alexandrina, il existe donc, comme dans les bibliothèques traditionnelles, des livres (200 000 à son inauguration et une capacité des magasins de 8 millions de volumes), des fonds consacrés à la culture générale et quatre aires privilégiées : l'art et la culture, les humanités (et spécialement l'histoire) et deux aires marquées au sceau de notre temps – éthique en science et technologie, et, plus proche des questionnements actuels, le développement, avec les problèmes de l'eau et de l'environnement. La fonction pédagogique de la bibliothèque n'est pas pour autant négligée. On se propose d'attirer un lectorat jeune avec des bibliothèques de livres pour la jeunesse, des visites guidées pour les classes élémentaires, l'ouverture de certains secteurs à un large public. En cela, la Bibliotheca alexandrina est bien notre contemporaine. On imagine mal dans sa référence antique des visiteurs adolescents et des lecteurs (mais existaient-ils ?) qui ne fussent ni savants distingués ni gens avertis. Aujourd'hui, nous ne pensons plus de bibliothèques d'envergure, possédant un rayonnement public réel, qui ne soient liées à une ouverture sur un nouveau lectorat et ne visent d'abord à une démocratisation du savoir. Nous ne prétendons plus aussi brutalement vouloir augmenter et développer le savoir par la seule fréquentation des bibliothèques, mais prioritairement le diffuser. L'opération vise moins l'avenir, l'accroissement du savoir, que sa vulgarisation.

Quand à la Bibliothèque nationale ont succédé l'heureusement vite oubliée Très Grande Bibliothèque de France, puis la Bibliothèque nationale de France, force a été de constater la part congrue réservée jusqu'alors aux sciences dans les fonds conservés. La BNF a tenté, et avec succès, de remédier à ces manques. Non que les bibliothèques scientifiques n'aient pas jusqu'alors existé, mais elles étaient pensées comme autonomes, pour ne pas dire différentes, liées à des institutions d'enseignement ou de recherche, et senties comme presque étrangères à cette vaste culture, à dominante littéraire, des fonds de la Bibliothèque nationale. Si la fonction de constitution de savoirs est encore reconnue à nos modernes bibliothèques et tout particulièrement dans quelques-uns des secteurs des sciences humaines, on lui oppose pourtant volontiers le laboratoire où l'on expérimente et découvre. Dans la vision triviale de la science qui est celle de l'opinion commune, la lecture des livres renvoie au loisir, à la rêverie ; la science, elle, se nourrit d'un appareillage technique important et coûteux, de procédures d'expérimentation et de calcul, de recours informatiques complexes.

À voir le programme qui a présidé à la création de la Bibliotheca alexandrina, on retire l'impression d'un partage assez précis entre la conservation – avec une forte tendance à la restauration – et la mise en réseau et la numérisation, pour ainsi privilégier la circulation de l'information et la transmission des données. Sa modernité tient moins à l'ouverture de nouveaux espaces de réflexion ou à la prise en charge de champs de la connaissance récemment constitués qu'à la mise en œuvre de moyens techniques pour tous les secteurs de son activité, marqués du sceau de la modernité technologique la plus avancée.

C'est dire que le modernisme technologique, dont fait délibérément usage l'ambitieux programme, constitue la preuve de son appartenance à son temps. Effet de perspective, sans aucun doute. Ce qui tendrait à prouver que la résurrection d'une bibliothèque ne peut jamais être sa reconstruction à l'identique. Si la volonté d'effacer prioritairement le temps du malheur de sa destruction, de faire comme si on retardait le passage des siècles, n'est pas l'objet premier de l'entreprise, qu'on en ait ou non conscience, une bibliothèque n'est jamais étrangère à son époque et celle-ci s'y manifeste par l'ordre des savoirs qui incite à sa fondation. La reconstruction à l'identique des bibliothèques et des monuments allemands détruits par la guerre revêtait des significations multiples et historiquement datées. Symboliquement, elle illustrait une volonté d'effacement du malheur de la guerre, de reconquête de la mémoire en deçà de l'avènement du nazisme, un refus des valeurs culturelles qu'il avait tenté d'imposer contre le livre et l'humanisme libéral, une promesse engageant le futur du pays.

Rien d'identique pour Alexandrie. Cela n'était pas matériellement possible : on ne sait rien de précis de l'architecture de la bibliothèque, on ne connaît même pas avec certitude son emplacement. Il n'y avait rien à effacer. Alexandrie appartenait à une histoire en majesté, mais à jamais abolie. De l'avis des experts, le choix d'inscrire la Bibliotheca alexandrina dans Alexandrie n'est pas techniquement heureux. La contrainte symbolique a donc été plus forte que le jugement des experts eux-mêmes. Il existe pourtant avec le passé un lien autrement fort. L'ouverture sur l'ensemble du monde culturel méditerranéen, que prônaient Ptolémée Sôter et ses conseillers, est ici mise en œuvre. Au-delà du culturel, sans volonté hégémonique, dans cette partie du monde déchirée par les guerres, le terrorisme, les politiques d'annexion, les haines raciales et les intolérances, la Bibliotheca alexandrina représente un effort de compréhension entre le Nord et le Sud, l'Orient et l'Occident et oppose au choc entre les États la volonté de promouvoir le dialogue entre les civilisations. Elle est transposition plus encore que reconstruction.

Comment ne pas deviner, dès lors, que la participation internationale au projet constituait l'occasion d'un geste d'affirmation culturelle à forte portée symbolique et politique ? À cet égard, la Bibliotheca alexandrina est une sorte de défi collectif aux violences des extrémismes. Elle est enfin un message d'espoir, dont on se plaît à souhaiter qu'il résistera aux fanatismes et à l'usure de l'eau, du sable et du vent. Il est trop tôt pour jouer les prophètes. On peut tout craindre. Certains y voient une provocation à haut risque et une fin programmée. Non par suite d'une défaillance des aides financières et techniques. Les pays développés, par le biais de l'ONU, en ont besoin pour leur image et parce qu'ils demeurent convaincus, à tort ou à raison, que le développement culturel est un facteur de paix et de stabilité.

À la façon du poète baroque amoureux, je me nourris d'espoir et ne cesse de douter. Les guerres justes ou injustes n'épargnent guère les bibliothèques. Musées et bibliothèques d'Irak sont menacés de disparition. Les pillards, les trafiquants de toutes sortes viennent parachever les destructions de la guerre. Ailleurs, de nouveaux Omar ordonnent la destruction des livres. On peut craindre que la Bibliotheca alexandrina ne rejoue son histoire. Je feuillette des albums de photos qui lui sont consacrés et tente de lire dans ces images sur papier glacé son avenir. Deux images, parmi d'autres, retiennent mon attention : celle d'une classe d'adolescentes en visite dans la bibliothèque. Je m'en réjouis : des femmes jeunes, qui étudient. Mais l'image est plus anglaise que moyen-orientale : les élèves portent l'uniforme d'un collège – un blazer, une jupe plissée, des chaussettes jusqu'au genou, la tête nue. Constituent-elles un échantillon représentatif de la jeunesse égyptienne ? Leur groupe homogène m'oblige aussi à m'interroger sur la mixité absente. Devenues femmes, passeront-elles de cet uniforme à un autre, qui les éloignera à tout jamais du monde des bibliothèques ? La seconde photographie permet de prolonger la réflexion : une vitrine d'exposition dans une salle inondée de lumière – un homme en habit traditionnel regarde les pièces exposées ; à quelques mètres, en retrait, une femme. Je ne peux m'empêcher de penser que cette femme est la sienne, et qu'il est normal que son mari regarde en premier tandis qu'elle se tient à distance, la tête couverte et baissée. Les images ne sont pas le reflet exact de la réalité. Nous le savons, fût-ce pour les plus criantes de vérité et les plus belles. Mais quand même..

IV

Souvenirs de mes découvertes

La première

Aussi loin qu'il m'en souvienne ou qu'on s'en souvienne pour moi, j'ai aimé les livres. Mes lectures, faites très tôt en solitaire, enfermé dans ma chambre ou à l'ombre d'un néflier passablement rabougri sur une « pièce » de terre que mes parents avaient acquise juste après la guerre, m'ont aidé tout jeune à fuir les autres, leurs demandes et leurs exigences et à me construire par les livres ce roman familial dont je n'avais guère besoin au demeurant, la réalité se suffisant grandement à elle-même. Mon frère aîné avait usé avant moi de cette technique de la fuite dans un monde ni meilleur ni pire, mais n'existant que par les livres. Notre grand-mère, toujours inquiète, nous relançait depuis la cuisine pour nous obliger, sans réel succès, à revenir sur terre. Elle avait substitué aux traditionnels « il baye aux corneilles », « il est dans la lune » un plus étonnant « il est dans ses lectures ».

J'avais appris très tôt à lire. Dès la maternelle. Autant dire que l'illettrisme contemporain me surprend et me choque, et je me demande comment on peut accepter cette vie sans le secours des livres. J'ai appris en répétant sans discontinuer, en chœur ou en solo, d'abord à l'école, sous la direction de la maîtresse – elle s'appelait Mme Avril et je crois me souvenir qu'elle était blonde –, puis en ânonnant à la maison. J'étais trop content d'imiter les grands qui lisaient le journal après dîner en profitant de la cuisinière encore chaude. Avant de vouloir être missionnaire, aviateur ou gendarme, les enfants de ma génération avaient comme modèles le maître d'école ou leurs parents journal en main, comme ceux d'aujourd'hui veulent être finalistes de *Star Academy*, acteurs de cinéma, rappeurs ou chanteurs de rock.

Il n'y a pas si longtemps, en tentant de ranger mon bureau, j'ai retrouvé un livre que mon père m'avait apporté en cadeau de Lyon, où il était hospitalisé depuis sa blessure. Autant ému par le livre lui-même que par sa dédicace, qui me rend intacte son écriture si particulière, je me suis décidé à le feuilleter. Le livre cartonné et illustré s'intitule *Tous heureux. Tous beaux.* Il est écrit et illustré par Marianne Doll. Dès les premiers dessins, le temps s'est aboli. Je n'ai pas eu besoin de tourner les pages. Je le connaissais par cœur, preuve indubitable non de la force de la mémoire enfantine, mais des heures passées à le lire et, avec le soin d'un expert, à contempler les illustrations. Dois-je voir dans ce soin l'origine de la passion avec laquelle j'ai regardé ma vie durant les gravures, les peintures et les dessins que j'ai collectionnés et de la précision des souvenirs que j'en garde ? Faisant allusion à ma mémoire visuelle, ma grand-mère affirmait que j'avais de bons yeux dans la tête, et j'en étais fier.

Il y avait peu de livres à la maison. Quelques missels, des romans édifiants de Pierre L'Hermite, des livres de prix à tranches dorées et reliés de cartonnage rouge, quelques albums du *Petit Journal* prêtés par un voisin, dont je me rappelle encore les saisissantes et poétiques couvertures, les livres de mon frère et surtout un album de bandes dessinées intitulé *Hop-là !*, où je lisais et relisais les aventures du Fantôme, celles de Raoul et Gaston, de Mandrake le magicien ou de Rip Kirby. Grâce à ces vignettes, j'ai su très vite que texte et images pouvaient être unis et se lire d'un même mouvement, dont je n'ai pas encore réussi à percer tous les mystères. Les ressources livresques de la famille se révélant vite insuffisantes, je me suis tourné vers la très limitée bibliothèque de classe, qui tenait sur un rayon d'une armoire, près du poêle, en compagnie de la grosse bouteille d'encre violette avec laquelle on remplissait chaque lundi matin les encriers de faïence blanche des pupitres, des chiffons, d'un grand compas, d'une règle à bouts métalliques et de deux ou trois éponges. Des romans de la comtesse de Ségur, des résumés de Jules Verne, auxquels je ne comprenais pas grand-chose, malgré une consultation minutieuse du *Petit Larousse*, dont la couverture me fascinait sans que je susse alors qu'elle était d'Eugène Grasset.

Ce fut durant le long et chaud été 1944 que je connus – je crois me souvenir – ce qu'était une presque vraie bibliothèque. Mais peut-être suis-je en train de confondre les dates. On apprenait à nager en amont d'une écluse établie sur la Vienne qui offrait un plan d'eau propre aux essais nautiques. Les journées étaient sans fin. Au point d'en venir à regretter la fermeture depuis fin mai de l'école. Mon frère aîné allait emprunter des livres à la bibliothèque municipale, une simple pièce avec des rayonnages au premier étage de la mairie, où l'on rangeait quelques centaines de livres, ou peut-être moins. La poussière teintait de gris la tranche des volumes et le soleil en décolorait doucement les dos. Il régnait une odeur de papier vieilli comme dans ces greniers où l'on range les vieux journaux. L'unique fenêtre donnait sur la rivière. Si ma mémoire est bonne, il y avait un meuble à casiers et une chaise. En observant mon frère consulter ce fichier, j'ai compris le sens des chiffres et des lettres portés sur les étiquettes collées au bas des volumes. Le concierge vérifiait les emprunts, les reportait sur un cahier. « Comme ça, vous êtes les fils de Jean-Baptiste ! Celui qui est blessé... » Nous repartions ensuite avec notre butin à la maison, de l'autre côté du pont.

Il était rare qu'on fît allusion à notre père. Recherché par la police allemande, il s'était enfui de l'hôpital Desgenettes de Lyon en 1943 pour se réfugier auprès de nous. Il était censé être en convalescence. Il s'absentait de longues après-midi pour aller, prétendait-il, tenter d'acheter du ravitaillement ou du bois de chauffage. Mon frère l'avait suivi et raconta à notre mère qu'une traction avant, battant pavillon tricolore, s'était arrêtée pour le prendre à quelques centaines de mètres de la sortie de C... Les reproches qu'elle lui adressa le soir même, à son retour, le décidèrent à choisir complètement la clandestinité. Il déclara repartir à l'hôpital pour reprendre ses soins. Il revenait presque chaque mois pour une prétendue permission de convalescence. Le soupçonnant de ne pas être au mieux avec les autorités, dans C... on évitait même de le nommer. Un jour, pourtant, le facteur, qui faisait sa tournée, et qui avait sans doute déjà absorbé une grande quantité des verres de vin qu'on lui offrait, me dit entre ses dents en me passant la main dans les cheveux : « Ton père, le Baptiste, tu peux en être fier petit. Lui, il a pas été blessé en courant pour arriver plus vite à Bordeaux ! » Comme je n'avais rien compris à cette phrase que je trouvais mystérieuse, je ne l'ai jamais répétée à personne.

Rien ne me laissait deviner qu'une bibliothèque était aussi un lieu pour lire. Pour moi, elle n'était encore qu'une espèce d'entrepôt, un magasin à livres, pas si éloigné de la maison de la presse Hachette qui vendait les journaux locaux et nationaux et quelques livres à la mode ou dont, j'imagine, les autorités de Vichy imposaient la distribution. J'avais péniblement déchiffré quelques mois auparavant le titre d'un livre exposé en vitrine, *Voltaire contre les Juifs*. Les Juifs, je savais qui ils étaient par le catéchisme, où jamais d'ailleurs on ne m'avait parlé de peuple déicide. Pour Voltaire, j'avais demandé à ma grand-mère. « Un homme pas très intéressant », m'avait-elle répondu. Si j'avais insisté, elle m'aurait sans doute raconté la légende noire de Voltaire qui circulait dans les familles catholiques. À l'école, j'apprenais par cœur des passages champêtres de Jean-Jacques Rousseau qu'accompagnaient les exaltations rurales du retour à la terre prôné par le Maréchal. À quoi tient peut-être une vocation universitaire de dix-huitièmiste !

Nous avons quitté C…, mon frère et moi, en 1946. J'ai été inscrit en septième au petit lycée du lycée Hoche à Versailles. Le maître, M. Tonneau, m'a aidé à perdre mon accent charentais. J'étais bon élève, un peu surpris par toutes les nouveautés auxquelles j'étais confronté. Une classe mixte. Les soldats, parfois noirs, qui appartenaient à l'état-major des forces américaines stationnées à Rocquencourt et circulaient sur de grosses motos, filant bon train le long des grandes avenues qui sortaient de la place d'armes, devant le château. Le lycée ressemblait lui aussi à un monument historique. Mais je me souviens surtout des laitages et des fruits secs dont nous gavait notre mère pour lutter contre un début de rachitisme. Nous habitions avec nos parents dans un petit appartement de l'hôtel de la Chasse, près du château, qui était réquisitionné pour les officiers de la garnison. Il y avait une bibliothèque de classe. J'y empruntais peu de volumes. J'avais bien trop de choses à apprendre pour me sentir au même niveau que les autres élèves. Et puis l'alimentation en lumière était encore rationnée: on avait juste le temps de faire ses devoirs avant la coupure du courant. On prenait à toute vitesse le petit-déjeuner le matin en profitant des lumières de l'hôpital militaire Dominique-Larrey, situé juste en face de nos chambres, et qui bénéficiait d'une autonomie pour l'électricité. Je ne devinais pas que nous habitions très près de la bibliothèque municipale, à laquelle je dois tant.

Après ce début presque éblouissant pour un petit campagnard, ma scolarité fut chaotique. Pour des raisons de commodité géographique, mes parents m'inscrivirent dans un autre lycée, moderne et technique. Je souffris d'une primo-infection non diagnostiquée par la médecine scolaire. En sixième, je détestais le maître, qui était une sombre brute. Je redoublai ma cinquième et dus passer en section technique, où, malgré de grandes amitiés et d'excellents professeurs, je ne fus pas heureux. Si elles soulignaient ma singularité, mes places de premier en français et en histoire n'impressionnaient personne. Mes résultats par ailleurs médiocres ou tout juste moyens allaient de pair avec une passion grandissante pour les livres. J'aimais toujours autant lire. Mon voisin qui devait réussir brillamment le concours des Arts et métiers, et dont j'admirais, plus que le don des maths, la chevelure frisée, me fit lire un volume de la « Série noire » qu'il avait emprunté à la bibliothèque de la caserne des gardes mobiles, corps dont son père était brigadier. J'en fus émerveillé.

Durant les vacances, nous fréquentions la bibliothèque du cercle des officiers. J'y accompagnais mon frère, toujours aussi grand lecteur, au point de préférer parfois la lecture intensive à ses travaux de lycéen. La bibliothèque occupait les combles d'un bel hôtel du XVIIIe siècle, juste au-dessus des salons de réception et des salles à manger. Un soldat du contingent faisait office de bibliothécaire. On consultait le fichier, on circulait dans les rayons, et on lisait quelques pages d'un livre pris au hasard, assis sur des espèces de marches qui conduisaient à d'autres salles, assez petites, basses de plafond, éclairées par des lucarnes, que l'on désignait avec respect par le nom d'œil-de-bœuf. Les livres étaient reliés en grosse toile noire. À une page précise, dont j'ai oublié le numéro, un cachet à l'encre indiquait que le livre appartenait au cercle des officiers de Versailles. Je revois clairement le rond du tampon, sans me souvenir précisément de l'inscription. Peut-être était-ce « garnison de Versailles ». Par là, j'eus la révélation que les livres que nous emportions à la maison n'étaient que prêtés, qu'il nous faudrait les rendre à une date calculée grâce à une feuille de calendrier – installée à même le bureau toujours encombré du bibliothécaire – et reportée à l'aide d'une espèce de marqueur en caoutchouc sur une fiche glissée dans la page de garde. L'impression de liberté que je retirais de nos visites à la bibliothèque s'en trouva fortement atténuée. Même le plaisir et l'évasion étaient soumis à des contraintes et connaissaient des limites. Tout retard était sanctionné. Je me gardais d'en savoir plus. Je m'inventais des punitions à partir de ce que j'apprenais au catéchisme. Une page écornée représentait un péché véniel. Une page arrachée, une reliure déboîtée, un livre égaré, et on allait se perdre dans les ténèbres des péchés mortels, éloigné à jamais du droit de lire.

Dans les sections préparant au baccalauréat technique et au concours d'entrée à l'école des Arts et Métiers, il n'y avait pas de bibliothèque de classe. Pourtant les cours de français de Mlle David m'ont beaucoup appris : à expliquer une poésie, une scène de théâtre, à composer un récit, puis à rédiger ce qu'on appelait déjà une dissertation. C'est-à-dire les instruments fondamentalement nécessaires à ma formation d'étudiant en lettres, à laquelle, sans le savoir, j'étais destiné. Je lisais à la maison des illustrés, *Spirou* et le *Journal de Tintin*, dont la devise – que je jugeais réjouissante et pleine de promesses – était qu'on pouvait le lire de 7 à 77 ans. Et je garde un souvenir ébloui d'un long séjour passé dans mon lit – je souffrais alors de rhumes répétés – à lire tous les illustrés qui passaient à portée de mes yeux. Lui dois-je d'avoir conservé l'habitude quotidienne de lire avant de m'abandonner au sommeil, comme une sorte d'adieu ultime à la journée et le signe d'une paix retrouvée après les aléas de l'étude ou du travail ?

La bibliothèque municipale de Versailles

La bibliothèque municipale de Versailles a été « ma » première vraie bibliothèque. Là je me suis initié au maniement des catalogues, à la prise de notes, à la lecture réflexive en vue de rédiger un exposé, plus tard un article, enfin mes premiers livres. J'y suis venu d'abord en potache, je n'arrive pas à me souvenir pour quelle tâche précise. La première expérience ne fut guère concluante. Un ami m'accompagnait. Le silence régnait. Des lecteurs âgés fronçaient le sourcil au moindre chuchotement. Je me demandais, au vu de leurs prothèses acoustiques, comment ils possédaient cette sensibilité au bruit. Nous avons consulté quelques usuels, regardé discrètement, puis effrontément, de rougissantes jeunes filles. L'un de nous, moi peut-être, fut saisi d'un irrésistible fou rire, qui nous valut la réprimande d'un employé et une sortie aussi rapide que peu glorieuse.

J'y suis revenu quelques années plus tard. J'étais en classe de philosophie, grand lecteur confirmé, lancé à la découverte du monde. Les jeunes filles m'intéressaient toujours, avec même une plus grande intensité, mais, absorbé par mes lectures, prenant fébrilement des notes, je n'avais guère de regards à leur consacrer. Ma lecture finie, quand la bibliothèque allait fermer, je revenais sur terre. Les jeunes filles partaient en groupes et j'écoutais en rangeant mes affaires, dans la douceur du printemps, leurs voix et leurs rires résonner dans la cour. La bibliothèque municipale de Versailles occupe les dépendances du ministère des Affaires étrangères de l'Ancien Régime. L'endroit est solennel. La porte qui donne sur la rue de l'Indépendance-américaine en impose par sa taille, la qualité de ses ornements. Comme dans beaucoup de lieux versaillais porteurs d'histoire, pour traverser la cour intérieure et atteindre l'escalier qui conduit aux salles de lecture, on se tord les pieds sur le pavage irrégulier, sans avoir le courage de protester. Les vrais Versaillais (de souche, serait-on tenté de dire) en tirent une certaine fierté. Depuis cette époque, qui représente presque un demi-siècle, les salles de lecture ont été agrandies et aménagées pour satisfaire un nombre croissant de lecteurs. Je n'y retrouve plus le charme et le parfum de la bibliothèque vieillotte où j'ai eu tant de plaisir à lire.

Mes débuts de lecteur sérieux, qui impliquaient un usage intelligent et profitable des fichiers – que de découvertes je dois au fichier matières, qui indiquait les livres traitant du sujet, mais aussi les articles de revue les plus importants ! –, datent de mes années parisiennes de classe préparatoire. Mes samedis après-midi, une longue partie de mes vacances étaient réservés à la bibliothèque. J'en appréciais la fraîcheur pour y lire avec conscience les textes au programme, les ouvrages critiques qui leur étaient consacrés, et y pratiquer aussi le braconnage et l'exploration libre. Oubliant, comme s'il s'agissait d'une récréation, les programmes imposés, je me souviens y avoir lu du Breton, du Salmon et du Apollinaire, la correspondance de Flaubert, et mille autres titres que j'ai oubliés, mais dont je sais très bien l'importance pour mes goûts et ma personnalité. Ce braconnage commença assez mal. Ayant lu je ne sais quelle référence à Sade, je demandai *La Philosophie dans le boudoir*. L'attente se prolongea au-delà des délais habituels. Un des employés vint me dire que M. le conservateur souhaitait me voir. On me conduisit à son bureau, au-delà du secrétariat qu'on apercevait à travers des portes doubles vitrées et où se faisaient les inscriptions et la dactylographie des fiches. M. Breillat était un conservateur remarquable, actif et compétent et à qui je dois sans aucun doute une partie de mon amour des livres et des bibliothèques. Il avait l'apparence sévère ; dans l'exercice de ses fonctions il ne souriait jamais, et, par timidité sans doute, il se donnait un aspect bougon. Il me reçut, ma fiche à la main, dans un bureau encombré de livres. Il la lut en plaçant ses lunettes sur son front et commença à m'interroger. Pourquoi Sade ? M'avait-on demandé un travail sur son œuvre ? Ce qui serait quand même étonnant. Pourquoi *La Philosophie dans le boudoir*, œuvre particulièrement « forte » ? Quel était mon âge ? Je bredouillais mes réponses. Il remit ses lunettes sur son nez et me signa l'autorisation. À la lecture de *La Philosophie*, je compris assez vite, et sans effort particulier, les raisons de cet entretien. Il n'y avait pas, je crois, d'Enfer déclaré à la bibliothèque municipale de Versailles, malgré la réputation d'intégrisme moral et religieux dont bénéficiaient la ville et la société versaillaise. « Ah ! tu habites Versailles », m'ont souvent dit mes camarades de l'École ou mes collègues, d'un air entendu et qui en disait long sur l'estime qu'ils portaient à la cité royale. Des cotes particulières auraient signalé aux magasiniers – employés municipaux, comme l'indiquait leur uniforme bleu foncé, avec les armes de la ville au revers de la veste, qu'ils portaient sous leur blouse grise – les livres problématiques à soumettre à l'autorisation du conservateur. C'est là une hypothèse que je n'ai jamais tenté de vérifier. Il y avait de nombreux fonds qui tenaient leur nom de généreux donateurs. Je garde en mémoire l'arrivée, sans pompe particulière, de livres magnifiques du fonds Lebaudy.

J'ai entretenu avec M. Breillat des rapports courtois. Ce n'était pas un homme chaleureux, mais je n'ai jamais fait appel en vain à ses immenses compétences. Il m'a permis d'accéder aux fonds anciens provenant des saisies d'aristocrates versaillais émigrés, voire des collections royales, et m'a appris, avant même que je ne m'intéresse professionnellement à la Librairie d'Ancien Régime, tout ce qu'il fallait savoir sur la censure, les permissions tacites, les lieux d'édition mensongers, à propos desquels il glissait entre ses dents : « presses clandestines du Marais ». Grâce à lui, j'ai compris comment se calculait le format des livres : in-folio, in-quarto, in-octavo… et mille autres choses, dont j'ai fini par croire qu'elles m'étaient connues de toute éternité.

M. Breillat était bibliophile. L'amour qu'il avait pour son établissement, qu'il gérait avec un immense talent, l'orientait vers des achats essentiellement destinés à la bibliothèque. Il visitait régulièrement les libraires d'ancien de la ville et je l'ai souvent vu dépouiller des catalogues de ventes ou de libraires, lunettes remontées sur le front et crayon à la main. Il m'est fréquemment arrivé de regretter de n'avoir pu acheter des livres qu'il avait réservés chez tel ou tel libraire d'ancien, en reconnaissant que rien n'échappait à sa curiosité bibliophilique. Il ne me laissait que quelques miettes, mais je lui dois, en me souvenant de ses achats, de savoir ce que sont une curiosité ou une rareté. Sans que nous ayons échangé plus que de courtoises banalités ou des informations techniques sur les livres, grâce à lui je suis devenu un habitué des bibliothèques et un bibliophile. Ce fut sans doute pour moi la façon la plus simple d'unifier espace public et espace privé. On a parfois la dialectique que l'on peut.

J'ai fréquenté avec assiduité la bibliothèque municipale de Versailles jusqu'en 1980, date à laquelle, pour des raisons de commodité, nous nous sommes installés à Paris. Nous avions même acheté en 1969 un appartement tout près de la bibliothèque municipale, où l'on me permit de venir consulter le matin des livres réservés la veille. Là, j'ai lu l'essentiel des livres anciens, souvent rares et d'accès difficile, qui étaient nécessaires à la rédaction de ma thèse. J'allais une fois par semaine à la Bibliothèque nationale pour lire un ouvrage qui manquait à Versailles. Je n'y ai pourtant pas eu de vraies habitudes, si ce n'est d'aller prendre un café sur le coup de quatre heures dans un bar de la rue du Vieux-Versailles. Je n'y ai pas lié d'amitiés, et je n'y ai jamais eu de place réservée. Il me suffit de fermer les yeux pour me souvenir du sous-main en gutta-percha marron qui indiquait le numéro de place, des gravures consacrées à Versailles au XVIIIe siècle ou dues au talent de Dunoyer de Segonzac qui ornaient les salles de lecture, et auxquelles sont venues s'ajouter, achat sans doute de M. Breillat, de petites huiles du XIXe siècle représentant assez naïvement divers coins de la ville.

Je suis peu revenu à la bibliothèque de Versailles une fois installé à Paris. J'y ai pourtant fréquenté le dépôt des périodiques de la Bibliothèque nationale, situé tout près du stade Montbauron, pour écrire un livre passablement irrespectueux sur la façon dont les communistes français avaient fêté les soixante-dix ans de Staline et pleuré ensuite sa mort. La lecture des journaux est une pratique si pénible que je garde peu de souvenirs des après-midi passées dans ce bâtiment d'un modernisme des années 1950 assez surprenant pour cette ville si Grand Siècle. Je n'en garde pas moins une profonde nostalgie de la bibliothèque de la rue de l'Indépendance-américaine, où je me rendais à pied, et à partir de laquelle j'organisais, pour rendre visite à mes parents, un parcours que ponctuaient les arrêts chez les libraires de livres anciens et les antiquaires. Je dois à cette bibliothèque mes plus profondes émotions de lecture. Effets de l'âge, sans aucun doute, où je découvrais les charmes du commentaire, la formulation de questions nouvelles à poser au siècle dont j'avais entrepris l'étude. Je tentais alors de me constituer sur la littérature un regard qui me fût propre, comme m'y invitait cette époque saisie d'un vrai désir de théoriser et de substituer aux impressions, parfois avec excès, une théorie pour comprendre ce qu'est lire. Je ne regrette pas ce prurit souvent prétentieux des prolégomènes à toute analyse. Nous étions inquiets, incrédules et iconoclastes comme on doit l'être à l'aube d'une vie de chercheur. La sagesse sceptique (mérite-t-elle ce nom ?) qui est aujourd'hui celle de ma génération et la mienne ne me semble pas toujours un progrès.

La fréquentation de la bibliothèque municipale de Versailles me vint à point nommé : elle accompagna et facilita la rédaction de ma thèse. Elle fut ma chance et mon plus bel instrument de travail. En étais-je alors vraiment conscient ? Je n'eus jamais avec elle cette familiarité que m'apporta un peu plus tard la Bibliothèque nationale. De la rue de Richelieu, bien évidemment. Peut-être cette dernière me donnait-elle plus nettement l'impression de jouer dans la cour des grands. La proximité géographique de la bibliothèque de Versailles – nous habitions à deux cents mètres de l'hôtel de Vergennes – en faisait pour moi un lieu trop facilement accessible, sans me la rendre familière pour autant. Jeune chercheur, j'acceptais mal les idées reçues sur le XVIIIe siècle et me méfiais des institutions. Je la trouvais, notre belle et bonne bibliothèque, trop sensible aux notables locaux et trop dépendante d'eux, et cela explique probablement aussi la distance maintenue avec elle. Même avec les bibliothèques, les amours ne sont jamais ni simples ni faciles.

Madrid

Comme boursier, j'ai passé l'année universitaire 1959-1960 à Madrid. Je gardais un excellent souvenir d'un voyage touristique en Espagne et des bains sur des plages près de Valence. Ce fut assez pour me faire préférer Madrid à Londres, où j'aurais dû tout naturellement me rendre. Mes amis cherchèrent à m'en dissuader : je ne parlais pas espagnol ;

l'Espagne était soumise à la dictature fasciste de Franco ; je serais isolé parmi les hispanistes chevronnés. Je m'obstinai. Ce séjour, sans oublier qu'il décida aussi de ma vie affective et m'apporta nombre de bonheurs partagés, fut pour moi bien plus important que mes années de préparation, mes études à la Sorbonne, mes amitiés à l'École normale. Né dans une famille très franco-française, qui n'avait que très peu de préoccupations culturelles et moins encore de curiosité pour l'Europe, qu'elle réduisait aux guerres auxquelles elle avait payé un très lourd tribut, j'avais sans doute besoin de me sentir étranger à mon pays lui-même. Le séjour à Madrid m'en fournit l'occasion. L'expérience espagnole me permit aussi de prendre rapidement mes distances avec une image reçue de l'Espagne, acceptée sans réserve par le milieu intellectuel qui était alors le mien. J'ai assez vite compris que, pour nombre d'Espagnols, la guerre civile appartenait au passé et qu'il fallait regarder l'Espagne avec d'autres images que celles de *Terre sans pain* de Buñuel, de *L'Espoir* de Malraux, de *Pour qui sonne le glas* de Hemingway ou des *Grands cimetières sous la lune* de Bernanos. Oui, l'Espagne avait connu une guerre civile avec des centaines de milliers de morts, des assassinats en série, républicains et franquistes, un exil sans recours de ses intellectuels. Oui, l'Espagne était pauvre. Les salaires y étaient bas au point que ma bourse, transformée en pesetas, faisait de moi un privilégié. Mes amis espagnols m'appelaient ironiquement « *el pequeño becario*[1] » quand ils comparaient leurs traitements de hauts fonctionnaires débutants à ma bourse d'étudiant. Madrid ressemblait à une ville de province. Les voitures y étaient peu

1. « Le petit boursier ».

nombreuses. On pouvait y flâner, s'attarder aux terrasses des cafés. Pour toutes ces raisons, il faisait bon y vivre. L'accueil y était chaleureux. Quant au franquisme, je ne savais qu'en penser. L'entrée en Espagne n'avait été pas plus difficile pour l'étudiant que j'étais que le franchissement des contrôles pointilleux de la douane britannique.

Pour apprendre l'espagnol plus rapidement, je cherchai une chambre chez l'habitant. Ma logeuse fut une veuve très enrobée, de noir vêtue, qui avait deux enfants à charge. Elle était bavarde et curieuse, ce qui m'obligeait à écouter et à parler. Au bout de quelques jours, j'avais appris à soupirer en gémissant et en lançant des « *¡ Dios mío !* » à fendre l'âme. Je passai chez elle deux mois. Des camarades de promotion me signalèrent qu'une chambre se libérait dans une résidence d'étudiants dépendant du ministère des Affaires étrangères. Je postulai et l'on m'accepta. Jusqu'alors, je m'étais employé à faire de la grammaire, à lire le journal et quelques romans, et surtout à apprendre par cœur les listes d'un vocabulaire dont l'auteur s'appelait Chicharro de León. L'après-midi, je tentais de reconnaître les mots en fréquentant avec assiduité les salles obscures, où l'on projetait deux ou trois films en séance continue. Je me fis l'oreille à l'accent. J'analysais les mouvements et la place de la langue pour prononcer le *r* roulé, les points de la gorge et du palais pour la *jota* et la *ge*. Je m'entraînais le soir en écoutant la radio. Je déployais des talents insoupçonnés d'imitateur, qui me valurent assez vite de perdre presque totalement mon accent français. J'en fus fier et, grâce à ces premiers succès et à d'autres raisons plus personnelles encore, je devins amoureux de la langue espagnole. La parler, l'écouter me procurait une authentique jouissance physique, et non pas seulement esthétique comme avec ma langue maternelle. J'en ai usé et abusé depuis plus de quarante ans. Dans la résidence Culturales où je m'installai étaient logés des étudiants espagnols et des étrangers : professeurs américains en congé sabbatique, Latino-Américains boursiers de doctorat, romanistes allemands, hispanistes français en nombre assez important, Nordiques, amateurs excessifs du brandy espagnol... Tous ces pensionnaires parlaient espagnol. C'était un beau mélange d'accents, qui aurait fait perdre ses complexes au plus franchouillard d'entre nous.

Mes compatriotes hispanistes qui préparaient leur mémoire de maîtrise me convainquirent de fréquenter la Biblioteca nacional, située dans un bel édifice, un peu abandonné, de la *plaza* Colón. Il abritait aussi le musée d'Art moderne. Je délaissai mes listes de vocabulaire et mes cinémas assez souvent miteux. On me délivra sans difficulté une carte de lecteur, que je regrette aujourd'hui d'avoir égarée. C'est là que se fit mon initiation à la lecture en Bibliothèque nationale. Je découvris les fichiers où dominaient encore les fiches manuscrites. La précision qui y régnait, et parfois aussi la fantaisie. J'avais des textes à lire en vue d'un certificat de licence. Une partie du *Don Quijote*, *El libro de buen amor* de l'Arcipreste de Hita, des romans de Azorín, Pío Baroja et Unamuno, du théâtre de Moratín, un drame romantique et *La vida del buscón* de Quevedo dont, les difficultés de compréhension surmontées, la langue et le cynisme allègres m'enchantèrent.

La Biblioteca nacional était peu fréquentée. L'éclairage déficient, les fichiers qui n'étaient pas à jour – ce qui garantissait aux thésards, comme la fréquentation des archives, des découvertes inespérées – me surprirent, de même que l'existence d'un bar dans les murs, dont je n'arrive pas à me souvenir avec précision. La salle était enfumée et bruyante. L'espagnol a le verbe haut et il m'a fallu des semaines pour comprendre que les cris n'indiquaient pas un état de colère et n'étaient jamais suivis de bagarres. Ils exprimaient simplement la passion. J'appris en cette tabagie bruyante la théâtralité du monde latin, l'importance de la gestuelle. Ces mots criés, ces injures qui fusaient pour un rien enrichirent mon vocabulaire, et je remarquai assez vite que je pouvais me mettre à l'unisson et que ma voix avait un timbre différent selon que je m'exprimais en espagnol ou en français. Dans la *cafetería*, on commentait les nouvelles. Le football et la politique étaient les seuls sujets traités. Il existait une liberté de parole qui contredisait l'idée que de France nous nous faisions de la dictature et de la répression. Entre deux cafés, on appelait Franco « le nain » (*el enano*) et on qualifiait le personnel politique et syndical, gestes obscènes à l'appui, de noms d'oiseaux. Comme je l'ai découvert plus tard au Québec, les jurons sacrilèges, les allusions sexuelles ponctuaient les conversations avec un absolu naturel. Au point que je me demande s'ils conservaient pour celui qui les prononçait un reste de provocation. Mes amis espagnols m'expliquèrent que les cafés représentaient un exutoire que le régime avait l'intelligence de préserver. Les menaces de café, les critiques virulentes, les plaisanteries sur la Phalange étaient ici sans conséquence. Il n'existait pas la même tolérance pour les revendications syndicales ou les grèves, qui étaient sévèrement réprimées. Mais la présence policière (*los grises*) ne m'impressionnait pas plus que le déploiement des gardes mobiles ou des CRS à Paris.

La presse était contrôlée, le cinéma censuré, comme on s'en rendait compte avec les versions espagnoles des films américains où les scènes d'adultère étaient maladroitement camouflées en démonstrations excessives de tendresse familiale. Il arrivait fréquemment que *Le Monde* fût interdit de distribution. Parfois avec retard : le censeur distrait avait laissé passer les articles incriminés et se rachetait en interdisant des numéros suivants qui ne contenaient aucune nouvelle sur l'Espagne. Une enquête sur les numéros des semaines passées ne conduisait à rien. Mais, par un ami barcelonais, on apprenait que des tracts en faveur du catalan ou de la défunte *Generalitat* avaient été distribués sur les Ramblas. Des entrefilets peu accessibles révélaient qu'il y avait eu des grèves dans la banlieue de Madrid, ou des manifestations au Pays basque. Et *Le Monde* s'en était fait l'écho.

Pour un jeune Français qui faisait semblant de lire Marx, pour qui le marxisme dominait, sans même qu'il en ait conscience, la critique littéraire et la recherche historique, la vie culturelle espagnole avait de quoi surprendre. Les étudiants, en France, lisaient *Morales du Grand Siècle* de Paul Bénichou et *Le Dieu caché* de Lucien Goldmann ; le nom d'Althusser commençait à circuler hors des cercles philosophiques de la rue d'Ulm ; *Les Temps modernes*, *Esprit* rejoignaient les positions des plus radicaux opposants à la guerre d'Algérie, l'extrême gauche révolutionnaire commençait à recruter. Un bulletin d'opposition interne au Parti communiste qui s'intitulait, je crois, *L'Étincelle* circulait parmi les étudiants et je me souviens que Félix Guattari venait à la Sorbonne s'en faire le diffuseur. Cette agitation intellectuelle et politique était visible : il n'était pas besoin d'être militant pour s'en rendre compte, il suffisait de lire les hebdomadaires et les revues. À Madrid, où cette même agitation existait sans doute, il n'était pas facile de s'en informer. On ne voyait pas à la devanture des librairies madrilènes les nouveautés françaises ou italiennes que les milieux progressistes devaient se procurer à Paris. Il y avait pourtant quelques librairies bien achalandées dont on se communiquait discrètement l'adresse, comme Buchholz, près de Cibeles, sur la Castellana. On y trouvait des livres allemands, français et anglais en assez grand nombre. Aux Espagnols qui pouvaient payer le prix fort et lire dans une langue étrangère, rien n'était vraiment inaccessible. Dans cette librairie, je connus sur le terrain ce qu'avait été une permission tacite dans la Librairie d'Ancien Régime. Bien qu'ayant décidé de lire surtout en espagnol, je passais régulièrement chez Buchholz. Un ami français, boursier d'une ou deux années auparavant, me raconta avoir eu un soir la surprise d'y entendre deux messieurs très âgés parler français fort élégamment. À celui qui avait la voix la plus douce, presque féminine, et dont il avait même eu l'impression qu'il était fardé, l'autre s'adressait en le gratifiant d'un respectueux « Monsieur le ministre... ». Ce qui, naturellement, l'intrigua. Un employé qu'il connaissait lui indiqua qu'il s'agissait d'Abel Bonnard, ancien ministre de l'Éducation nationale du maréchal Pétain, condamné par contumace, exilé en Espagne, et connu, selon les milieux mêmes de la collaboration, pour son goût prononcé pour les jeunes gens. On l'appelait même « Gestapette » ou « la belle Bonnard ». J'appris à l'université que nombre d'enseignants de langue française étaient d'anciens rexistes, condamnés à mort en Belgique pour collaboration avec l'occupant, et ici reconvertis dans l'enseignement. La présence d'Abel Bonnard, qui y avait été reçu comme *persona grata*, me fit prendre mes distances avec la librairie et me conduisit à m'interroger sur l'installation à Madrid d'une telle librairie allemande. J'appris, bien plus tard, par un article du *Mundo*, qu'elle avait été, durant la guerre, un actif nid d'espions nazis.

Sur les conseils de quelques pensionnaires espagnols de Culturales, je joignis à la Biblioteca nacional la fréquentation de la bibliothèque de l'Ateneo de la rue du Prado. On y accédait par une entrée relativement discrète et mal éclairée. Une des rues voisines, la *calle* Echegaray, du nom d'un dramaturge du XIXe siècle, était mal famée. Je m'en étonnais assez sottement. J'ignorais alors que les rues voisines de la Bibliothèque nationale à Paris avaient abrité de célèbres maisons de prostitution jusqu'à leur interdiction. On racontait même que Julien Cain, administrateur de la Bibliothèque, y envoyait parfois chercher Georges Bataille, conservateur peu ponctuel, qui avait oublié après une nuit agitée l'heure à laquelle commençait son service. Pour des raisons que je n'ai jamais cherché à approfondir, ce voisinage me paraît et inévitable et de bon aloi. La lecture me semble un des prologues à la rêverie et la rêverie incite au désir amoureux. Inévitable, je ne sais pourquoi, mais force est de constater qu'il n'y a pas si longtemps les rues proches de la Bibliothèque nationale étaient un des hauts lieux de la prostitution masculine. Je me garderais bien de généraliser. L'aspect solennel de la Bibliothèque nationale de São Paulo n'avait rien qui puisse laisser croire que se pratiquaient dans ses alentours d'exaltantes activités amoureuses. Et pourtant, Dieu (ou le Diable) seul sait tout ce que peut raconter ou suggérer une femme brésilienne par ses regards et les balancements de son corps. Les larges espaces autour de la bibliothèque du Congrès conduisent aux mêmes conclusions et le site Mitterrand, avec son modernisme m'as-tu-vu et branché culturel, est tout juste digne d'un Éros Center, hygiénique et éclatant de verre et d'acier. Malgré *La Madone des sleepings* de Maurice Dekobra et le *Shangai Express* de Von Sternberg, on parvient difficilement à créditer l'immeuble du « réseau ferré de France », installé là depuis peu, d'un grand pouvoir érotique. Et comment conserver le cœur en fête et le corps en joie quand on affronte le vent du soir en traversant le parvis glissant de la Bibliothèque ?

Les résidents espagnols de Culturales, abandonnant cours, livres et polycopiés, organisaient le vendredi soir des virées dans les rues chaudes de Madrid auxquelles ils conviaient les résidents étrangers. « *Oye, Francés, te vienes de putas*[1] *?* » J'ai souvent imaginé que ceux-là mêmes que je voyais travailler leurs examens et leurs concours à l'Ateneo commençaient leur tournée par la rue Echegaray, à quelques mètres de la bibliothèque, comme s'ils avaient des difficultés à changer leurs habitudes de lecteur avant de se diriger, comme rassurés, vers les abords de la Gran Via. Malgré la dictature et ce que prétendaient certains vieux républicains exilés, le centre de Madrid connaissait une intense vie nocturne. Les grandes avenues étaient noires de monde jusque tard dans la nuit, comme pour confirmer cette boutade qu'un Espagnol ne court aucun risque de mourir dans son lit, écrasé par l'effondrement du toit de sa maison. Je compris que les Espagnols du nord ou du sud aiment arpenter les rues de leur ville, c'est-à-dire voir et être vus. Ce qui rend surprenant, et plus symbolique que réel, le thème du renfermement que l'on trouve chez Galdós et dans *La casa de Bernarda Alba* de Lorca.

1. « Dis, petit Français, tu viens voir les putes ? »

Je me suis vite fait au rituel de l'Ateneo. À ses petites lampes, aux livres poussiéreux et jaunis qui tapissaient les rayonnages des murs des salles de lecture, à ses employés à la lenteur de vaincus et, pour certains, si vieux qu'on craignait qu'ils périssent dans les magasins où nos demandes les obligeaient à se rendre. Vérité ou légende, on se racontait entre lecteurs que les plus âgés circulaient en pantoufles, donnant l'impression de glisser sur le parquet sans même avoir à marcher. Les lecteurs, à l'Ateneo, étaient traités royalement. On apportait à ceux qui le désiraient, et que leur demande engageait tacitement à verser un respectable pourboire, un verre de vin rouge et un sandwich. Rien à voir avec la Biblioteca nacional, dont on prétendait qu'une majorité des employés étaient des gardes civils à la retraite, ce qui, pour les initiés, expliquait la brutalité avec laquelle ils déposaient les livres, fussent-ils anciens et rares, à la place des lecteurs qui en avaient fait la demande. Par respect pour la tradition libérale qui avait présidé à sa fondation, l'Ateneo demeurait foncièrement hostile à Franco. À certaines périodes de l'année, que déterminaient très certainement le militantisme politique des uns et l'activité répressive des autres, dans les toilettes, soigneusement dissimulée dans la boîte qui contenait le papier hygiénique, on pouvait lire une édition sur papier bible du *Mundo obrero*, organe du Parti communiste en exil, édité selon toute vraisemblance à Paris. On se passait le mot entre initiés. Ceux qui avaient voyagé à Paris, avec un accent souvent épouvantable, vous susurraient : « *Le Monde* dernière, demandez *Le Monde* ! » Je n'en ai jamais été témoin, mais on assistait, semble-t-il, à d'étranges scènes. Survenait un lecteur pressé par un besoin urgent qui secouait la porte close en protestant. « *¡ Tengo ganas, coño, date prisa ! Me estoy* *cagando*[1]... » Des toilettes, on répondait : « *Aguántate. Tengo que acabar el artículo de Santiago. Muy bueno por cierto. Hay perspectivas*[2]... » Arrivait un troisième qui commandait le silence en prétendant que les *grises* étaient dans le hall. L'occupant libérait les lieux et l'homme pressé s'installait et prenait son temps pour lire à son tour l'article *cojonudo*[3] au point de soulever les protestations de ceux qui attendaient.

Je ne voudrais pas donner l'impression que la répression franquiste tournait à la rigolade. Elle était dure. On torturait dans les locaux de la direction de la Sûreté de la Puerta del Sol. On condamnait, on internait, on bannissait. Mais, dans le milieu universitaire, on était encore loin des grandes manifestations des années 1970 et des affrontements dont elles furent le prétexte. L'opposition était verbale. Les toilettes, les marges des usuels étaient couvertes de slogans et d'insultes où la politique se mêlait, selon une logique rarement perceptible, avec la sexualité. On accusait de perversions diverses ou d'impuissance caractérisée ses adversaires. Souvent, les ennemis dialoguaient par slogans successifs. « *¡ Desde que me he enterado de lo que es el capitalismo ya no tengo ganas de joder*[4] *!* », ce à quoi on avait répondu : « *¡ Vete a un campo de concentracion en Siberia a ver si se te levanta la polla*[5] *!* » Les insultes se répondaient sur des pans de murs entiers ou dans les marges d'une suite de pages. À

1. « Grouille-toi, bordel, j'ai une de ces envies ! Je vais me chier dessus ! »
2. « Retiens-toi un peu ! Il faut que je finisse l'article de Santiago. Excellent d'ailleurs. Il y a des perspectives de lutte... »
3. « Génial » (littéralement, de *cojon*, « couille »).
4. « Depuis que j'ai compris ce qu'est le capitalisme, je n'ai plus envie de baiser ! »
5. « Va dans un camp de concentration en Sibérie et vois si ta queue se redresse ! »

l'invitation à aller en Sibérie, un quidam avait cru bon de répondre : « *¡ Fui a Rusia y ahora la tengo mas roja y dura como un martillo ! ¡ Toma cabrón*[1] *!* », invitant un quatrième à griffonner : « *¡ Asi con la hoz te la cortaremos mejor*[2] *!* » Ce curieux usage de la faucille dont on menaçait l'adversaire réveillait de vieux fantasmes ruraux de vengeance prise sur le *señorito* qui serrait d'un peu trop près les jeunes filles du village. Il n'était pas rare que les marges des livres récemment empruntés fussent encombrées de commentaires injurieux ou polémiques qui se répondaient à longueur de page, bien au-delà de la phrase ou du paragraphe qui avaient, les premiers, retenu l'attention du lecteur. Plus l'échange durait et plus le ton montait, sans que l'on sache vraiment quelle était l'origine de la polémique.

Comme, à l'époque, par dérision des fiches que dressaient à tout propos certains de nos condisciples particulièrement studieux, nous avions lancé, avec deux de mes camarades de chambre, une enquête sur les graffitis des toilettes publiques, je m'appliquais donc à relever le matériel que m'offraient celles des bibliothèques madrilènes. Mes complices, qui passaient leur année à Londres, vinrent me voir à Madrid. Nous comparâmes nos fiches. Elles révélèrent avec éclat une perversité raffinée des Britanniques, des désirs immédiats et brutaux chez les Français et un inextricable mélange de sexe et de politique chez les Espagnols, qui devait plus à leur sens du verbe et à leur imaginaire érotique qu'à la répression sexuelle et politique dont ils souffraient. Après un repas arrosé, nous nous engageâmes à une publication de graffitis

1. « Je suis allé en Russie et maintenant je l'ai toute rouge et plus dure que le manche d'un marteau ! Prends ça pour toi Ducon ! »

2. « Génial, avec la faucille on te la coupera plus facilement ! »

comparés, de haute valeur scientifique, dès notre retour à Paris. Caché sous une veste en daim achetée par l'un d'entre nous à Madrid, le fichier nous fut volé au Quartier latin, sans effraction, dans la deux-chevaux branlante et poussive que possédait l'un d'entre nous. J'imagine la surprise du voleur, dont nous avons tout de suite imaginé qu'il était polyglotte.

Quand je pense à l'absence de liberté dont j'ai pu souffrir à Madrid, deux souvenirs me reviennent en mémoire. Avec le temps passé, ils me semblent dérisoires, et je n'en ai heureusement jamais tiré des conclusions hâtives. Je devais lire pour mes examens de Sorbonne des œuvres de Pío Baroja. Très précisément la trilogie madrilène. J'avais aimé cette façon de peindre la ville et ses bas-fonds au début du siècle sans céder pour autant à l'exotisme de la misère et à une prétendue poésie des marginaux, comme il arrive dans les romans de Carco ou dans *Bubu de Montparnasse* de Charles-Louis Philippe. Pour complément d'information, je décidai de lire *El arbol de la ciencia* du même Pío Baroja. Le texte étant introuvable en librairie, je cherchai le titre dans les fichiers de l'Ateneo et j'en fis la demande. Un des huissiers vint me dire que le directeur voulait me voir. Je le suivis jusqu'à un bureau où le directeur me reçut. Je n'ai pas un souvenir précis de son aspect physique. On me dit plus tard qu'il était prêtre. Il ne portait pas de soutane, mais un complet-veston. Il tenait ma fiche à la main et il s'enquit de la raison de ma requête. Je lui répondis que l'œuvre de Pío Baroja était au programme de l'examen que je devais passer à mon retour en France. J'expliquai que j'étais français, que j'étudiais en Sorbonne et passais une année en Espagne comme boursier pour apprendre l'espagnol. Il me demanda si je savais ce que contenait ce livre de Pío Baroja. J'essayai d'expliquer sans insolence que, l'ignorant, j'avais justement demandé à le lire. Sans que je comprenne exactement pourquoi, il perdit tout à coup patience et haussant le ton : « *¡ Es la obra de un ateo*[1] *!* » Je répondis que l'œuvre de don Pío était au programme de mon examen. « *¡ Don Pío, no ! ¡ Don Impío*[2] *!* » et, me regardant, soudain furieux, il me jeta à la face comme une insulte : « *¡ Sorbona, Sorbona, no Soborna*[3] *!* » Je mis des années à comprendre le jeu de mots. Soudain calmé ou résigné, il me rendit la fiche avec sa signature. J'obtins le livre, que je lus avec curiosité d'abord et avec ennui ensuite.

Un soir, on vint m'avertir qu'on programmait *Gilda*, film censuré en version espagnole, dans une salle de projection de la faculté des Lettres. Un des boursiers qui possédait une quatre-chevaux passablement déglinguée se proposa de passer nous prendre, Maria, qui allait devenir ma femme, et moi. La salle était bondée, la copie médiocre, l'appareil de projection de mauvaise qualité, mais l'impression de transgression très forte. Le public ne garda le silence et ne retint son souffle que dans la célèbre danse des gants où Rita Hayworth est éblouissante d'élégance et de sensualité. On applaudit sur le mot « fin », autant à soi-même qu'au film. La police pouvant arriver d'un instant à l'autre, on reçut la consigne de sortir rapidement et de quitter au plus vite la cité universitaire.

Je dois ajouter à cela une représentation du *Tartuffe* à laquelle je m'étais rendu par curiosité, pour voir à quoi

1. « C'est l'œuvre d'un athée ! »
2. « Don Pie, non ! Non, don Impie ! »
3. « Sorbonne, Sorbonne, non qui suborne ! »

ressemblait Molière en espagnol, et qui se transforma en manifestation contre l'Opus Dei, qui venait, par le biais des ministres techniciens (López Rodo et López Bravo), d'accéder au pouvoir. La deuxième représentation fut elle aussi troublée par des quolibets, des applaudissements intempestifs. Si je ne me trompe pas, le troisième jour la pièce fut interdite.

Même si je me suis senti peu français en Espagne, et pourtant étranger à ce pays, à ses façons de vivre, à sa culture, j'ai compris, à ma manière, ce que représentait le Huron de Voltaire et tous ces voyageurs venus d'ailleurs que le conte philosophique a promenés dans le royaume de France. J'ai été persan à Madrid, mais en refusant de projeter sur ces terres nouvelles les idées reçues au-delà des Pyrénées, idées dont se gargarisait, un peu trop vite, le progressisme français. Qu'on l'ait voulu ou non, l'Espagne de 1960 n'était plus celle de 1936. On y constatait un évident progrès matériel et culturel. L'émigration, en envoyant des millions de travailleurs, avec la bénédiction du régime, en France, en Allemagne et en Belgique, leur avait ouvert les yeux sur la vie politique et syndicale et sur les réalités économiques. L'Église au quotidien était très majoritairement antifranquiste et les jeunes prêtres participaient aux luttes des syndicats clandestins. La demande de liberté était immense, mais sans qu'on voulût pour autant l'obtenir par un bain de sang. Les maquis de l'immédiate après-guerre avaient laissé un souvenir dérisoire et tragique. Seuls les vaincus nostalgiques, coupés des réalités de l'Espagne contemporaine, imaginaient leur retour les armes à la main. Les jeunes Espagnols parlaient plus souvent de transition que de révolution. Une des revues d'inspiration démocratique, fort ennuyeuse mais très lue, s'intitulait *Cuadernos para el dialogo* (*Cahiers pour le dialogue*). Et puis la dictature d'alors ne ressemblait pas à ses débuts. L'opinion internationale rendait la répression difficile. On le vit bien lors des dernières années du régime franquiste, pour le procès à Burgos des militants basques auquel s'intéressa Sartre, et quand des manifestations accompagnèrent dans toute l'Europe la condamnation à mort de Julian Grimau, dirigeant communiste, ou celle de l'anarchiste Antich, à la fin des années 1960.

Les autorités ne favorisaient pas seulement les formes d'art les plus traditionnelles : elles aidaient, que cela plaise ou non, à faire connaître hors des frontières les œuvres de Miró, Tapies ou, plus tard, de Chillida et de Saura. Je m'étonnai très vite que mes compatriotes aient déplacé la légende noire de l'Inquisition au franquisme pour s'éviter l'effort de penser ce qui n'était ni le fascisme italien ni le nazisme. On voulait continuer à ignorer que des milliers de Juifs séfarades avaient reçu un passeport espagnol des consulats franquistes et avaient ainsi échappé à la déportation. Ce qui n'empêchait pas un antisémitisme ordinaire, très présent dans le langage quotidien et qui s'exprima dans la presse quand on projeta à Madrid un film américain de José Ferrer consacré à l'affaire Dreyfus. Je lus, passablement effaré, dans *ABC* un article de José María Ansón qui reprenait à son compte la thèse de la culpabilité du capitaine Dreyfus. À mon retour en France, on me soupçonna de sympathies suspectes – n'étais-je pas sur le point de me marier avec une Espagnole et n'avais-je pas un père et un frère officiers ? – quand je rappelai que, fidèle au programme social de la Phalange, le franquisme avait institué une Sécurité sociale à l'anglaise. Lorsque je racontais mon année à Madrid, je sentais mes interlocuteurs déçus. Le Madrid réel ne correspondait pas aux images héritées de la guerre civile. Je ne niais pas les syndicats verticaux, le parti unique, le manque de libertés, mais je me refusais à noircir ce qui était déjà assez sombre. L'Espagne n'était ni l'Allemagne nazie, ni la Russie communiste, ni les démocraties populaires, que beaucoup de mes amis communistes continuaient à admirer malgré le rapport Krouchtchev et l'intervention des troupes soviétiques en Hongrie. La mode était alors d'expliquer l'État soviétique policier, comme le faisait Elleinstein, un historien communiste dissident, par l'héritage tsariste et le retard économique de la Russie. Mon séjour à Madrid m'obligeait à refuser les schémas simplistes qui réchauffaient les ardeurs militantes et évitaient de pousser trop loin la réflexion. Je souriais, puis m'indignais quand on prétendait que le général de Gaulle avait provoqué une fascisation rampante de la Ve République. J'ai même abandonné une manifestation où un groupe criait : « De Gaulle, Franco, même combat ! »

Sans oser le leur dire ouvertement, je trouvais mes proches espagnols, qui se gaussaient à la moindre occasion du chauvinisme français, d'un nationalisme digne d'être gaulois. Il s'exprimait sans fard à l'occasion des courses cyclistes, tout particulièrement du Tour de France, et des matches de football. Les souvenirs de la guerre d'indépendance demeuraient très vifs et la dénonciation des troupes napoléoniennes était digne d'un discours que seuls la droite nationaliste et les communistes, se posant comme le Parti des fusillés, tenaient sur les troupes allemandes. Pour autant que je puisse en juger, le chauvinisme français relevait d'un complexe de supériorité, souvent inconscient et sûr de soi. Celui des Espagnols traduisait un sentiment d'infériorité : il était vindicatif et faisait généralement référence à une image dénigrante de l'Espagne que les étrangers véhiculaient. Que n'ai-je entendu dire des *gabachos*, selon le nom péjoratif qu'on donne en Espagne aux Français ? Parfois, des critiques fondées, et d'autres rancies et aigres, prononcées avec une véhémence hors de propos.

Je me voulais pas trop français en Espagne et, surtout, un peu espagnol en France. En politique d'abord, pour éviter les idées reçues. Mon année passée à Madrid m'avait fait découvrir une extraordinaire richesse culturelle : littéraire, picturale, architecturale. La lecture de *Don Quichotte* et de l'œuvre de Quevedo m'avait littéralement sidéré. Enfant du sérail, j'étais ignorant de ce qui n'était pas la culture française. Les textes classiques, un peu de littérature anglaise, des romans américains contemporains et beaucoup de littérature française que l'enseignement nous conduisait à privilégier, même en littérature comparée. On étudiait Rilke et la France, les attaques portées à l'intégrité de la langue française avec le « sabir atlantique »... autant de thèmes qui intéressaient plus le rayonnement de la culture française que les échanges européens ou la comparaison des mouvements esthétiques.

Cette prise de conscience que j'ai essayé de conserver en l'appliquant à d'autres pays, je la dois aux bibliothèques de Madrid, aux livres que j'y ai lus et aux conversations auxquelles j'ai participé. Dois-je confesser que les programmes universitaires, très éloignés de mes préoccupations et totalement étrangers à l'urgence d'apprendre l'espagnol, m'ont conduit à négliger l'université espagnole pour me consacrer avec frénésie et voracité à la lecture en bibliothèque ? J'y ai ainsi confirmé ma vocation d'homme du livre. Que l'Espagne en soit remerciée.

V

Souvenirs de la rue de Richelieu

Ma première carte de lecteur de la Bibliothèque nationale date de 1960. Ce n'était pas rien d'en faire la demande. Mon directeur de maîtrise (qu'on appelait alors diplôme d'études supérieures), Jean Fabre, grand spécialiste du XVIIIe siècle, me le conseilla très fortement. Sans que je le lui aie demandé, il écrivit une lettre à l'administrateur de la Bibliothèque, son ami Julien Cain. Elle vantait l'intérêt de mon travail de recherche sur l'abbé Raynal, peu connu à l'époque, et la nécessité pour moi de fréquenter assidûment la rue de Richelieu. Je dus fournir les preuves de mon titre de licencié, une ou deux photos, expliquer la nature de ma recherche à une employée apparemment attentive. J'entrai en possession d'une carte de lecteur en carton jaune, souple, qu'il fallait protéger par un étui plastique pour tenter de lui éviter de trop rapides pliures.

En ces temps lointains, la carte de lecteur était gratuite. Elle est aujourd'hui payante. Ce qui, à ma connaissance, constitue une forme pas très ragoûtante de l'exception française. On prétendra que cette dîme exigée des chercheurs sert à couvrir une partie des frais pharaoniques de fonctionnement de la Bibliothèque nationale de France. C'est oublier que le mal vient de plus loin et que la carte de lecteur de la

Bibliothèque nationale est devenue payante alors que le projet du site Mitterrand n'existait pas encore. La République vous a de ces côtés gagne-petit qui étonnent toujours et remplissent souvent de honte. Certains prétendent que les frais d'encaissement laissent une bien maigre enveloppe au budget de la Bibliothèque. Je ne peux me résoudre à croire que la taxe perçue sert uniquement à permettre la création de quelques emplois. J'aurais tendance à penser que ce droit d'entrée annuel tient avant tout à cette idée, bien ancrée dans la tradition nationale, selon laquelle la culture se mérite et la lecture publique est considérée comme un loisir payant, au même titre que le musée ou le concert. Ajoutons que lire à la Bibliothèque nationale pour écrire un livre ou un article n'intéresse guère les responsables de la culture qui préfèrent à cette activité obscure les effets de paillette, qu'on commentera à la télévision et ensuite, en polémiquant, dans les dîners en ville. On préfère les portes ouvertes pour la journée du Patrimoine, avec des gros plans sur les files d'attente à la porte des bâtiments publics, à la grisaille besogneuse des lecteurs, attendant eux aussi, parfois, qu'une place se libère.

La carte obtenue, il fallait s'initier au fonctionnement de la Bibliothèque. On commençait par traverser la salle Labrouste, dont je sais aujourd'hui qu'elle date de 1867, et son architecture métallique. Le mélange du verre, du fer, du bois sombre des étagères et des casiers, la lumière des lampes aux abat-jour verts donnaient à l'ensemble une atmosphère de monde glauque. Avec un peu plus de verticales et d'angles droits, l'on se serait cru dans un aquarium attendant d'être rempli d'eau. Suivant en cela les conseils des chargés de l'accueil des nouveaux lecteurs, on se rendait ensuite à la salle des catalogues, en sous-sol : on poussa l'amabilité jusqu'à m'indiquer que, dans un angle, une porte conduisait à des toilettes, qui permettaient de satisfaire la nature sans quitter la salle de lecture. Ces toilettes disparurent assez vite. Un de mes amis prétendait que cette proximité empêchait que l'on perdît le fil de sa lecture ou de ses pensées. Mon cicérone, une dame, je crois, m'abandonna là aux soins des conservateurs chargés de l'information bibliographique. J'ignorais alors combien je leur devrais, car je n'ai jamais fait appel en vain à leurs compétences, et j'ai usé et abusé de leur amabilité patiente.

On m'avait remis à l'entrée une plaque verte en plastique, en harmonie avec les abat-jour, qui correspondait à ma place et à mon côté de salle. Je m'y installai un peu sottement pour y attendre Dieu sait quoi, puisque je n'avais rempli aucune fiche de communication d'ouvrage. Je restai là, sagement assis, dans l'attente de ce qui ne pouvait évidemment pas advenir. Pour ne pas révéler à mes voisins, qui s'en fichaient royalement, ma méconnaissance des règles du jeu et de la séquence immuable du rituel – d'abord le catalogue ou les fichiers, puis la fiche de demande de communication à remplir avant de la déposer dans une boîte correspondant aux places de droite ou de gauche de l'hémicycle, l'attente patiente d'un livre qu'un employé venait enfin déposer à votre place –, je finis par me résigner à tenter ma chance. Je me demande quel volume j'ai bien pu commander. Sans doute un des livres de critique parcouru durant mes années de licence. Malgré cette sage précaution, je dus m'y reprendre à plusieurs reprises pour parvenir à remplir correctement ma fiche. Je m'étonnais qu'en cas de non-disponibilité du volume on envisageât, comme première hypothèse, que le demandeur l'avait déjà en sa possession. Ce qui rendait sa demande totalement incongrue et en faisait un personnage sénile. L'institution culturelle qu'est la Bibliothèque partageait en cela une image stéréotypée de l'intellectuel, du lecteur et de l'universitaire.

En attendant qu'on leur apporte le livre demandé, les habitués allaient consulter des usuels ou retournaient aux catalogues du sous-sol. Je m'installai sagement à ma place, sortis de ma serviette mes dossiers et occupai mon attente en examinant mes voisins. À ma droite était assis un prêtre très âgé en soutane au noir si délavé qu'il en prenait des teintes moirées et verdâtres, sa tête était couverte d'une sorte de calotte comme celle que porte Sainte-Beuve sur ses portraits photographiques, avec sur les épaules une espèce de châle dont il s'enveloppait pour se protéger des courants d'air, auxquels apparemment lui seul était sensible. Je me rappelle encore aujourd'hui ses mains lisses comme de l'ivoire poli, marquées par des veines saillantes légèrement bleutées, ses ongles très fortement bombés et aussi pâles que sa peau. Il lisait avec une attention soutenue sans cesser de ramener le châle sur ses maigres épaules. J'appris par la suite qu'on lui réservait une place précise, éloignée des courants d'air de l'entrée. Car, comme me l'avoua plus tard un employé de la Bibliothèque, « les vieux clients ont certains privilèges. Ils font partie de la maison… ». Sur des papiers de récupération, parfaitement découpés en carrés, il prenait des notes d'une écriture infiniment menue. À intervalles réguliers, il fermait les yeux et demeurait aussi immobile qu'une statue de pierre, au point de me faire croire qu'il s'était assoupi ou que le souffle de vie qui l'animait encore l'avait abandonné. Méditait-il ? Je ne sais. Je tentais de capter son regard et j'avais l'impression qu'il ne voyait rien de ce qui lui était proche. Il regardait au loin. Ses yeux étaient comme noyés et avaient l'incertitude d'une ligne d'horizon vibrant dans la chaleur. Assis près de lui, je me sentais envahi de cette pitié douceâtre que je n'ai cessé d'éprouver ma vie durant pour les personnes âgées.

Sans que je puisse en apporter la preuve comptable, je crois que les lecteurs de la Bibliothèque nationale étaient au début des années 1960 en majorité des gens âgés. Illusion d'homme jeune pour qui le grand âge commençait avec la cinquantaine, ou réalité, car les étudiants étaient rarement admis, un peu des deux sans doute. L'incident eut lieu à ma deuxième ou troisième journée de travail à la Bibliothèque. Ma place se trouvait, je m'en souviens avec assez de précision, dans la droite de l'hémicycle. Était assise en face de moi une dame très âgée qui me fascinait parce qu'elle était restée fidèle à la mode de sa maturité, que je situais dans les années 1930. Elle portait les cheveux poivre et sel coupés à la garçonne, une espèce de béret rouge, un collier de forme géométrique, une très longue écharpe, un tailleur en jersey avec une jupe lui arrivant aux chevilles et, pour la veste, une taille exagérément basse. Elle lisait, je crois, de la philosophie, et, quand ses verres de lunettes aussi épais que des culots de bouteille se révélaient insuffisants, elle avait recours à une loupe au manche ouvragé. Elle levait de temps en temps les yeux pour réfléchir, la bouche à demi couverte par une main cruellement déformée par les rhumatismes mais ornée de multiples bagues. J'attendais les livres que j'avais demandés. Les pauses réflexives de ma voisine étaient de plus en plus fréquentes. À la dixième peut-être, non sans élégance, elle sortit d'un mouvement du pouce et de l'index son dentier, qu'elle posa soigneusement sur une feuille blanche à sa droite tout en le regardant fixement comme s'il lui était étranger. Je sentis monter en moi, moyen de ne pas céder à la panique, un rire nerveux difficile à contrôler. Je m'éloignai jusqu'à l'allée centrale comme pour y consulter un usuel. Quand je revins, le dentier avait réintégré sa bouche. Je me suis demandé alors si je ne devais pas m'enfuir et ne jamais revenir dans un tel lieu, où l'intensité de la lecture conduisait à de semblables comportements. Dans les semaines qui suivirent, je me suis réjoui d'avoir toujours une place loin du béret de couleur.

Comme un marin accoutumé aux escales, je pris à la Bibliothèque nationale mes habitudes : le café à onze heures au *Choiseul* ou au *Richelieu*, où se retrouvaient lecteurs et employés, souvent amateurs de demis sans faux col. Dans l'un de ces cafés, j'ai connu plusieurs générations de garçons et deux générations de patrons : des Auvergnats consciencieux et attentifs au seul négoce. On déjeunait parfois dans les restaurants d'alentour, bon marché et vieillots, où la carafe de vin laissait une trace bleuâtre sur la nappe à carreaux en papier. On partageait sa table avec un collègue, un lecteur étranger, un inconnu peu disert qui lisait son journal. Cela me préparait à des travaux futurs sur les chroniqueurs des années 1850, que nous commencions, Daniel Oster et moi, à redécouvrir, grâce à la collection Lovenjoul, et en suivant jusque dans les fonds de la Bibliothèque nationale consacrés à Paris la trace du lecteur Walter Benjamin. On était proche encore de la table d'hôte et des nappes à carreaux rouges et blancs. La plupart du temps, pourtant, on se contentait d'un sandwich-café pour ne pas interrompre la journée de lecture. Le déjeuner complet rendait l'après-midi plutôt somnolente, et limitait l'effort aux travaux de classement, de relecture et de correction.

Pour moi, alors, la Bibliothèque appartenait à un ensemble parisien du XIXe siècle. Rien ne me permettait de la rattacher à l'Ancien Régime, aux fonds royaux, à la figure de Gabriel Naudé, penseur libertin hardi et bibliothécaire consciencieux de Mazarin, à l'hôtel de Nevers. Mon goût pour les passages qui entouraient la rue de Richelieu à l'est et à l'ouest, au nord surtout, était sans doute responsable de cette mémoire tronquée. L'architecture de la salle Labrouste, sa décoration préfigurant l'Art nouveau, tout cela installait mes rêves dans un temps où l'art lui-même devenait industriel. Je me souviens avoir parcouru, faisant un détour pour reprendre mon train à la gare Saint-Lazare, le passage Choiseul en imaginant le petit Louis-Ferdinand Destouches chargé de transporter un guéridon Louis XV et suivant les claudications de sa mère sur les dalles du passage. Plus tard, quand mes yeux me brûlaient d'avoir trop lu, quand j'étais las des notes accumulées, je m'accordais une escapade vers le passage des Panoramas. Malgré le dégoût que m'inspiraient le camarade Aragon, son théâtre de l'amour trop parfait avec Elsa Triolet et sa complicité avec la terreur stalinienne – « Hardi p'tit Louis et "hourra l'Oural" ! » –, je me rappelais la passion avec laquelle j'avais lu l'année de mes vingt ans *Le Paysan de Paris*. À la fiction du poète romancier, j'ajoutais mes rêves, qui finissaient par ressembler à des dioramas.

La présence de la Bourse toute proche ne me troublait pas. À leur uniforme, je reconnaissais comme un ethnologue en mission les habitués du palais Brongniart : costumes anglais à fines rayures blanches, chemises de chez Charvet, cravates du même ou de chez Hermès, chaussures cousues main, de préférence noires et de modèle Oxford. Arrivés empreints de sérieux à l'ouverture des cotations, pour le déjeuner, sans que j'aie pu établir une relation avec l'évolution de l'indice, ils retrouvaient entrain et coup de fourchette. À écouter les conversations des tables voisines, je ne parvenais pas à confirmer l'hypothèse d'un de mes condisciples, philosophe, ensuite gagné à la psychanalyse, selon laquelle la proximité de la Bibliothèque nationale et de la Bourse ne constituait pas un fait de hasard. D'après lui, l'ensemble était totalement homogène : le capitalisme boursier illustrait le rôle social de la culture.

Je me rappelle qu'en Mai 1968 une manifestation se proposa d'aller incendier la Bourse. On brûla quelques papiers en bas des marches de ce temple des affaires, mais personne n'eut l'idée de s'en prendre, et fort heureusement, à la Bibliothèque, car le papier des livres est plus important que les actions, qui ne sont que des signes, au fond sans importance et sans valeur réelle, et d'ailleurs pas même entreposés dans le palais Brongniart. Cette indifférence des manifestants, pourtant en majorité enseignants et étudiants, prouvait ou leur ignorance de la dialectique ou leur absence de fréquentation assidue de la Bibliothèque nationale. Présent dans le cortège de manifestants qui sillonnait Paris sans but précis, j'attendais qu'un forcené, partisan de la révolution culturelle et de l'encerclement prôné par le président Mao des villes par les campagnes, lance ce cri de guerre entraînant : « Tous à la BN ! » Les membres des comités d'action lycéens auraient-ils compris ? J'en doute. Mais le vent de folie qui soufflait sur ces jours de mai aurait sans doute conduit certains de mes collègues, quoique lecteurs assidus et besogneux de la rue de Richelieu, à leur montrer le chemin, victimes alors d'une perte de bon sens ou croyant se venger, en ce moment-là, d'un choix de vie qui ne tenait qu'à eux.

La Bibliothèque nationale ferma, connut des grèves, des contestations hiérarchiques, mais rien de comparable aux crises dont elle avait souffert durant la Révolution ou au suicide raté de Chamfort, devenu administrateur de l'ex-Bibliothèque royale, menacé dans sa vie et ses fonctions par le populisme crapuleux qui accompagne bien souvent les mises en cause politiques et sociales. Je ne connais pas le détail du Mai de la BN, mais je me souviens que, dès la réouverture des salles de la Bibliothèque, les conservateurs de divers départements demandèrent par voie d'affichage que leurs détenteurs remissent à la BN tracts, affiches, placards, pétitions, photos et autres documents concernant les événements. J'en fus ému et intrigué : cela signifiait que, à la différence de certains enseignants d'alors, ils n'avaient pas oublié le sens de leur mission. Mais, en même temps, je m'étonnais que les tourbillons de l'histoire aient ici agi comme un stimulant pour nier ses rythmes et ses tensions en se proposant de donner un semblant d'éternité patrimoniale à ces textes éphémères, incitations à agir, conscience aiguë et quotidienne du présent, traces éparses, mais ici regroupées, d'une actualité déjà ancienne.

Mai passé, je retrouvai mes habitudes de lecteur. Pour oublier l'ivresse printanière, je repris mes travaux de thèse. Non sans mal. Mai et sa théâtralité politique m'obligeaient à rectifier mes perspectives de recherche. Si sur ma recherche soufflait encore la tourmente, la Bibliothèque nationale ressemblait, elle, à ce grand fleuve tranquille qui, ayant quitté son lit, le retrouve avec un étiage à peine amoindri. Je crois me souvenir qu'il y eut des places disponibles durant quelques mois, les lecteurs américains et japonais étant plus rares. Les abandons de thèse, alors fréquents, clairsemèrent les rangs des lecteurs. Comme la Sorbonne demeura fermée pendant quelques mois, le temps que je ne consacrais pas à récupérer mes nuits blanches ou à siéger au comité de gestion de l'institut de français, je le livrais tout entier à la Bibliothèque nationale. Soit conscience d'une défaite, soit peur d'en dire trop, soit désaccord avec son propre militantisme jugé avec le recul un peu dévoyé par une vision romantique de l'histoire et de la politique, dans les cafés de la rue de Richelieu on évitait d'évoquer les ivresses de Mai. Rien ne semblait avoir changé. Tout demeurait semblable. On retrouvait ses habitudes : des conservateurs s'organisaient pour recueillir les éphémères des « événements », comme on commençait à dire. L'histoire, apparemment, se résumait de nouveau à son archive. Chacun reprenait sa place et ses lectures.

J'aime qu'on me considère comme un habitué de telle ou telle bibliothèque. Ce côté pilier de bistrot, répétant les mêmes gestes, choisissant la même place au zinc, maintenant la même conversation insipide avec le patron rinçant ses verres, l'oreille distraite et le poignet actif : tout cela me convient parfaitement. Je me sens à l'aise, j'entre facilement dans la peau de ces hommes que j'ai connus, qui fréquentaient les restaurants de mon adolescence, où ils avaient leurs habitudes. Ils appelaient la serveuse par son prénom, ils étaient M. Paul, M. Daniel ou M. Alexandre. Dans ces restaurants, défenseurs de la cuisine bourgeoise, il y avait un casier pour les serviettes, et l'on marquait les bouteilles de vin d'un signe particulier pour chaque habitué. Je n'en suis pas là avec la Bibliothèque nationale. Je n'y ai jamais eu une place attitrée : dans les salles du site Mitterrand, je m'installe au petit bonheur la chance. Soumis à l'informatique, faute d'avoir réservé à temps, il me faut même parfois m'exiler loin de la salle V, consacrée à la littérature française. J'ai pourtant connu à l'ancienne Bibliothèque nationale de la rue Richelieu de belles figures d'habitués. Un de mes collègues, professeur de grec, ne pouvait s'asseoir qu'à la place n°1. Il arrivait très tôt le matin pour l'obtenir. Si, quand il se présentait au contrôle, la place était prise, il repartait chez lui, sans même protester. Un alors jeune et déjà brillant historien occupait toujours la même place, où il avait installé un important ordinateur, évidemment intransportable. Il avait obtenu sans doute pour ce faire, sans que l'on sache très bien comment, l'autorisation de l'administration. Un troisième, qui a survécu quelques années au transfert de la rue de Richelieu au quai François-Mauriac, continua à une place de la salle V, le teint un peu plus diaphane et le dos encore plus voûté, à copier fébrilement des dates et des chiffres, tentant en vain d'achever, semble-t-il, une thèse commencée bien avant sa mise à la retraite, qu'on imaginait lointaine. Malgré l'attention scrupuleuse que je porte à ces faits, je n'ai pas encore repéré de nouveaux maniaques dont la manie tiendrait au site même. Je me demande par ailleurs si l'étrangeté des lieux, la multiplication des espaces, le rôle important qu'y joue l'informatique, l'augmentation sensible des livres en accès direct empêchent, par exemple, que s'exprime une traditionnelle mauvaise humeur. Grogner ici vous donnerait l'impression de crier dans le désert, avec la peur que la voix se perde dans les hauteurs bétonnées de l'édifice. Grogne-t-on à l'heure du portable ? On agresse, on menace le responsable de la banque de salle. À grand renfort de gestes désordonnés et de commandements à haute voix, on impose silence à quelques bavards chuchotants. Ronchonner est un comportement qui n'a plus cours. Il appartient à un stade antérieur du développement technologique. Contre l'ordinateur qui ne fonctionne pas comme on le souhaiterait, ce dont il est difficile de rendre responsable un employé luttant lui aussi contre les humeurs versatiles de sa propre machine, on s'emporte en prenant les voisins à témoin. Tout au plus se laisse-t-on aller à des excès brusques de langage, comme ce lecteur dressé face à un ordinateur indifférent à ses demandes et s'écriant : « L'informatique me fait chier ! » Mais, on le sait, l'informatique n'a jamais à se justifier de ses errances. Elle suspend ses activités sans préavis et les reprend après une intervention lointaine, qui vous gâche naturellement une journée de travail, planifiée depuis longtemps.

Le nouvel espace des salles de lecture rend les manies peu visibles. Je me demande même si l'acceptation consensuelle actuelle de l'individualisme, fût-il exagéré, n'a pas rendu plus vague encore le concept de manie. La manie, c'est en fin de compte la mise en œuvre excessive du droit reconnu à la singularité. Elle s'accorde à ce sacro-saint droit à la différence dont notre époque est friande au point parfois de lui sacrifier le droit tout court. Ce qui ne signifie pas que les originaux aient tous déserté le site Mitterrand. Ils sont encore présents, fidèles à eux-mêmes. L'un d'eux m'impressionne. Il est évidemment toujours là. Son crâne fortement dégarni est hérissé de quelques mèches de cheveux blancs. Ses yeux sont abrités derrière d'immenses lunettes correctrices à la monture transparente et aux verres teintés, et il manifeste quelquefois une agressivité marquée envers le personnel. Je ne l'ai que très rarement vu assis à lire à une place précise. Le plus souvent installé sur les marches de bois qui mènent à la cafétéria, il lit des feuilles dactylographiées que je pense être imprimées sur place à partir des textes de presse accessibles par Internet. On le dit anglais ou américain et mathématicien. Je ne le connais pas, mais il m'a un jour félicité à propos d'un de mes costumes en tweed en me demandant si je l'avais acheté dans une boutique d'Oxford dont j'ai oublié le nom.

Il est certainement apparu de nouvelles figures d'originaux tandis qu'en disparaissaient d'autres, chassées sans doute par les nouveautés technologiques, l'éloignement géographique, le parcours difficile du lecteur transformé souvent en combattant malgré lui. L'informatique a créé de nouveaux modes de lecture sur écran. Certains passent de longues heures à consulter des informations sur le réseau ou à envoyer des messages vers des correspondants éloignés. J'en sais même qui consultent les bulletins d'information ou les cours de la Bourse.

Reflet des évolutions sociales peut-être, la présence des groupes nationaux – d'autres iront jusqu'à dire communautaires pour le haut-de-jardin – est repérable au hasard de la cafétéria et des séances de fumoir sur les terrasses au pied des escalators ou dans les salles réservées aux fumeurs. Au haut-de-jardin, on se regroupe par lycées, examens préparés, banlieues d'origine. Ce qui donne aux salles de lecture un côté fan-club ou salle d'étude. Au rez-de-jardin, la répartition des salles selon les champs du savoir accentue les clivages. Les historiens dans la salle L ; les juristes en O et N ; les littéraires en V ; les historiens de l'art en salle W… Ces découpages semblent renvoyer souvent à une vision archaïque du travail disciplinaire. La pratique des uns et des autres les contredit. Les historiens de la littérature sont aussi souvent des historiens, les spécialistes de telle ou telle littérature étrangère des analystes des formes, du style et des linguistes. L'historien du social ou de la politique qui s'intéresse également à la littérature doit parcourir quelques centaines de mètres pour accéder aux usuels de la salle consacrée à la littérature française, où il est tenu de lire sur place, le déplacement des usuels d'une aile à l'autre étant interdit. À la relecture de ce paragraphe, ma critique me paraît quelque peu biaisée : elle traduit une nostalgie bien réelle de la grande salle Labrouste où voisinaient, au coude à coude, historiens, sociologues, juristes, grammairiens et littéraires…

À la Bibliothèque nationale, on disait parfois de Paris (car il existait, produit des guerres franco-allemandes, une Bibliothèque nationale de Strasbourg), j'ai fait, en alternance avec les séances de lecture de la bibliothèque municipale de Versailles, mes premières armes de chercheur reconnu. J'y ai rencontré surtout des historiens, François Furet, qui préparait *Livre et Société*, et plus tard Mona Ozouf et Emmanuel Le Roy Ladurie, assidu entre tous. J'y retrouvais mes collègues et maîtres dix-huitièmistes, Jean Sgard, Jean Ehrard et surtout Jacques Proust, qui profitaient studieusement de la BN quand ils montaient à Paris, les chercheurs de ma génération, dont certains furent ensuite mes collègues en assistanat à la Sorbonne. Les travaux collectifs se développaient alors dans l'enthousiasme et non sans arrière-pensées politiques, et, au *Louvois* ou au *Richelieu*, nous en discutions les contenus et les mérites, parfois les stratégies, en essayant d'éviter les oreilles indiscrètes. Les anciens vous conseillaient à mi-voix le secret sur vos projets ou vos découvertes. À les en croire, certains, peu respectueux de la propriété intellectuelle, profitaient indécemment des confidences imprudentes de comptoir. Était-ce vrai ? Je ne sais. J'ai longtemps cru que cela relevait des hantises légendaires, que l'on se répétait, de manuscrits ou de fichiers de thèse détruits au cours d'un bombardement ou d'un incendie, ou égarés lors d'un déménagement, et qui, à eux seuls, expliquaient une carrière brisée.

J'appris assez vite les hiérarchies non dites qui organisaient ce monde de la rue de Richelieu : il y avait les lecteurs de la salle Labrouste qui constituaient le gros de la troupe, au-dessus les privilégiés de l'hémicycle. Je ne savais pas en quoi consistaient leurs privilèges, qui n'existaient pas en réalité, comme je m'en aperçus quand, ayant demandé un livre particulièrement fragile, on m'attribua pour le lire une place en hémicycle. Il n'en demeure pas moins vrai qu'on sentait une différence de statut, fondée ou non, quand, revenant de déjeuner avec un collègue, on le quittait au milieu de la travée centrale en lui expliquant qu'on avait une place en hémicycle.

Il y avait aussi la réserve en étage, qui constituait le saint des saints. On y écrivait au crayon, on vous y installait les livres sur une espèce de coussin en velours en forme de lutrin. Il fallait montrer patte blanche et justifier sa demande. On y bavardait moins que dans l'hémicycle, réputé pourtant silencieux. Un de mes amis prétendait qu'on y parlait moins parce que les lecteurs souvent âgés y économisaient soigneusement leur souffle. J'y ai fait de longs séjours quand je préparais une étude sur les livres pornographiques au XVIIIe siècle. J'appris à cette occasion que les *curiosa* (l'Enfer) étaient dans leur grande majorité à la réserve, comme pour éviter qu'il en soit fait un mauvais usage dans la salle de lecture publique. J'y ai coulé des journées paisibles à lire, crayon à la main, les descriptions les plus échevelées des gymnastiques amoureuses. Cette activité peu recommandable, si l'on songe à ce qu'a pu signifier l'Enfer dans les rêves secrets des lecteurs et l'exercice de l'autorité des conservateurs, ne m'a attiré aucun commentaire de la part des employés de la réserve, si ce n'est une manifestation de sympathie, en tout bien tout honneur, d'une charmante conservatrice, qui connaissait mes travaux et appréciait mes hypothèses sur la littérature pornographique, à savoir que celle-ci constitue une réussite exemplaire de ce à quoi tend toute écriture narrative: faire prendre les mots et les descriptions pour la chose elle-même au point d'en susciter les effets dans le corps même du lecteur. Un jour où je comparais, je crois, plusieurs éditions de *Thérèse philosophe*, mon voisin, élégant vieillard au costume croisé, avec au revers la rosette sur canapé de la Légion d'honneur, se pencha vers moi pour me murmurer, imperturbable, un conseil, que je n'ai jamais oublié, et dont je lui sais gré. La meilleure façon de lire de tels livres était de les laisser s'ouvrir d'eux-mêmes, car on était alors sûr de trouver les passages les plus lus et donc d'une meilleure qualité érotique.

À cette dignité quelque peu majestueuse dans le commentaire, il me faut opposer la fébrilité d'un autre lecteur, passablement débraillé, et lui sans Légion d'honneur, au moins apparente, qui lisait dans la salle Labrouste des livres érotiques en édition moderne et ponctuait sa lecture de « Pas mal, pas mal... pas mal... » ou, l'abandonnant d'un geste méprisant: « Ça ne vaut pas un pet-de-nonne ! » En fin d'après-midi, il me montra deux volumes de sa pile en m'indiquant: « Il n'y a que ces deux-là qui valent la peine d'être lus avec profit, cher monsieur ! » Je regrette de ne pas avoir noté les titres et de ne pas l'avoir interrogé sur les raisons de son éloge. J'en rêve encore. Que venait faire ici le « pet-de-nonne » ? Et que fallait-il entendre par « profit » ? Éprouvait-on, grâce à eux, une excitation sexuelle digne d'intérêt et si impérative qu'il y avait urgence à la satisfaire ? Ou le jugement relevait-il de la plus pure esthétique, sans aucune visée utilitaire ? Qui primait ici, de l'esprit ou du corps ?

La réserve de la Bibliothèque nationale de France, dont on prétend qu'elle avait été oubliée par l'architecte et qu'elle fut ajoutée après coup, ressemble à une sorte de nacelle qui, comme les loges destinées à la consultation des microformes, flotte au-dessus des lecteurs des salles et conserve, malgré le gigantisme de l'endroit, le charme feutré de la rue de Richelieu. Les lutrins de velours n'ont pas été soumis à la dure loi du *design* mais conservés à l'identique. J'y retrouve même, j'en suis presque sûr, les petites barres de bois qui permettent de garder le livre suffisamment ouvert pour le lire sans en abîmer pour autant la reliure. Un silence ouaté y règne. On peut y emprunter le crayon indispensable dont on ne s'est pas précautionneusement muni. On y est avare de ses gestes, comme dans une église ou un musée. On se garde d'attirer sur soi l'attention, on remplit avec un soin scrupuleux sa fiche de demande. Rien ici n'est directement ou complètement informatisé comme pour les ouvrages du catalogue général. On a même conservé le fichier manuel des ouvrages et des planches reproduites.

La rareté des ouvrages conservés fait qu'on peut, sans honte apparente, se montrer résolument archaïque, sans pourtant que la patine du temps soit en ces lieux réellement visible. Que serait, sans la réserve, la Bibliothèque nationale de France ? Sans elle, qui lui donne son cachet et permet d'oublier la profusion du béton, les escalators et cette impression subite, une fois parvenu en rez-de-jardin, de se retrouver en ce lieu lumineux qui hésite, quand on s'arrête à regarder le jardin enserré dans la fosse centrale, entre l'aquarium et le jardin englouti.

J'ai longtemps eu la faiblesse de croire que la Bibliothèque de la rue de Richelieu était un lieu idéal, épargné par les vicissitudes et les aléas du monde, un havre de paix où je me sentais fier et heureux d'être admis. En plaisantant à demi, je prétendais parfois que la Bibliothèque était pour moi la preuve que le Paradis existait. Il y avait bien sûr de multiples grèves des employés, des arrêts de travail des magasiniers, des livres mal reclassés qu'on ne pouvait lire, des photocopieuses hors de prix et encombrées, les interdictions souvent irritantes de photocopier, les fichiers manuels dispersés et dont, sans l'aide des conservateurs de la salle des catalogues, on ne parvenait pas à tirer profit. Quand le catalogue fut informatisé, il fallut en passer par des moniteurs qui guidaient les débutants maladroits parce que peu habitués à l'informatique. Il y avait l'annexe de Versailles où était conservée une grande partie de la presse et, lorsque la Bibliothèque devint à la mode, l'attente sur les banquettes du sas d'entrée, qui, si l'on y retrouvait une connaissance, permettaient de faire salon. On vous distribuait un ticket d'attente comme dans les autobus parisiens de mon enfance et, à chaque sortie définitive d'un lecteur, un lecteur en attente entrait. Pas de triche possible. Je me souviens qu'une employée particulièrement vigilante veillait à la régularité des opérations. On attendait quelquefois une bonne heure. Si vous décidiez d'aller la perdre au café et si votre numéro était appelé durant votre absence, il fallait recommencer avec un numéro nouveau. Il n'existait pas de passe-droit. Il m'arrivait parfois de m'attarder un peu au café, ce qui me condamnait à une demi-heure d'attente supplémentaire et à ce conseil revêche : « Vous n'aviez qu'à rester ici à attendre votre tour. Reprenez un ticket et attendez à nouveau… », mais qui satisfaisait également mon sens de la démocratie et de la justice. Nous étions tous soumis à la même loi. La gardienne impassible, consciente, j'en suis sûr, de l'importance de sa mission, aurait certainement refusé de céder à la corruption, mais aussi à la renommée. Elle aurait obligé, comme elle m'obligeait moi, Albert Camus, Jean-Paul Sartre, Claude Simon, tous Prix Nobel, à reprendre un ticket et à prolonger leur attente.

Ce règne de la vertu perdit beaucoup de sa grandeur à mes yeux lors d'une grève sauvage qui nous surprit une après-midi en pleine séance de lecture, et qui devait révéler ce que cachaient ces apparences. Je n'ai pas souvenir de la date. Daniel Oster vivait. Enseignait-il à l'université de Tours ou s'occupait-il déjà de l'administration de l'Institut ou du *Dictionnaire de l'Académie*? Je ne saurais le dire. Je n'ai jamais connu vraiment les motifs de cette grève. Certains évoquèrent la prime de blouse, qui était un sujet continuel de conflit entre les employés et l'administration ; cela est possible. Il devait être 15 ou 16 heures. Dans le silence relatif de la salle de lecture, un employé, juché sur une chaise, prit la parole. Une assemblée, qui s'était tenue le jour même, avait décidé une grève effective à partir de 16 heures. Troublés dans leur travail ou leur somnolence, quelques lecteurs protestèrent. Leurs cris couvrirent la voix de l'orateur, qu'un conservateur, balzacien renommé, aux verres de lunettes aussi épais que des hublots de cabine et troubles comme des culots verdâtres de bordelaises, à la haute silhouette dégingandée, tentait vainement de faire descendre de son perchoir improvisé. Autant que j'aie pu l'observer, je ne crois pas que l'affaire alla jusqu'à l'échange de coups, mais il y eut bousculade : ses collègues calmèrent le conservateur en colère, qui en appelait à la légalité et aux droits des lecteurs. Un autre responsable syndical prit calmement la parole et demanda aux lecteurs de bien vouloir rendre leurs livres et libérer leurs places. Certains, résignés, commencèrent à obéir. Daniel vint me rejoindre de sa place près de l'hémicycle pour me dire que circulait une consigne de résistance. On garderait ses livres et on ne quitterait pas sa place. Des lecteurs se levèrent pour demander des explications sur la grève, le préavis, la gêne imposée aux usagers. Quelques étrangers héberlués essayaient d'en savoir plus. Un Américain se pencha vers moi pour me susurrer que c'était bien là un des « chârmes de la France » et un Espagnol se dirigea vers la sortie en soupirant : « *¡ Joder con esos francesitos*[1] *!* » Il resta une bonne centaine de lecteurs assis à leur place et accrochés à leurs livres comme des naufragés à leurs bouées. Je ne suis pas certain que tous avaient alors compris le détail des opérations, ni même les principes défendus de part et d'autre. Un de mes voisins, qui utilisait des espèces de tampons de couleur rosâtre pour se boucher les oreilles et lire en paix, avait un court instant levé les yeux de son livre pour contempler le lent exode des lecteurs, puis repris sa lecture en haussant les épaules.

La tension monta tout à coup. Face à la résistance passive, les grévistes menacèrent d'évacuer la salle *manu militari*. Attentif à cette tension nouvelle, j'imaginais un lecteur accroché à son fauteuil, poussant des cris et agitant de mouvements incontrôlés ses jambes, mais reconduit jusque dans

1. « Merde alors avec ces petits Français ! »

la cour par deux solides gaillards. Je ne crois pas qu'il y eut des voies de fait ou de réelles tentatives d'expulsion. On en resta aux menaces et aux échanges verbaux, qui atteignirent vite une très vive intensité. D'un côté, on dénonça l'analphabétisme et, le ton montant, le fascisme rouge, de l'autre un « tas de feignasses et de pédés privilégiés qui voulaient faire croire que la lecture c'était du boulot... ». Quelqu'un éteignit les lumières et il fallut se résigner à quitter les lieux. Sans éclairage, la résistance fit long feu. La tension retomba de part et d'autre. Face à l'incident technique, la grève elle-même perdait son sens.

De cette grève qui n'en fut pas vraiment une, je garde un sentiment d'irréalité. Au point de me demander si elle s'est réellement déroulée comme j'en ai conservé le souvenir. Je ne l'ai pas oubliée, cependant, parce que chacun mit bas les masques et que se brisa cette apparente harmonie entre employés et lecteurs qui semble être la règle dans les bibliothèques. D'un côté, la violence exercée contre eux, la rupture de leurs habitudes avaient fait que les lecteurs pouvaient sans honte montrer tout le mépris des gens de culture envers ceux qui accomplissent dans une bibliothèque les tâches matérielles. Se heurtant à une résistance des lecteurs, les grévistes avaient révélé quelle image ils véhiculaient de ceux-ci et de la lecture, eux dont le ministère de tutelle est le ministère de la Culture.

S'il me fallait reconnaître un mérite à la Bibliothèque nationale de France, ce serait l'extrême dévouement des employés des banques de salle confrontés parfois à des lecteurs agressifs ou impatients. J'ose croire que bien des choses ont changé et que le temps des mépris réciproques appartient au passé. J'ai pourtant un souvenir assez récent qui me rend sceptique. J'avais traversé de bon matin l'esplanade de la Bibliothèque nationale de France pour gagner l'entrée Ouest, qui donne directement accès à la salle V, où une place et des livres m'étaient réservés. Une espèce de barrière métallique la fermait. Elle était ornée d'un panneau de sens interdit qui indiquait on ne peut plus clairement qu'il n'était pas possible de gagner le vestiaire et les salles de lecture. Peu satisfait de cette marche inutile – la BNF est un lieu qui favorise les vocations marathoniennes et, à défaut de donner la tête bien faite, vous assure la forte musculation des membres inférieurs –, mais résigné, je regagnai l'entrée Est. Je crus à l'un de ces dérangements fréquents à la BNF. Une barrière était là aussi installée, mais tenue par un piquet de grève de six ou sept personnes, plus hiératique et figé que disposé au dialogue. En face, une bonne quinzaine de lecteurs tentant de comprendre. « Si vous n'êtes pas contents, déclarait, sentencieux, un des grévistes que j'avais souvent vu prendre la parole lors des assemblées générales du personnel dans la cour de Richelieu ou le hall du site Mitterrand, il faut vous en prendre à la direction de la BNF, qui aurait dû vous aviser par affichage qu'un préavis de grève avait été déposé. »

« Mais comment l'aurais-je lu, je viens de province ?

— Il fallait écouter la radio en vous rasant. On annonçait des perturbations dans les musées et les établissements dépendant du ministère de la Culture… »

Peu à peu le ton avait monté. Quelques lecteurs tentèrent de forcer la barrière. Le piquet demanda de l'aide et reçut un renfort suffisant.

« Et vous appelez ça défendre le service public. Vous vous foutez du monde ! Vous êtes des privilégiés et vous n'avez d'autres plaisirs que de faire chier les usagers…

— Soyez corrects et n'insultez pas la fonction publique… ! »

Un lecteur africain lança une accusation de racisme. Elle fut la seule à vraiment porter ; le reste laissait indifférent. Le délégué syndical bondit. Il militait au sein d'un comité de défense des immigrés dans le XVIIIe arrondissement. Le lecteur africain, qui venait d'Aix-en-Provence, comme on l'apprit plus tard, continua à protester, soutenu par d'autres lecteurs venus de province. Le silence se rétablit peu à peu. On discuta par petits groupes. Il faisait froid et humide. Je décidai de rentrer chez moi. Dans l'après-midi, j'appris par la radio que le piquet de grève avait été levé et que l'accès à la Bibliothèque était, depuis 13 heures, tout à fait normal.

Un piquet de grève comprenant six personnes au maximum quand la Bibliothèque compte plus d'un millier d'employés donne à penser. La grève devenue un fait minoritaire ? Peut-être. Mais, surtout, une aberration qui permet à six personnes de paralyser une bibliothèque dont on a prétendu parfois qu'elle était une des plus grandes du monde. De là à envisager qu'à des bibliothèques atteintes de gigantisme on substitue de petites unités qui éviteraient cette paralysie générale, mais qui, pour le lecteur, présenteraient l'inconvénient de sectoriser la consultation et multiplieraient les difficultés que rencontrent déjà à la Bibliothèque nationale les recherches croisées… Peut-on espérer que les grèves soient annoncées et qu'on n'utilise pas l'argument du service public pour gêner le travail des usagers ? Ce qui, on l'admettra, est quand même contradictoire. Un de mes voisins affirmait que ces grèves représentaient une spécificité française dont il faudrait proposer la défense au nom du patrimoine national, comme on le fait pour le cinéma. Un autre avançait qu'avec la numérisation, la lecture à distance, de telles choses ne pourraient plus se produire. Ce qui n'est pas certain et représente en outre la mort programmée de la bibliothèque, avec ses lecteurs, et peut-être même du livre.

J'ai gardé de ma fréquentation des bibliothèques madrilènes, et peut-être parce que l'art brut les avait mis à la mode, un intérêt très vif pour les graffitis des lieux publics. Ils n'ont jamais atteint dans les bibliothèques parisiennes l'ampleur et la vigueur constatées en Espagne. Les graffitis, dans le Madrid des années 1960, représentaient, je l'ai dit, un mélange inattendu et souvent délirant de politique et de sexualité, dans le style « en avoir ou pas ». Peu de dessins, peu de discours fantasmatiques strictement sexuels. Et ce à la différence de ces récits hallucinés que j'avais repérés dans les toilettes de la gare des Invalides, qu'on repeignait fréquemment, ce qui obligeait un habituel conteur obscène à réécrire sur la même porte ses rêves de gymnastique et d'ethnologie familiale incestueuse, de la même écriture tout à la fois appliquée, tragiquement lisible et pourtant rageuse. Le seul discours politique visible dans les toilettes du sous-sol de la Bibliothèque nationale de la rue de Richelieu qui ait eu une certaine consistance concernait le Front national et Jean-Marie Le Pen, qui permettait que se libère un discours raciste à visage politique et que se manifeste un antifascisme sans vrai risque. Il irritait nombre de lecteurs ou d'usagers des toilettes, qui intervenaient dans le débat pour en dénoncer l'inutilité. Mais ces affrontements étaient rares parce que souvent liés à une actualité électorale nécessairement éphémère. Le sexuel dragueur régnait en maître. Avec un vocabulaire plus cru et des précisions et mensurations anatomiques sans aucun doute exagérées, on avait assez souvent l'impression de lire les annonces spécialisées et branchées du *Nouvel Observateur* ou de *Libération*. Cela, bien évidemment, à partir des années 1970, quand les retombées de Mai 1968 se firent sentir en priorité dans les mœurs. À la question : pourquoi cette spécificité des graffitis des toilettes de la Bibliothèque nationale comparés à leurs équivalents espagnols ou à la diversité nationale, je ne saurais répondre et je ne suis même pas capable d'avancer des hypothèses.

Au site Mitterrand, les graffitis sont rares. Ni politiques ni sexuels. Mais absents. Certains avancent que les matériaux des toilettes – acier poli, automatisation des commandes d'évacuation, robinetterie que le passage des mains suffit théoriquement à déclencher, carrelages qui évoquent l'hôpital ou la clinique – invitent peu aux graffitis ardents. Pour d'autres, la longue descente par les escalators au milieu des draperies métalliques et du béton réveilleraient en chacun le sens du péché et la mémoire de Dante, ce qui écarterait la tentation du graffiti obsessionnel. Il y a quelques mois, pourtant, un graffiti à plusieurs encres était lisible sur les carrelages des toilettes Ouest en rez-de-jardin. D'une première écriture, « Les Noirs en Afrique » et « Les Arabes en Afrique du nord » ; une large parenthèse, d'une autre main : « Tous dehors. » Sur le côté, une question d'une troisième écriture : « Et les Chinois ? » Et, pour conclure, d'une quatrième main : « Et tous les cons sur M6. » Ce graffiti d'une interprétation peu aisée dans certains de ses fragments, aussi insuffisant fût-il, changeait quand même des habituelles feuilles de papier griffonnées d'une écriture souvent incertaine et collées à des sacs poubelle couvrant un des urinoirs pour indiquer parfois pendant de longs mois qu'il était hors service.

Ce qui appelle des commentaires indignés ou ironiques, selon l'humeur de l'usager. Une affichette digne du lieu et ne manquant pas d'humour avait été apposée par un lecteur lorsque le faux plafond des abords de la cafétéria avait pris sur lui de commencer son envol. « Vive Derrida ! Vive la BNF qui suit la voie de la déconstruction ! » On ne saurait mieux dire.

L'impression d'une tristesse particulière des toilettes de la BNF n'est pas fondée. On découvre avec toujours le même plaisir certains urinoirs en faïence près des vestiaires que le fabricant a orné en leur fond d'une mouche. On se demande quel en est le sens. Exercice d'incitation à la visée, allusion indirecte à « La mouche du coche » du bon La Fontaine, volonté de créer un effet de réalité ? La mystérieuse mouche est plus certainement là pour rappeler que nous sommes en ces lieux au royaume de la polysémie.

Mes souvenirs de la Bibliothèque nationale de la rue de Richelieu sont innombrables, mais mon projet n'est évidemment pas de les égrener comme autant d'anecdotes, à la façon de ces diplomates à la retraite qui finissent par résumer leur carrière aux bons mots et à des faits de (haute) société. Ce serait lui retirer sa dimension de lieu spécifique de vie et de sociabilité. La dernière année d'ouverture de l'ancienne Bibliothèque, durant l'été, il fallait se lever tôt pour obtenir une place, car, si l'on pouvait réserver ses livres, on ne pouvait en faire autant pour sa place. Je descendais de chez moi à pied. Il faisait encore frais. Paris baignait dans sa lumière ; en flânant, j'empruntais les passages. La queue était déjà formée dans le hall, double même : une pour la partie droite de l'hémicycle et l'autre pour la gauche. Chacun patientait en lisant son journal ou en bavardant. Je finis par remarquer au bout de quelques jours des groupes d'hommes qui, manches retroussées, remontaient des toilettes. J'imaginai d'abord qu'il s'agissait d'une équipe de nuit qui quittait les lieux. Je finis par comprendre à les entendre parler qu'il s'agissait de gens venant de pays de l'Est, certainement sans domicile fixe, qui utilisaient, dès l'ouverture de la Bibliothèque, les lavabos pour s'y laver et s'y raser. On me raconta un peu plus tard, quand les locaux de la Bibliothèque pratiquement désaffectés n'accueillaient plus qu'un nombre réduit de chercheurs, que certains cars de touristes du troisième âge utilisaient la Bibliothèque de la rue de Richelieu comme halte pipi. Je n'ai pas eu le courage de me mettre en observation pour le vérifier.

VI

La mémoire reconstruite des années noires (I)

Pour précoce que fût mon goût de la lecture, je n'ai bien évidemment pas fréquenté les salles de la Bibliothèque nationale durant l'Occupation. Mes expériences d'enfant réfugié, l'histoire tragique et exaltante de mon père, l'âge des retours sur le passé que j'ai atteint m'incitent sans doute, sans que j'en aie clairement conscience, à m'interroger aussi sur la Bibliothèque nationale d'alors. Ce sont cependant là des causes générales : ma fréquentation assidue de la rue de Richelieu, qui n'a guère changé dans sa configuration et ses rituels durant mes presque quarante ans de bons et loyaux services de lecteur, et où l'histoire semblait n'avoir guère pénétré, en est une autre.

J'ai eu très tôt l'intuition qu'une bibliothèque, en ce qui regarde ses lecteurs, demeurait indifférente à l'histoire. En Mai 1968, un de mes collègues m'avouait être désorienté parce que la Bibliothèque nationale était fermée – il n'employait pas le mot « grève ». On pourrait gloser à l'infini sur l'inquiétude de ce lecteur quand l'histoire, par lui ignorée, venait tout à coup déranger ses habitudes de lecture. Il semblait accepter que la Sorbonne fût occupée, ses cours suspendus, comme si cela n'avait rien à voir avec sa vie, alors qu'il refusait de comprendre que la Bibliothèque ne pouvait échapper à la loi commune. On peut l'imaginer comme un lecteur de la British Library continuant, imperturbable, alors que les Allemands bombardaient Londres, et se plaignant même d'être dérangé par le fracas des bombes, les cris des blessés et les hurlements des sirènes.

Je crois avoir retrouvé des causes plus immédiates à cet intérêt, sans doute un peu pervers, que j'éprouve pour le fonctionnement de la Bibliothèque nationale entre 1940 et 1944. Tout d'abord, une conversation ancienne avec Pierre Naville, dont on venait de rééditer le livre consacré à D'Holbach, pour lequel un de mes amis, bibliothécaire à la Fondation des sciences politiques, avait assuré la mise à jour bibliographique. À ma question innocente sur la variété inattendue de ses références aux textes de D'Holbach – ne citait-il pas de multiples éditions pour un même texte ? –, il m'avait répondu que, militant communiste ou trotskiste, je ne sais plus où il en était alors de son itinéraire politique, il était recherché par la Gestapo et la police de Vichy. Il avait réussi à passer en zone libre, mais devait changer souvent de ville et, dans chaque ville, le lieu le plus sûr et le mieux chauffé était la bibliothèque. Il avait donc lu D'Holbach au hasard des éditions disponibles dans ces accueillantes bibliothèques municipales, sans parvenir parfois à y achever sa lecture de tel ou tel volume. Cette idée que les bibliothèques offraient un lieu sûr en ces temps d'Occupation m'avait choqué. J'y voyais une preuve non du respect des polices pour la culture, mais de l'indifférence coupable des bibliothèques, de leur personnel et surtout de leurs lecteurs aux malheurs du temps, qui en faisait des êtres inoffensifs, même pas dignes d'être surveillés. Pour eux tous, les livres avaient fini par se substituer aux urgences extérieures. Je lis donc je suis. Ils lisent donc ils sont. Au point, pour le monde extérieur, de n'être personne. N'était-ce pas le sentiment, teinté de mépris, qu'exprimait Arthur Rimbaud dans son poème « Les Assis » ? Je jugeais que leur lecture ne constituait pas une espèce de recours en des temps difficiles, mais un prolongement naturel de la lecture publique elle-même. La guerre n'introduisait pas une rupture. Elle était tout naturellement mise de côté. La bibliothèque, à la manière des jeux d'enfants, permettait de faire comme si on appartenait à une autre réalité. Une telle comparaison n'est pas pertinente. Les enfants décident volontairement, le temps de leurs jeux, qu'ils sont autres et ailleurs, tandis que le lecteur continue à être ce qu'il a toujours été : un habitant d'une autre planète, mais installé, sans le savoir, au beau milieu des humains.

Cette constatation m'a beaucoup inquiété. Sans prétendre me poser en justicier, comme il arrive souvent à ceux qui se penchent sur les années de l'Occupation, j'ai éprouvé et j'éprouve une certaine honte face à cette indifférence qui contredit mes affirmations sur le rôle des livres dans l'apprentissage de la vie. Et, en même temps, je ne peux m'empêcher de me féliciter que les bibliothèques aient pu demeurer un refuge, sourd aux violences extérieures, un lieu d'exception épargné, consacré, propre aux temps modernes, en une époque où ni les églises ni les universités ne sont à l'abri des violences extérieures. Comprenne qui pourra.

Si je fais un effort de mémoire, il est une autre cause, accidentelle presque mais tout aussi réelle, de mon intérêt pour la période de l'Occupation. Ma génération a construit sur des images un peu hétéroclites sa mémoire de la déportation. Je crois me rappeller les reportages sur l'hôtel Lutétia où étaient accueillis les déportés libérés. L'hommage rendu aux résistants et aux combattants leur faisait concurrence, et cependant j'en garde un souvenir que j'espère ne pas avoir reconstruit. Ces images se mêlent pour moi à celles qui peu à peu parvinrent des camps de la mort, où les visages émaciés étaient dévorés par des yeux grands ouverts au regard insoutenable, et pourtant comme absent. Il y eut un peu plus tard le film *Nuit et Brouillard* d'Alain Resnais, que je vis dans un ciné-club scolaire, et dont la construction métonymique m'impressionna plus encore que la vue des charniers. Enfin je garde une impression ambiguë, presque de malaise, des manifestations pour la paix, organisées par le Parti communiste, où l'on faisait défiler d'anciens déportés dans leurs costumes de bagnards. Mais ce ne sont pas ces images qui m'ont le plus frappé. L'enfant polonais à la casquette trop grande, les bras levés, tenu en joue par un soldat allemand, prit très vite valeur de symbole. Dès qu'il était question de la déportation, elle était utilisée. On y lisait l'innocence menacée, l'épisode qui annonçait la mort de victimes désarmées, l'humanité dégradée et avilie. Quand on fit l'effort de mémoire de s'interroger sur les responsabilités françaises dans la déportation des Juifs de France, une photographie servit pour moi de résumé symbolique mieux encore que la silhouette d'un gendarme français en uniforme surveillant ces compatriotes détenus. On y voyait un vieillard dans un paysage parisien, peut-être l'avenue de l'Opéra, accompagné, si mes souvenirs ne me trahissent pas, d'une jeune femme, sa fille ou sa petite-fille, portant comme lui l'étoile jaune. C'est en regardant longuement cette photo, au point d'en rêver, que j'ai eu envie d'enquêter sur la Bibliothèque nationale et ses lecteurs durant l'Occupation.

Je ne suis pas certain que mon lecteur percevra la logique de ma démarche et j'ai moi-même du mal à en démêler les détours. Il y avait, quand j'ai commencé à fréquenter la rue de Richelieu, des lecteurs qui ressemblaient à ce vieillard. Le chapeau rigide à bords roulés, le complet sombre trois-pièces, la chemise blanche et au revers une décoration discrète, de préférence la Légion d'honneur. Je crois n'avoir jamais pensé, même après coup, qu'ils étaient des survivants du grand naufrage. Ni même que, vingt ans auparavant, ils avaient été des lecteurs au regard absent se gardant même de lever les yeux de leurs livres pour constater les places vides, ou peut-être les levant sans remarquer pour autant quoi que ce soit. En regardant la photographie du vieillard à l'étoile jaune, j'ai un jour compris comme une évidence qu'il revenait de la Bibliothèque nationale et que la jeune femme, à ses côtés, l'y avait attendu pour le raccompagner. Même si tout indique qu'il fait jour, je les devine hantés par le couvre-feu. Cette photographie a servi de support à nombre de mes rêveries quand, lassé de lire, le regard perdu dans le vide, je joue les songe-creux. Je me demande ce que pensaient les lecteurs, déclarés bons Aryens, de voir soudain apparaître ces autres lecteurs, parfois des collègues, des connaissances, en tout cas des visages familiers, affublés d'un stigmate, désignés comme des parias, menacés de représailles, et bientôt absents des salles de lecture. S'en étaiton étonné dans les travées et parmi les employés ? Le fait avait-il été commenté ? En quels termes ? En regardant les fronts penchés sur les livres autour de moi, il m'arrive de songer que, pour certains des lecteurs, ces questions n'avaient aucun sens. Ils ne fréquentaient pas la Bibliothèque nationale pour s'intéresser à leurs voisins, mais pour lire et apprendre. Ils n'avaient rien vu et rien entendu. Ils n'étaient pas concernés.

Ma hantise coutumière d'une bibliothèque et de ses lecteurs indifférents aux hommes et à leur histoire me reprenait plus angoissante encore. Lecteurs, mes frères, je vous croyais alors capables de tout. Sans en avoir conscience, j'avais perdu depuis longtemps l'illusion de confondre culture et courage. Je découvrais avec douleur que des hommes dont j'admirais l'intelligence, la liberté d'esprit, avaient accepté, sans perdre un seul instant à s'interroger, d'occuper des chaires que les lois antisémites de Vichy avaient rendues vacantes. Je pensais alors surtout qu'en 1941, à son retour du stalag, Sartre avait occupé une chaire en hypokhâgne, occupée à titre temporaire par le cartésien Alquié, mais en réalité « libérée » par un collègue juif mis d'office à la retraite, comme le publiait *L'Information universitaire.* J'y pensais d'autant plus que je venais de lire ce chef-d'œuvre de rhétorique et de mauvaise foi politique de Sartre lui-même, « La République du silence », publié en septembre 1944 dans *Les Lettres françaises* et qui le posait comme un résistant exemplaire ayant même fait le coup de feu sur les barricades. Sans trop de difficultés, j'imaginais que des lecteurs, pour ne pas être distraits de leur lecture, avaient fermé les yeux, au sens propre et au figuré. Comment avaient-ils pu s'en accommoder ? À quoi servent des savoirs quand ils rendent aveugles aux tragédies humaines ?

Les trois coups pour ouvrir le bal avaient retenti depuis longtemps. Bien avant l'été 1939. Le rideau était levé, on commençait à éteindre les lumières et l'obscurité gagnait peu à peu toute l'Europe. Le premier acte de la tragédie dont le livre, entre autres, était la victime s'était déjà joué. Il y avait eu l'autodafé de 1933 au cours duquel, à Berlin et Francfort et dans les principales villes universitaires, furent brûlés environ 25 000 ouvrages en langue allemande, arrachés aux bibliothèques publiques et privées, selon une mise en scène due, semble-t-il, à Joseph Goebbels. Mais on sait que l'espoir qu'on en resterait là continuait, vivace comme aux lendemains de la Grande Guerre. Au congrès de la Fédération internationale des bibliothécaires (FIAB) de La Haye, en juillet 1939, le président Marcel Godet, un Français, affirma qu'il existait « une profonde communauté d'intérêts et de devoirs qui [unissait] malgré tout bibliothèques et bibliothécaires de tous pays ». Cédant aux opérations de charme lancées par leurs collègues allemands et aux pressions de la propagande nazie, qui tentait de faire oublier les violences passées, les congressistes décidèrent que la prochaine réunion de la FIAB aurait lieu en Allemagne et que le congrès irait visiter Weimar. On sait ce qu'il en advint. Ce furent les bibliothécaires allemands, en uniforme et, espérons-le, contraints et forcés, qui visitèrent Paris.

Cette inconscience ne doit pas surprendre. Une fois les accords de Munich signés, on crut la partie gagnée. Le pacifisme reprenait des couleurs et portait beau de nouveau. Certains, pourtant, commencèrent à penser à l'éventualité d'un conflit que rendraient inévitable les visées expansionnistes de l'Allemagne nazie et la faiblesse des démocraties. L'Éducation nationale, déjà ministère de tutelle de la Bibliothèque nationale, en accord avec l'administrateur Julien Cain, assisté d'inspecteurs généraux et du directeur de l'enseignement supérieur, envisagea des mesures d'évacuation qu'on devait limiter aux pièces irremplaçables. Dès août 1939, en union avec la direction des Musées nationaux, on organisa l'exode des livres. Pour les bibliothèques municipales, l'initiative de l'évacuation fut prise par les conservateurs et les autorités municipales. Les châteaux proches, les propriétés bourgeoises isolées en campagne servirent de refuge, on utilisa même des habitations troglodytes. Mais des bombardements systématiques prirent parfois de court ces prudentes décisions. La bibliothèque municipale de Tours fut détruite par des bombes, et avec elle disparurent 200 000 volumes, 400 incunables et 400 manuscrits. À Beauvais, l'évacuation fut prise de vitesse et 42 000 volumes réduits en cendres. Les combats, les bombardements ne firent pas de quartier.

La Bibliothèque nationale fut-elle évacuée ? Mit-on dans des abris sûrs quelques-uns de ses trésors ? On l'avait prévu, mais l'enlisement des débuts de la guerre, la soudaineté foudroyante de l'offensive allemande modifièrent sans doute les plans initiaux. Dans des sens évidemment contraires. On accéléra les procédures que la mobilisation générale, ensuite l'encombrement des routes et des voies ferrées, de leur côté, ralentirent. Julien Cain, administrateur de la Bibliothèque nationale depuis le 1er mai 1930 et devenu le 9 avril 1940 secrétaire général de l'Information, dont le ministre était Jean Giraudoux, suivit le gouvernement à Bordeaux et, par le célèbre *Marsilia*, à bord duquel voyageaient les députés qui avaient refusé les pleins pouvoirs à Pétain, il gagna Alger, d'où il revint étrangement assez vite. Il fut révoqué de ses fonctions en juillet 1940, arrêté le 12 février 1941, inculpé pour son action au ministère de l'Information et, comme une majorité d'hommes politiques, il fut rendu responsable de la défaite et déporté plus tard à Buchenwald.

L'État français désigna Bernard Faÿ pour lui succéder. Sa nomination date du 19 août 1940. Pendant longtemps, il ne m'a pas été facile d'en savoir plus long sur cet administrateur entre 1940 et 1944, souvent présenté comme une créature de Vichy, sans grand passé avant la Bibliothèque nationale et sans avenir après elle. Quelques conservateurs consultés n'en savaient guère plus, si ce n'est qu'il avait installé à la Bibliothèque nationale les archives du Grand Orient, saisies par les Allemands. On comprend qu'on n'ait pas honoré sa mémoire. Il fut arrêté en août 1944, révoqué de sa charge, condamné aux travaux forcés à perpétuité et gracié en 1959. Il s'installa en Suisse à partir de 1951, après s'être enfui de l'hôpital d'Angers où il était soigné. Il mourut en 1978. J'en ai appris un peu plus grâce à l'obligeante recherche d'une conservatrice que je connais depuis l'Exposition universelle de Séville, qui me communiqua un article de Martine Poulain publié dans le numéro de 2004 du *Gutenberg Jahrbuch*, et à la consultation presque maniaque du catalogue de la BNF à l'entrée « Bernard Faÿ ».

Il était né en 1893 à Paris. Sa formation fut franco-américaine et mêla les campus universitaires américains, les universités françaises et la fréquentation des archives des deux pays. La sécheresse de la notice biographique que lui consacre le site de la BNF dédié à sa propre histoire surprend. Sa présence entre Julien Cain et Étienne Dennery, sa brièveté relativement imprécise traduisent les tensions qui habitent la partie de cette liste concernant les administrateurs de la Bibliothèque pour la période de la guerre. Le devoir de mémoire à l'œuvre ici, et auquel il faut rendre hommage, ne va pas sans distorsions. Il conduit à cette pratique toujours hasardeuse qu'est celle du grand écart et provoque une impression d'incomplétude. Le biographe en acrobate donne rarement un spectacle de qualité. Son portrait de Bernard Faÿ est noir. Ses dernières propositions, « arrêté le 19 août 1944 ; condamné aux travaux forcés à perpétuité, il est gracié en 1959 », éclairent rétrospectivement d'un jour particulier sa nomination réduite à une date et dispensent de s'interroger sur ce que fut de 1940 à 1944 sa direction de la Bibliothèque. La cause est entendue : sans entrer dans les détails, elle fut de collaboration avec l'occupant allemand, sans que l'on sache ni pourquoi ni comment. Quant à son cursus académique – « comparatiste, spécialiste de civilisation américaine, [il] a enseigné dans plusieurs universités américaines et françaises (1923-1932), puis [a été] professeur de civilisation américaine au Collège de France de 1932 à 1944 » –, il pousse le lecteur à s'interroger sur la logique de ce cheminement : de la civilisation américaine à la collaboration. Pour ma génération qui a tant admiré le Collège de France où enseignaient Lévi-Strauss, Foucault, Vernant, Duby, Le Roy Ladurie, entre autres, un peu plus tard Barthes, Bourdieu, et avant eux Bergson, Bataillon, Pommier, Blin, il est difficilement compréhensible qu'un de ses membres ait pu se vouer à la collaboration, selon une continuité logique. Et ce d'autant moins qu'il professait la civilisation américaine.

Ne sachant à quel saint me vouer, je m'en remis à la lecture des publications de Bernard Faÿ. Sa bibliographie me surprit. D'abord, il avait été dix-huitièmiste, rédigeant un ouvrage sur Benjamin Franklin, un autre sur George Washington et surtout une thèse, soutenue à la Sorbonne en 1924, c'est-à-dire alors qu'il était âgé de trente-deux ans, sur « L'esprit révolutionnaire en France et aux États-Unis à la fin du XVIIIe siècle », ainsi qu'un livre consacré à *La Franc-maçonnerie et la Révolution intellectuelle du XVIIIe siècle.* Jamais le milieu dix-huitièmiste que j'ai connu n'avait revendiqué cette brebis égarée. Ses travaux ne furent guère cités lors des colloques portant, commémoration oblige, sur l'Indépendance des États-Unis. Quand je commençai ma thèse, dans les années 1960, les études dix-huitièmistes étaient dominées par un marxisme plus ou moins revendiqué et comptaient un nombre important de communistes et de compagnons de route, et je ne vois dès lors pas comment il aurait pu en être autrement. Très habilement, le Parti communiste avait revendiqué sa filiation à l'égard des Lumières et fait de ce XVIIIe siècle exalté un champ d'expérimentation du marxisme. Cette vocation dix-huitièmiste de Bernard Faÿ se maintint après la Bibliothèque nationale et les travaux forcés, puisqu'il publia *Jean-Jacques Rousseau ou le rêve de la vie* en 1974, et un livre souvent réédité, consacré à *Louis XVI et la Fin d'un monde* (première édition : 1955).

La tentation est grande d'une démarche rétrospective qui consiste tout naturellement à reconstruire une causalité directe à des engagements. Ainsi, pour Bernard Faÿ, de retrouver dans les textes publiés avant la guerre l'explication naturelle de son rôle comme administrateur de la Bibliothèque nationale de 1940 à 1944. Mais, pour qui y porte l'attention nécessaire, la bibliographie de Bernard Faÿ antérieure à 1940 offre quelques autres surprises. En 1925, Faÿ publie le *Panorama de la littérature française contemporaine* chez Kra, éditeur avant-gardiste des surréalistes. L'intérêt de Bernard Faÿ pour la littérature américaine d'alors confirme son goût pour la modernité. Il traduit en 1934 pour les éditions Gallimard l'*Autobiographie d'Alice Toklas* de Gertrude Stein, après avoir préfacé *Américains d'Amérique, histoire d'une famille américaine* (1933), en collaboration avec la baronne Seillière et, dans une édition postérieure à 1945, avec une postface de Daniel-Henry Kahnweiler. On s'interdira de faire du nom de la cotraductrice un signe d'allégeance politique. Bernard Faÿ donne à ce texte une longue préface avec un portrait saisissant et lucide de Gertrude Stein. On regrettera une négligence de l'éditeur, qui n'a pas corrigé dans ladite préface une énorme bourde, dont on souhaite qu'elle soit graphique (« Mathis », marque de voiture de l'époque, pour « Matisse »). La maison Stock, éditrice de l'ouvrage, a un beau passé dreyfusard et on peut croire qu'elle aurait été sensible à toute trace d'antisémitisme. Il faut croire aussi que Daniel-Henry Kahnweiler aurait refusé de voir son nom associé à celui d'un collaborateur antisémite, dont tout laisse à penser qu'il le connaissait de l'entourage de Gertrude Stein. Dans les livres que Bernard Faÿ consacre à l'Amérique, on trouve une biographie de Benjamin Franklin – « *apostle of modern times* », sous-titre de la version américaine (1929), et « bourgeois d'Amérique » dans l'édition française de 1931 –, une autre de George Washington « gentilhomme » (1932), un essai, *Civilisation américaine* (1939), mais aussi *L'Empire américain et sa démocratie* (1926) et *L'Esprit révolutionnaire en France et aux États-Unis à la fin du XVIII*e *siècle* (publication en 1925 de la thèse soutenue en 1924). Rien ne me paraît traduire clairement à ce stade un sentiment de « catholique de tendance royaliste », ainsi que le définit Martine Poulain.

Il est sans doute vrai que le Front populaire et la guerre d'Espagne – ces titres sont presque tous antérieurs à 1936 – ont durci les positions et cette dernière, malgré Mauriac et Bernanos et *Esprit*, a heurté les sensibilités religieuses. L'exhibition des cadavres déterrés de religieuses à Barcelone, des couvents et des églises profanés, incendiés et pillés, des prêtres arrêtés et fusillés ne pouvaient laisser les catholiques indifférents, même s'ils éprouvaient une réelle sympathie pour la République. Politiquement, la main mise par les communistes sur le camp républicain au prix d'une épuration dont le POUM[1], les anarchistes et dans une moindre mesure le PSOE[2] firent les frais et la présence active sur le front de commissaires politiques soviétiques provoquèrent des doutes et parfois des sympathies nouvelles pour l'Espagne franquiste; elles expliquent aussi la neutralité désengagée des uns et le ralliement inattendu des autres à la cause fasciste. Ce qui n'empêche pas *Les Forces de l'Espagne* (1937) d'être un livre ouvertement gagné à la cause du franquisme. Bernard Faÿ éprouve une fascination évidente pour une Espagne virile, méprisant la mort, cultivant, dans un camp comme dans l'autre, le sens viril de l'honneur. On peut imaginer enfin que ce livre a retenu l'attention du maréchal Pétain, que le gouvernement français va envoyer comme ambassadeur auprès du général Franco à Burgos.

Et pour en finir avec ce survol, lassant mais nécessaire, il reste à s'interroger sur des publications que l'on peut soupçonner de racisme ainsi que sur l'ouvrage, encore consulté aujourd'hui, que Bernard Faÿ a consacré au rôle de la franc-maçonnerie dans la montée de la philosophie des Lumières et dont la première édition date de 1935. En premier lieu, une plaquette, écrite en hommage à Ferdinand Baldensberger, un des maîtres de la littérature comparée, est consacrée à Gobineau face à la Grèce, où il fut diplomate. Ce texte bien informé, grâce aux archives du ministère des Affaires étrangères, ne traite pas du racisme gobinien. On y trouve même ce constat assez réconfortant que les Grecs bien vivants avec

1. Partido obrero de unificación marxista (Parti ouvrier d'unification marxiste; trotskiste).
2. Partido socialista obrero español (Parti socialiste ouvrier espagnol).

lesquels Gobineau sympathise contredisent les hiérarchies qu'il a établies dans son *Essai sur l'inégalité des races humaines.* La préface que donne Bernard Faÿ en 1940 à l'ouvrage de Gueydan de Roussel, dont à ce moment de ma lecture j'ignorais tout, *À l'aube du racisme. L'homme spectateur de l'homme* n'est pas facile à interpréter ni à comprendre. La préface ne compte que trois courtes pages. L'érudition échevelée et superficielle de l'essai ne peut empêcher qu'on s'interroge sur la thèse défendue. Il ne s'agit pas en soi d'une apologie du racisme, mais d'une tentative pour comprendre comment est né le concept de race, rattaché ici à l'élaboration d'une science de l'homme. Gueydan de Roussel remarque que, dans ce mouvement, « en devenant l'instrument du dualisme religieux (chrétiens/juifs), moral (bien/mal), esthétique (beau/laid) et surtout politique (ami/ennemi), le concept de race a pris au cours de la première moitié du XIXe siècle une expansion universelle ». Il ajoute que Bonald est l'un des premiers à distinguer de « bonnes et mauvaises races » et que Virey assimile le beau au blanc et le noir à la laideur.

Ces thèses ne sont ni condamnées ni approuvées. La démarche semble être de compréhension et d'exposition, et la préface de Bernard Faÿ n'est qu'une présentation rapide qui lie le concept de race à la science de l'homme et montre comment toute une série de mouvements de pensée, de la maçonnerie au national-socialisme en passant par le communisme, ont traduit en des termes nouveaux la présence du divin. La maçonnerie l'a uni à l'humanité, le communisme l'a inscrit dans l'histoire et, pour conclure, « dans le national-socialisme la même transformation s'opère au bénéfice des forces physiologiques du pays ». Bernard Faÿ évoque à son propos « un panthéisme national ». Si rien ne ressemble à une approbation des thèses racistes, on ne peut pourtant manquer de s'interroger sur cette publication à visée historico-philosophique dans le contexte des années 1940, sur les interprétations qu'elle devait susciter et les soupçons qu'elle pouvait faire naître. D'autant que le livre paraît à l'automne 1940. Sans le moindre succès d'ailleurs. Il ne s'en vendit, semble-t-il, aucun exemplaire.

Je me préparais à continuer mes lectures quand un historien de la collaboration, à qui je parlais de mes recherches, me lança au nom de Faÿ: « Ah, oui! l'obsédé de la franc-maçonnerie... », que j'interprétai comme « obsédé de la dénonciation de la maçonnerie ». Lire *La Franc-maçonnerie et la Révolution intellectuelle du* XVIIIe *siècle* (première édition: 1935, réédité en 1961) m'apparut donc comme une urgence. L'ouvrage utilise une importante documentation. Sa thèse est simple. Elle se démarque des analyses sur le rôle révolutionnaire de la maçonnerie dans la lignée antiphilosophique inaugurée par Augustin Barruel en 1797-1798 dans ses *Mémoires pour servir à l'histoire du jacobinisme*, selon laquelle la Révolution serait l'œuvre d'un complot mené par les philosophes et les membres des loges. Dans sa conclusion, Bernard Faÿ prend nettement ses distances avec les tenants de la thèse du complot en répétant que « la maçonnerie ne fait pas les révolutions; elle les prépare et les continue ». Il ajoute, citant la Société des amis des Noirs, que « le travail politique des loges se fait par des sociétés connexes ». Il note ensuite qu'elle se préoccupe « des notions à valeur collective » et des idées simples comme l'égalité, la liberté. Il souligne enfin qu'elle crée une « nouvelle aristocratie » et offre « un chef-d'œuvre d'organisation ». L'hypothèse d'un projet subversif, chère à Barruel et à ses continuateurs, n'est pas ici évoquée.

Si je me fie à mes souvenirs dix-huitièmistes, l'analyse proposée par Bernard Faÿ, quand elle insiste sur les sociabilités et les transferts de sacré, demeure assez proche de celles des historiens contemporains. Ce rôle de la maçonnerie dans la diffusion des idéaux des Lumières a été très tôt admis, sans souci polémique et sans volonté de dénoncer. La participation des loges à la commémoration du premier centenaire de la mort de Voltaire en 1878 et aux célébrations de 1889 illustrent, preuves à l'appui, cette reconnaissance. Mes contemporains en dix-huitièmisme se souviennent des déclarations lyriques de notre collègue Daniel Ligou, historien de la franc-maçonnerie et maçon déclaré, qui revendiquait comme un honneur le rôle révolutionnaire des loges dans les dernières décennies du XVIIIe siècle.

À me suivre dans cette enquête, on me soupçonnera de masochisme et on m'accusera sans nul doute de complaisance coupable envers un auteur dont le rôle à la Bibliothèque nationale reste condamnable. Sur ce point, les analyses très critiques de Martine Poulain emportent l'adhésion. J'y reviendrai. Mon propos n'est pas d'innocenter Bernard Faÿ – je ne mange pas de ce pain-là –, mais de montrer que sa collaboration n'est pas, comme il est tentant de le croire, la conséquence mécanique d'errements idéologiques antérieurs qui la rendraient somme toute banale et coulant de source. On naîtrait fasciste et on le demeurerait. Il y a des exemples qui illustrent cette thèse, mais elle n'est pas généralisable. On sait aujourd'hui que nombre d'anciens dreyfusards eurent des sympathies pour la collaboration et que la gauche lui fournit certains de ses cadres. Les œuvres de Bernard Faÿ antérieures à la guerre, même en tenant compte de son enthousiasme pour l'Espagne nouvelle, n'annoncent pas vraiment ses actes de collaboration et n'en font pas un pronazi. Rien, dans ses analyses, de cet antisémitisme que pratique l'époque, pas non plus de caricature comploteuse de la franc-maçonnerie. Il s'agit d'un homme vraisemblablement catholique, conservateur, sans aucun doute, homme d'ordre même, obsédé, sans en avoir totalement conscience, par les menaces d'une décadence des élites françaises, homme aussi d'une grande culture, plus ouvert au monde étranger que la plupart de ses contemporains. La suite de nouvelles qu'il publie chez Grasset (*Faites vos jeux*, 1927) le montre très au fait des techniques d'écriture alors en vogue.

Comme l'indique Martine Poulain, la gestion de Bernard Faÿ à la tête de la Bibliothèque nationale comporte des fautes « bénignes » (places réservées aux officiers allemands, acquisition forcée d'ouvrages allemands) et d'autres plus graves (saisies des bibliothèques des Français juifs ou communistes déchus de leur nationalité, organisation du dépouillement des archives des francs-maçons, établissement des fichiers sur des personnes jugées suspectes, refus des lecteurs juifs, suspension des personnels juifs...). Ces catégories demeurent discutables, et on peut se demander quelle responsabilité a pu être celle de l'administrateur dans les orientations de cette politique, sinon d'avoir accepté d'être administrateur et d'avoir appliqué cette dernière. Mais, une fois le poste accepté, pouvait-il en être autrement ? L'administrateur du Collège de France – je ne sais qui occupa alors la charge – appliqua sans pouvoir s'y opposer les lois antisémites, comme ce fut le cas dans toute la fonction publique. Je reste perplexe en songeant que le monde enseignant, pourtant fortement politisé et syndicalisé, accepta sans rechigner que des collègues juifs fussent destitués et voués à la mort, les programmes censurés, des auteurs inscrits sur la liste Otto (du prénom de l'ambassadeur nazi à Paris, Otto Abetz). Que fit-il contre toutes ces mesures ? La même question pourrait être adressée à l'Ordre des médecins, à celui des avocats ou des architectes, aux éditeurs, à la Société des gens de lettres, aux organisateurs des salons nationaux de peinture (et plus largement à la France entière). Les accusés répondraient qu'ils ont obéi aux ordres, qu'ils étaient impuissants. C'est exactement ce que Bernard Faÿ déclara à ses juges, dont, à l'en croire, certains avaient participé à des tribunaux d'exception pendant l'Occupation.

On prétendra que cette idée de mettre la France entière au banc des accusés constitue une façon de diluer à l'infini les responsabilités. Il y a quelque chose de juste dans cette objection. Il existe des degrés divers de responsabilité. Et pourtant. Il est vrai que Bernard Faÿ a aidé à instrumentaliser la Bibliothèque nationale. Il en a même tiré gloire. Par vanité et par fierté très certainement d'avoir mené à son terme la tâche qu'on lui avait fixée et en laquelle il voyait un moyen de régénérer le pays. « Le fonctionnement et la réorganisation de la réunion des Bibliothèques nationales de Paris : 15 juin 1940-31 décembre 1942, rapport présenté (par son administrateur) à M. le maréchal de France, chef de l'État » (1943) offre un tableau complet du rôle joué par la Bibliothèque dans le dispositif du « redressement national ». La cause est une fois encore entendue. J'aurais toutefois tendance à croire que Bernard Faÿ accepta de payer le prix de sa nomination, et, plus pour cette raison que par idéologie, fut ainsi obligé de servir ses maîtres. Difficilement, au demeurant, comme le démontre Martine Poulain dans son article du *Gutenberg Jahrbuch*. Bernard Faÿ continua à affirmer durant son procès que le jeu en valait la chandelle : ne créa-t-il pas cinq nouveaux départements, même si certains étaient d'anciens services des imprimés ? Ne tenta-t-il pas, pour la plus grande gloire de la BN, de faire de celle-ci l'organisme gestionnaire et directeur chargé de coordonner et de développer toutes les bibliothèques françaises ? N'entreprit-il pas de restaurer, de rénover et d'agrandir ses bâtiments ? Qu'on le regrette ou non, la Bibliothèque gagna en locaux et en personnel – on embaucha même des « chômeurs intellectuels » durant son mandat. Les collections furent protégées et parfois enrichies. Il n'y eut pas, semble-t-il, de prélèvements, de restitutions ou même de réquisitions au profit des occupants. La Bibliothèque continua à fonctionner. Elle fut préservée. Mais à quel prix ? Au même prix, sûrement, que celui payé par la machine administrative française pour se maintenir et sortir souillée, mais presque intacte, de l'Occupation. Ce qui n'excuse en rien un comportement répréhensible.

On opposera à cette explication résignée le rapport présenté au maréchal par Bernard Faÿ. Il lui fut durement reproché et pesa lourd dans sa condamnation. Je suis sûr que la Bibliothèque nationale ne fut pas la seule administration à dresser un tel bilan. Que firent le Louvre et les grands musées ? Refusèrent-ils d'exclure de leur personnel les Français de confession juive ? Sans doute luttèrent-ils pour préserver leurs collections, mais nous savons aussi qu'ils profitèrent de la saisie des bien juifs pour les enrichir. La culpabilité de la haute administration ne rend pas pour autant plus innocente la gestion de Bernard Faÿ. Elle permet de l'inscrire dans un contexte qui la rendait inévitable et ne relevait que très partiellement d'une idéologie depuis longtemps acquise. Je serais tenté de croire que Bernard Faÿ ne devint véritablement fasciste qu'une fois interné, quand il se définit comme injustement victime de la justice. À cet égard, la lecture de *De la prison de ce monde. Journal, prières et pensées*, journal qu'il a tenu de 1944 à 1952, est éclairante. On y apprend qu'il fut arrêté dans son bureau de la Bibliothèque, tandis que les combats faisaient rage dans Paris. On ne sait pas exactement par qui. Il fut ensuite interné à Drancy et à Fresnes, puis jugé au cours d'un procès qui dura du 30 novembre au 6 décembre 1946 et condamné aux travaux forcés à perpétuité, transféré à Saint-Martin-de-Ré, Fontevrault et Angers, d'où il s'évada le 30 septembre 1951 « alors que son état de santé était désespéré » (?). À Drancy, il passa presque un an, d'août 1944 à juillet 1945, inconscient de sa situation et de ce que représentait alors, avec le retour des déportés survivants, le camp de Drancy. « En ce début d'année, écrit-il, Drancy est un chaos violent de temps et d'espoirs. Vingt mille personnes ont passé ici en cinq mois. On dirait une gare un jour de départ pour les vacances, mais ces vacances sont l'horreur, l'infamie et la mort. » On reste interloqué devant un tel oubli des tragédies récentes. Le ton est à la plainte sur son sort et sur une France qu'il considère vaincue et « absente ». Ces réflexions sur Drancy indignent à juste titre. Selon lui, il n'a à se reprocher que son imprudence. « La grande imprudence ce fut de rester en France de 40 à 44, de rêver à son relèvement, d'y consacrer toutes mes forces, d'y risquer ma vie, de croire en elle. » Face à ses juges, il argumente : « 1° Je ne me mêlai jamais à rien de policier, 2° je réussis à sauvegarder tout le personnel et toutes les archives de la Bibliothèque nationale durant ces quatre ans,

3° ni directement, ni indirectement personne n'avait dû son arrestation à un acte venant de moi... » C'est peut-être vrai. Mais Faÿ oubliait qu'il avait permis que la police et la Gestapo fissent leur travail.

Sa défense est proche de celle de tous les accusés de collaboration, jusqu'à Maurice Papon. Il a obéi, sauvé l'essentiel. Il se reconnaît frère en innocence des détenus qu'il côtoie : volontaires de la LVF[1], Henri Béraud, Claude Jeantet et bien d'autres cités dans son journal. Bernard Faÿ me semble être alors devenu plus fasciste que durant son mandat d'administrateur de la Bibliothèque. Avec un délire de la persécution proche de celui de Céline, mais que viennent modérer une autre forme d'écriture et une inquiétude religieuse très réelle. À preuve, une « Prière du temps de Pentecôte pour les Juifs » ambiguë pour une sensibilité d'aujourd'hui, mais empreinte d'humilité. Ses « Trois prières pour mes ennemis », au-delà de la hantise de la persécution, de la dénonciation d'une emprise communiste sur les prisons, constituent un appel à la réconciliation et au pardon. Enfin, la « Prière pour les prisonniers politiques » établit un parallèle entre le sacrifice du Christ et l'emprisonnement des collaborateurs. Ce qui, même en se rappelant que les voies de la Providence sont impénétrables, demeure d'une acceptation difficile. Bernard Faÿ s'opposera d'ailleurs avec force aux évolutions de l'Église catholique. Il compose en 1970 un pamphlet dénonciateur, *L'Église de Judas ?*, qui défend des positions anticonciliaires. Ses écrits politiques de la même époque cèdent à d'étranges assimilations et à une lecture inattendue de la guerre, comme le prouve le titre d'un essai publié en 1969, *La Guerre des*

1. Légion des volontaires français contre le bolchevisme.

trois fous, Hitler, Staline, Roosevelt, qui laissera sceptique jusqu'aux partisans d'une interprétation pathologique des totalitarismes, lesquels se demanderont ce que vient faire le président Roosevelt dans cet asile.

Mais on n'en a jamais vraiment fini de comprendre. Si j'en étais resté là de mon enquête, aux livres j'aurais été piégé, une fois encore. Livres, que de bonheurs vrais et que d'errances on vous doit ! Car la collaboration de Bernard Faÿ fut bien réelle, malgré ses dénégations devant le tribunal et ses protestations d'innocence dans son journal. Elle relève plus largement de ses activités parallèles dans le cadre du Service des sociétés secrètes que de sa gestion de la Bibliothèque nationale, même si celle-ci dépend en dernière instance, comme toutes les administrations de la France occupée, des autorités allemandes. Les services qui administrent les bibliothèques sont placés sous le contrôle du Commandement suprême des forces armées allemandes, qui a créé un Service de protection des bibliothèques (*Bibliotheksschutz*) dont Bernard Faÿ est l'interlocuteur pour toutes les questions concernant le fonctionnement des bibliothèques françaises dans leurs rapports avec les autorités allemandes. Il n'y a pas à s'étonner que, dans les mesures prises par l'administrateur de la Bibliothèque nationale à propos de la lecture aux armées, de l'envoi de livres aux prisonniers, de la constitution de bibliothèques pour les Chantiers de jeunesse, de la refonte des listes de livres recommandés aux usines, aux bibliothèques populaires, rurales ou scolaires, il ait imposé des lectures susceptibles de modeler les esprits selon l'ordre nouveau. Faÿ a retenu de ses travaux sur la diffusion des idées philosophiques dans la seconde moitié du XVIIIe siècle le rôle fondamental de l'imprimé dans la formation des idéologies. Il accepte donc ce rôle et transpose ce qu'il a appris dans sa recherche à la mutation idéologique qu'entreprend l'État français. De même, il est vraisemblable que la défaite lui a révélé le rôle, vrai ou fantasmé, qu'a joué dans cette débâcle la subversion, pensée de fait à l'image du travail de sape de la société d'Ancien Régime auquel a œuvré la maçonnerie. On a l'impression que la chronologie, scrupuleusement respectée jusqu'alors par l'historien, se brouille, que les professions d'objectivité présentes dans les études historiques sont systématiquement reniées.

VII

La mémoire reconstruite des années noires (II)

Dans le concert des interprétations de la débâcle, Bernard Faÿ joua donc sa partition. Il créa, quand une loi du 13 août 1940 décréta la dissolution des sociétés secrètes, le « Service des sociétés secrètes » qui allait travailler avec le Centre d'histoire contemporaine, fondé en 1941 et dépendant directement de la Bibliothèque nationale. Installé dans des locaux réquisitionnés, rue Copernic, à Paris, il employa une quarantaine de personnes pour classer les documents saisis dans les locaux des loges qu'on conserva à la Bibliothèque nationale (loi du 11 mars 1941). Ce Service des sociétés secrètes fut placé sous l'autorité de Bernard Faÿ, qui bénéficia d'un bureau dans les locaux de l'ancien Grand Orient. Placé sous contrôle du Service de sécurité allemand, il travaillait en liaison avec le Centre, qui disposait d'une bibliothèque d'histoire de la France contemporaine, d'une section des archives, d'une section des imprimés et d'un musée permanent des sociétés secrètes dépendant de la Bibliothèque nationale. Le Centre employait des chercheurs extérieurs, sortes de vacataires. Comme on peut l'imaginer sans peine, une des tâches essentielles du Centre sera d'établir une liste des dignitaires maçonniques, utilisée pour les exclure de la fonction publique.

Cette liste fut soumise à de nombreuses corrections et rectifications publiées au *Journal officiel*. En outre, Bernard Faÿ dirigea les *Documents maçonniques*, dont le premier numéro parut en octobre 1941. Il prit une part active à l'exposition « La franc-maçonnerie » organisée au Petit Palais, à Paris, en octobre et novembre 1941. Il existe une photographie où on le voit prononçant le discours d'ouverture d'un cycle de conférences tenu dans la salle des convents du Grand Orient devant une assistance choisie composée de la fine fleur de la collaboration, qui compte Fernand de Brinon, ambassadeur de France en Allemagne, un officier allemand de haut rang, un membre du clergé et des auditeurs d'une stricte élégance.

C'est dire l'enthousiasme collaborationniste de Bernard Faÿ quand il s'agit de la franc-maçonnerie. Dans les *Documents* qu'il dirige, il donne sa mesure : dans chaque numéro, il publie un article qui oscille entre l'étude historique, la dénonciation et l'éditorial de présentation. Il est celui qui donne le ton et dont l'intelligence et la culture, reconnues par les historiens de la franc-maçonnerie eux-mêmes, organise la quête maniaque des archives et fonde historiquement l'idée du complot à laquelle, contrairement à ce que laissaient entendre ses travaux antérieurs, il se rallie totalement avec la défaite. Il semble que ses collaborateurs aient souhaité plus de fermeté encore dans ses prises de position, et ils n'hésitaient pas à glisser dans les *Documents* des articles qui amalgamaient francs-maçons et Juifs. Bernard Faÿ s'en plaindra lors de son procès et développera son argumentation dans *La Guerre des trois fous*. Même si William Gueydan de Roussel, de nationalité suisse, mais agent allemand, a très certainement été son mauvais génie et l'a conduit à radicaliser ses positions, ses comparses ne sont pour la plupart que des hommes de main, chargés des basses besognes sous sa direction apparente et sous celle, plus réelle, des milieux de Vichy gagnés à la collaboration active avec les autorités nazies. Ils établissent des fichiers et des listes, organisent les saisies des biens des loges. Les travaux de Bernard Faÿ antérieurs à la guerre et consacrés à la franc-maçonnerie sont idéologiquement bien en deçà de cette obsession interprétative devenue désormais la sienne. Il est convaincu d'avoir trouvé l'explication de la débâcle et la solution pour enrayer le processus de décadence dont souffrirait la France. On a l'impression qu'il subit une espèce d'éblouissement, une sorte de révélation, au point d'être frappé de cécité et de paranoïa. Sa construction du rôle de la maçonnerie dans la débâcle confirmait les intuitions de sa recherche, dont elle illustrait l'utilité et la pertinence. Elle donnait à l'histoire un sens et à son action une réelle cohérence, et elle lui permettait de croire qu'il servait la patrie et non ses ennemis.

Cette hypothèse permet de comprendre la nature idéologique et intellectuelle de l'engagement de Bernard Faÿ. Il faut lui adjoindre un contexte plus trivial. William Gueydan de Roussel, dont il a préfacé l'ouvrage, recrute dans le personnel de la répression antimaçonnique. Il est à la fois son secrétaire, son chauffeur, son conseiller et son amant. Les documents saisis au domicile de Roussel sont, à cet égard, parfaitement explicites. Selon la terminologie de l'époque, son « patron » est un inverti. Ce qui en fait une proie évidente pour la Gestapo. On sait son surnom, « Nadette », connu dans les milieux interlopes de la capitale. Sans doute Bernard Faÿ adhère-t-il pleinement à la politique de collaboration, même si l'on ne trouve pas chez lui de délires antisémites. Les Juifs ne sont que rarement pris en compte dans ses analyses, et encore faut-il qu'ils apparaissent liés à la maçonnerie.

Grâce aux fonds dont il dispose, Gueydan de Roussel, qui possède un numéro de code de la Gestapo, transforme le Service des sociétés secrètes en un repaire d'informateurs stipendiés qui organise saisies et perquisitions dans les loges, rapporte les rumeurs circulant parmi le personnel, signale à l'attention de la police tous ceux qu'il juge suspects ou gagnés à la Résistance. Ce sont là des services réguliers et importants rendus à la Milice et à la Gestapo. Car, au-delà des aspects relevant davantage de l'amateurisme que du travail précis d'information et de surveillance, Roussel parvint à tisser un réseau. Un Américain du nom de Guillaume de Van, probablement lui aussi au service de la police allemande, obtint un poste de responsabilité au département de musique. Même si Gueydan de Roussel recrute surtout dans les milieux de la collaboration et du Service des sociétés secrètes, rien n'interdit de croire que cet agent a aussi eu recours à des employés, des magasiniers de la Bibliothèque elle-même. À la Libération, des poursuites furent engagées contre certains membres du réseau. Des peines d'emprisonnement furent prononcées. Gueydan de Roussel utilisa les filières nazies pour s'échapper vers la Suisse d'abord, puis vers l'Amérique du Sud. Un peu plus tard, il mourut au Chili, après avoir été contacté à Genève par des agents français qui, avec l'aval des autorités helvétiques, purent l'interroger à loisir sur ses activités durant l'Occupation. Guillaume de Van fut jugé et condamné par contumace, semble-t-il.

Par suite de dénonciations, certains bibliothécaires résistants furent arrêtés, torturés, déportés ou fusillés. On interna au camp de Pithiviers vingt-six employés et gardiens soupçonnés de projet d'attentat. Bernard Faÿ intervint, pense-t-on, pour les faire élargir. Il y eut des résistants authentiques pour sauver l'honneur. Ni plus ni moins nombreux que dans la France occupée. Dans le réseau de Gueydan de Roussel, on retrouve des dénonciateurs par idéologie et ceux qui collaborent par appât du gain ou par peur. Et, du côté, des résistants la même diversité d'appartenance, sans doute, que dans les réseaux nationaux. Entre les uns et les autres, on trouve le marais, la masse de ceux qui cherchent à survivre et ne voient guère plus loin que leur assiette. Quelques-uns d'entre eux, qu'on appelait alors « les résistants de la dernière heure », se firent vraisemblablement les coupeurs de cheveux des femmes qu'on soupçonnait d'avoir eu des relations amoureuses avec des Allemands. Et ce, bien évidemment, à défaut de pouvoir couper des têtes.

L'enquête sur le presque contemporain n'est jamais vraiment close. Elle me paraît même sans limites. Comme par hasard, on recueille un témoignage, on découvre une source ignorée mais de grand intérêt, et qui vient donner un nouvel éclairage à ce qui semblait acquis. Fort d'informations inédites, riche d'une nouvelle hypothèse, ou saisi d'un dernier scrupule, on relit un document qu'on pense avoir mal interprété. Par expérience, j'ai même l'impression que le hasard y joue un rôle bien plus important que dans les recherches consacrées à un passé lointain. La présente enquête a connu ces remises en cause, bénéficié de ces scrupules de dernière heure et de résurgences inattendues. Dans une première approche trop sommaire, j'avais pris *La Guerre des trois fous* de Bernard Faÿ pour une analyse de la Deuxième Guerre mondiale. Les premières pages, racontant une tournée de l'auteur aux États-Unis pour le compte du *Figaro* à la veille de la guerre, incluant un entretien avec le président Roosevelt, me semblaient confirmer mes *a priori*. J'en restai donc là, convaincu que le livre ne m'apprendrait rien que je ne savais déjà. J'eus un dernier scrupule et bien m'en prit. Si Faÿ souligne, au-delà du nécessaire, l'appartenance maçonnique de Roosevelt, laissant entendre que ce fait confirme le rôle joué par la franc-maçonnerie dans le déclenchement de la guerre, si le livre reprend le système de défense employé par lui devant la Haute Cour, il contient aussi sur le fonctionnement de la Bibliothèque nationale durant l'Occupation des informations qui ne sont pas négligeables.

Bernard Faÿ tente d'y définir une spécificité du monde des bibliothèques qu'on ne peut écarter d'emblée. Le constat sur lequel se construit son analyse est certes assez banal mais vrai : « Cette bibliothèque comme toutes les autres se composait de livres, de poussière et d'hommes vivant dans les livres et dans cette poussière. » L'analyse des personnels et des lecteurs, pour cruelle qu'elle soit, n'est pas pour autant à rejeter. Bernard Faÿ y voit « des gens cultivés, mal payés, astreints à un travail minutieux et monotone, dans des locaux peu nettoyés, peu aérés, au contact d'un public plus nerveux encore qu'eux et de gardiens mal portants, toujours prêts à recourir à leurs syndicats » (p. 204). La solution, à l'en croire – mais comment s'en assurer ? –, fut d'augmenter les salaires, de faciliter les promotions, de créer de nouveaux départements. Ces nouveaux départements furent réellement créés. Des « chômeurs intellectuels », on l'a dit, furent embauchés : voilà ce qui est certain.

Si l'obsession antimaçonnique demeure encore présente plus de vingt ans après l'Occupation, Faÿ se rappelle enfin la présence des Juifs dans ce Drancy où il fut interné, et qui était alors « vidé des malheureux Juifs que les Allemands y réunissaient pour les déporter ». Il affirme même qu'il essaya d'aider Julien Cain à fuir et qu'il lui aurait permis, par son influence, d'être « bibliothécaire dans un camp » (p. 228). Titre de gloire ambigu que je n'ai pu vérifier. Il fait état de son dégoût pour les mesures antijuives prises par Vichy et va jusqu'à prétendre avoir caché « de son mieux en zone sud nos bibliothécaires juifs et juives ». Quant aux mesures antimaçonniques, il tient à les distinguer de la politique défendue par Otto Abetz, pour qui « on envahit les loges, on les pille, puis on exerce sur les maçons un chantage, qui les transforme en agents nazis, involontaires mais zélés » (p. 207). Il évoque des contacts pris avec la Résistance au début d'août 1944, dans lesquels serait intervenu La Roque, et souligne le rôle néfaste que joua Gueydan de Roussel, désigné comme « le Suisse ».

La crédibilité de telles affirmations demeure hypothétique. Il n'est évidemment plus alors celui qu'il a été, tout en utilisant encore certaines des sources de la collaboration non repentie. Je n'éprouve pourtant guère de sympathie pour cet homme empêtré dans ses contradictions, son désir d'innocence, ses certitudes d'avoir préservé l'essentiel, ses peurs devant l'immensité de ses complicités. Une seule de ses faiblesses m'émeut, parce qu'elle lui donne une parcelle d'humanité à laquelle je suis sensible : son amour des livres, qui expliquerait, à lui seul, son acceptation de la direction de la Bibliothèque nationale. « Depuis le début de mon enfance, les livres furent mes meilleurs compagnons ; durant sept ans, ils furent les seuls avec ma mère. Ensuite, ils restèrent les plus constants et les plus aimés, ou du moins l'universelle ressource. Je n'allais pas les abandonner aujourd'hui où je les savais en danger, où ils pouvaient disparaître dans la tourmente; et pour le reste, ennemis, difficultés, dangers, au fond, peu m'importait; je jouerais le jeu que tous devaient jouer en ce bouleversement, et j'aurais la satisfaction de le faire sur un terrain que je connaissais pour des objets chers, et de le faire sans illusion.» Dans un premier élan, je serais tenté d'écrire qu'un homme qui aime tant les livres ne peut être totalement coupable. Mais les faits m'en empêchent. Les livres sont comme la langue selon Ésope. J'ai suffisamment défendu la thèse de l'historicité de leur lecture pour ne pas accepter une variabilité des influences qu'ils exercent. Je suis certain que Jean Prévost, mort dans les combats du Vercors, les résistants de la Bibliothèque nationale, les francs-maçons persécutés, les lecteurs indifférents aux malheurs du temps eux-mêmes et d'autres collaborateurs les aimaient tout autant que Bernard Faÿ. Je pense à ces résistants des bibliothèques courant le risque de la torture et de la mort et, la paix revenue, reprenant humblement leurs habitudes comme si rien ne s'était passé, je me souviens de mon père et de ses silences, pour en conclure que l'amour des livres n'y faisait rien. Certainement un peu moins que les choix politiques d'avant la débâcle et beaucoup moins encore qu'une certaine éthique et le sens de sa propre dignité.

Dans un entretien avec Jean José Marchand publié dans *Histoires littéraires* n° 21 (du deuxième trimestre de l'année où j'achève d'écrire ce livre), la Bibliothèque nationale des années d'Occupation est évoquée, puisque Jean José Marchand fut l'un de ces «chômeurs intellectuels» à qui Bernard Faÿ se glorifie d'avoir donné du travail. Comme souvent dans les témoignages sur cette époque, on est surpris par une mise à distance des malheurs du temps, un peu trop vite réduits aux difficultés à survivre et à travailler. Qu'on ne prenne pas cette remarque pour un jugement. J'ai assez souffert de la faim en ces années-là et vu ma mère se dépenser afin de se procurer de quoi nous nourrir pour savoir quelle énergie devait nécessairement être mobilisée au service de la satisfaction des besoins élémentaires. Il n'est pas facile de trouver sur cette époque des récits de lecteurs. Certains, après la guerre, ont préféré oublier. D'autres ont témoigné, mais rarement, des aléas de la vie au jour le jour. La volonté politique d'exalter une France résistante, l'extrême malheur de ceux qui avaient connu la désespérance des camps rendaient presque honteuse l'écriture d'un quotidien somme toute banal, comparé aux enjeux et aux défis de ceux que l'histoire convoquait.

J'ai relu le *Journal des années noires* de Jean Guéhenno. Il est plus d'un moraliste que d'un témoin de la vie courante, bien que les références culinaires, signe des temps, y soient plus nombreuses que dans le *Journal d'un homme de quarante ans.* On y sent les refus, la colère, les frustrations, la douleur, même, de constater que la collaboration séduit parfois les plus jeunes, qu'il faut se plier dans sa salle de cours à l'obligation de taire ce que l'on pense parce que la délation est devenue une sorte de pratique civique. Rien n'apparaît dans ces pages qui ait trait à la Bibliothèque nationale ou à Bernard Faÿ. Le professeur de khâgne prépare ses cours chez lui à l'aide de ses propres livres, fréquente en cas de nécessité la bibliothèque de l'École normale. S'il fait état de propos défaitistes ou même de franches incitations à collaborer émanant de certains de ses collègues, son cercle d'amis demeure celui de l'avant-guerre et professe une réelle hostilité à Vichy et aux troupes d'occupation. Enfin, si Jean Guéhenno a été un homme du livre, il n'apparaît pas ici comme un homme de bibliothèque ou, s'il l'a été, il a sur ce sujet peu écrit.

Rien de tel avec Raymond Queneau. À partir de ce que je savais de lui, j'avais déduit, avec raison, un goût prononcé pour les bibliothèques. Sans forcer le trait, je l'imaginai durant des années pilier de la salle Labrouste. Il m'arrivait même d'y imaginer sa silhouette enrobée arpentant la travée centrale. Sans avoir besoin de fermer les yeux, je percevais de ma place, au-dessus des casiers de rangement, son pas lent, sa crinière grise et, au-dessous, ses lunettes de myope, sa tête penchée de rêveur éveillé. Je connaissais de nombreuses photos de lui. J'avais lu *Odile*, *Zazie* et *Les Enfants du limon*, *Pierrot mon ami ;* je connaissais ses chansons et ses poèmes, son goût pour la déambulation parisienne, sa fausse naïveté. Dans le cortège qui accompagnait la dépouille d'André Breton, le hasard avait fait que je marchais derrière lui et Mouloudji. J'avais commenté pour le *Panorama* de France Culture quelques-uns de ses textes qu'appréciaient les collaborateurs oulipiens de l'émission, et j'étais sûr que ma quête ne serait pas vaine. Ainsi le journal de guerre de Raymond Queneau (*Journal, 1939-1940*, suivi de *Philosophes et Voyous*, Gallimard, 1986), dont je remarque aujourd'hui que l'édition est due à Jean José Marchand, qu'on vient juste d'évoquer.

Ce journal de guerre de Queneau est incomplet. Il s'arrête en décembre 1940, si ma mémoire est bonne, et ne reprend qu'en août 1944. Des fragments en avaient paru dans *Bâtons, Chiffres et Lettres* (première édition : 1950), avant l'édition des *Journaux* établie avec un grand soin philologique par Anne-Isabelle Queneau (1996), mais dont certaines notes biographiques – je pense en priorité à celle consacrée à Julien Cain – sont approximatives. On peut regretter cette lacune (1941-1944), somme toute étrange, car Queneau a conservé soigneusement jusqu'à ses carnets de lycéen. L'étonnante sincérité dont il fait preuve me conduirait à penser que, dans un souci d'apaisement, il n'a peut-être pas voulu livrer au public les pages consacrées à l'Occupation. De fait, on comprend mal sans ces pages égarées certaines évolutions sidérantes comme celle de Georges Bataille, que Queneau juge partisan du collaborationnisme (18 novembre 1940) et à qui il fait dire en 1945 (27 juillet) qu'il est tenté par le communisme.

Dans l'univers de Raymond Queneau, les bibliothèques occupent une place considérable. Et ce dès les années de lycée au Havre. Queneau note très tôt sa fréquentation presque journalière de la bibliothèque municipale, allant parfois jusqu'à indiquer ses heures d'arrivée, le temps passé et le détail de ses lectures. Il en éprouve quelquefois une sensation d'écœurement : « Je me suis barbé 3 heures à la Bibl… Je commence à en avoir marre. Depuis un mois je passe mes journées de la même façon : faire un billard avec L.P., puis aller à la Bibl… » (12 octobre 1920). Lorsqu'il vient à Paris pour y entreprendre des études supérieures, la bibliothèque lui apparaît vite comme un moyen de lutter contre le sentiment d'abandon du provincial à Paris. « [Ensuite] je sais employer mon temps d'une autre façon, en attendant [en allant] soit à la bibliothèque de la Sorbonne, soit à la bibliothèque Sainte-Geneviève » (12 novembre 1920). Tout au long des années d'étude, plus ou moins incertaines d'ailleurs, la fréquentation des bibliothèques représente sa seule assiduité réelle. Leur présence est constante dans le journal. À la différence des cours, jamais cités.

La bibliothèque, pour Queneau, n'est pas vraiment un lieu

de sociabilité, mais de découverte intellectuelle. Il y lit ce qui servira ses études et lui assurera le succès au baccalauréat et ce qui relève d'intérêts extrascolaires ou extra-universitaires. Ainsi au Havre, il lit Max Stirner, mais aussi Mallarmé, Barbusse, Léon Bloy, Delvau, Schuré, Ménard, Le Bon, G. de Pawlowsky… Cet usage de la bibliothèque se maintient à Paris, avec une tendance plus marquée pour les lectures de hasard, au gré des rayons d'usuels. D'où son indignation quand l'accès à tous les livres passe par la demande écrite. En septembre 1928, le journal indique : « À la bibliothèque Sainte-Geneviève, il n'y a plus de livres sur les rayons ; tous les employés réclament des fiches. Je ne sais plus ce que je veux. À l'Oxford Library, c'est la même chose. » La bibliothèque permet de mesurer l'activité intellectuelle. « Sans doute je suis actuellement désœuvré. Les bibliothèques sont sans attirance pour moi car je n'y trouve rien pouvant m'intéresser. Parfois un livre sur le gnoticisme me retient, – une heure à peine. »

Quand, à partir de 1927, Queneau note et analyse ses rêves, les bibliothèques y jouent un grand rôle. Transformées en palaces (janvier), frappées de désordre ou trop réglementées, elles le hantent. Il est parfois difficile de déterminer ce qui appartient à un séjour réel en bibliothèque ou relève du rêve. À partir des années 1930, Queneau fréquente la Bibliothèque nationale. C'est là qu'il mène son enquête sur les « fous littéraires », espérant, confie-t-il, y découvrir un génie ignoré. La Nationale semble alors attirer nombre d'intellectuels ou d'artistes. Le 23 novembre 1931, on apprend que « Masson [le peintre André Masson] veut aller à la BN. Mais ses papiers ne sont pas en règle. Notamment son livret militaire ». Ce qui demanderait une enquête sur les contrôles exercés alors sur les entrées. Peu à peu, la Bibliothèque de Queneau se socialise. Il y rend visite à Georges Bataille et y rencontre Audiberti. À l'incitation de Georges Bataille, il songe à s'y faire embaucher.

Comme il est normal avec Raymond Queneau, je me suis éloigné du sujet initial : les lecteurs durant l'Occupation. Et pourtant, je ne crois pas avoir perdu mon temps ni fait perdre celui de mon lecteur en transcrivant ce dialogue de 1921. « Expédition à l'Arsenal : (J'entre :) B. — Monsieur, veuillez fermer cette porte, vous nous mettez dans les courants d'air. (Je vais fermer la porte.) B. — Vous ne faites pas de bulletin ? M. — Pardon, monsieur, je ne savais pas, c'est la première fois que je viens ici. B. — Eh bien, la prochaine fois souvenez-vous de fermer les portes et de faire un bulletin. Ce sont les seules conditions exigées. Quel ouvrage désirez-vous ? M. — *Les Modifications phonétiques du langage* de l'abbé Rousselot. B. — Nous n'avons pas. C'est un ouvrage très spécial. M. — Et avez-vous la *Jeunesse de B. Constant* de Rudler ? B. — Certainement. (Il cherche dans le catalogue.) — Non, nous n'avons pas. Vous désirez un autre ouvrage ? M. (Pris de court, je réponds.) — Euh, euh, *Le Procès de Cl. Lepetit de La Chèvre ?* B. (Cherchant dans les fiches.) — Non, nous n'avons pas. M. — Eh bien donnez-moi Des Barreaux. B. — Bien. Mais voilà qui nous change de l'abbé Rousselot. M. — O O O. B. — Zo kôstat, sîplomâ. (Je constate, simplement.) » Sacré Raymond ! Qui n'aura reconnu les obsessions de certains bibliothécaires maniaques et frileux, la perversité du lecteur qui cherche à prendre le bibliothécaire en défaut et l'irruption de l'irrationnel sous la forme de cette transcription phonétique ici incongrue. Cependant, j'en suis toujours à me demander ce qu'il en était des lecteurs de la Bibliothèque nationale durant l'Occupation. Je décrète donc un abandon temporaire.

On finira un jour par tout connaître de cette sombre histoire de la Bibliothèque nationale, de son administration et de ses lecteurs. La volonté de savoir existe. Le hasard faisant bien les choses, on a déjà retrouvé le journal de Gueydan de Roussel dans l'appartement qu'il occupait et qui fut réquisitionné au bénéfice de la préfecture de Police. Il avait été dissimulé dans un conduit de la cheminée. On l'archiva sans l'exploiter jusqu'à une date récente. Les informations qu'il contient éclairent d'un nouveau jour ce que fut la gestion de Bernard Faÿ. Encore doit-on ne pas céder aux reconstructions trop étroitement finalistes. La réalité est toujours plus complexe et plus ambiguë que le schéma explicatif que la postérité en propose comme pour se rassurer. Si la désoccultation relève du devoir de mémoire, l'enquêteur n'a pas pourtant à s'ériger en juge, à tenter d'imposer des cohérences qui banalisent les comportements les plus inqualifiables.

Le collaborateur déterminé par son milieu, tel que souvent on l'analyse, n'est guère crédible. Une telle mise en perspective nie le choc de l'événement, rend inutile l'interrogation sur les causes, même si l'environnement, les circonstances permettent de comprendre. Doriot venait de l'extrême gauche et Claude Roy de l'Action française. Il est enfin trop facile, à plus d'un demi-siècle de distance, de faire la leçon au passé. Un seul magistrat (un juge, si j'ai bonne mémoire) refusa de signer le serment de fidélité au maréchal Pétain. On ne dit pas ce qu'il advint de lui. On peut craindre le pire. Le chiffre fait honte. Mais je me demande combien d'enseignants ont refusé de prêter serment au maréchal ou de postuler à une chaire dont venait d'être chassé un collègue juif.

La haute administration ne fut guère rebelle à l'ordre nouveau. Si quelques jeunes diplomates, dont Christian Fouché, qu'on conspua pour je ne sais quelle réforme de l'Éducation nationale, rallièrent Londres, combien demeurèrent à leur poste et servirent le régime de Vichy en affirmant servir la France ? Parle-t-on pour autant de collaboration ? Doit-on établir des distinguos subtils entre la collaboration active et une autre, passive, parce qu'il faut bien vivre et que le maintien d'une administration française dans un pays occupé n'était pas dénué d'importance pour l'avenir ?

Il y eut des exécutants dociles à tous les niveaux. Un conservateur en mission à Clermont-Ferrand sur ordre de Bernard Faÿ, nommé Georges Bataille, fut pressenti pour la gestion du Dépôt légal installé en zone libre. Je ne crois pas que certaines ambiguïtés de la revue *Acéphale* permettent de comprendre qu'on l'ait pressenti pour une tâche qui relevait de la collaboration au quotidien. Les propos qu'il tenait sur la collaboration et que Raymond Queneau rapporte dans ses journaux ne constituent pas non plus une explication convaincante. Dans un pays occupé, il est impossible d'être neutre. Marguerite Duras travailla dans un organisme géré par les autorités d'occupation et qui était chargé de répartir le papier d'imprimerie entre les éditeurs et les journaux. Combien d'autres travaillèrent pour les Allemands sans pour cela être convertis au nazisme ? Peut-on oublier, d'autre part, Simone de Beauvoir, qui écrivit, je crois, des chroniques pour Radio Paris ? « Radio Paris ment, Radio Paris est allemand », j'ai encore dans la tête cette ritournelle chantée dans les premiers mois de 1944.

Si l'on excepte ceux qui ont choisi la lutte armée, ceux qui dissimulèrent leurs activités résistantes sous des apparences de maréchalisme, tous ont été complices de la collaboration, à des degrés divers. La mainmise de l'Allemagne sur la France, l'appareil d'État au service de l'occupant faisaient de la collaboration, voulue ou non, une réalité quotidienne à laquelle tous les Français, sous une forme ou une autre, furent confrontés. Je me demande si tel haut fonctionnaire du ministère de l'Éducation nationale, dont je lis la signature au bas d'une circulaire rappelant au conservateur d'une bibliothèque ses obligations envers les lecteurs et le personnel juifs et la nécessité d'appliquer strictement la liste Otto, a été inquiété en 1944. Il me semble que son nom apparaissait encore sur des circulaires provenant du ministère quand j'étais jeune agrégé.

Et les lecteurs de la Bibliothèque nationale, parviendra-t-on à réveiller leurs cendres oubliées? Il est trop tard pour retrouver des témoins vivants prêts à raconter leurs journées de lecture d'alors. Il reste les mémoires, les journaux tenus par les uns et les autres. Mais on peut craindre qu'ils n'aient rien vu et rien noté. Ceux des habitués de la rue de Richelieu qui étaient disposés à regarder d'un œil critique ces lecteurs assidus et indifférents aux incendies du monde ne venaient plus à la Bibliothèque. Comment voyaient ces lecteurs ceux qui, à l'intérieur de la Bibliothèque nationale, organisaient la Résistance? Car il y en eut qui firent preuve de ce courage – certains aujourd'hui octogénaires, d'autres qui le payèrent de leur vie. Sans risque d'erreur et de simplification outrancière, on ne peut décider de reconstruire ces lecteurs de guerre, nos frères, à partir de ce que nous savons de la lâcheté humaine dont l'Occupation a donné la mesure. Qu'on se souvienne du pillage par les voisins des appartements, fussent-ils très modestes, des Juifs déportés, des millions de lettres de dénonciation envoyées à la préfecture de Police ! La tentation est grande de céder au pessimisme. Mais ce serait oublier ce que nous savons des évolutions dans un sens comme dans l'autre. Comme l'Occupation a révélé des vocations fascistes – il y en eut même de gauche et dans les milieux du pacifisme, qu'on tait –, elle a aussi révélé des héros. Pourquoi ne pas admettre, sans en avoir les preuves comptables, que certains des hommes du livre et de la lecture, peu nombreux sans doute, se firent distributeurs de tracts, imprimeurs clandestins, auteurs de graffitis anti-allemands et sont allés parfois plus loin encore au risque de leur vie ? La France libérée, les survivants ont repris modestement leurs habitudes de lecture. Grâce leur soit rendue d'avoir sauvé l'honneur pour retrouver la paix du livre !

L'avaient-ils jamais abandonné, ce doux rivage de la lecture, les lecteurs de l'Occupation ? Une idée reçue veut qu'en ces temps de froid, de désespoir et de faim on ait lu avec une plus grande avidité. Colette remarquait des jeunes gens plus nombreux à se pencher sur les boîtes des bouquinistes. L'observation a-t-elle une valeur ? Un ami de mon père, résistant, racontait, lorsque j'étais enfant, qu'une des boîtes des quais, avec la complicité du libraire, lui servait de boîte aux lettres. Dans le journal qu'il tint pendant l'Occupation, Guéhenno ne signale aucune passion nouvelle pour la lecture. Et pourtant, si les quelques statistiques que nous possédons montrent une baisse de la fréquentation de la Bibliothèque nationale, malgré la création de départements nouveaux ouverts au public, dans les bibliothèques municipales, elle connut une forte augmentation.

La hausse ou la baisse de fréquentation des bibliothèques n'est pas vraiment significative. Il faut tenir compte des prisonniers en Allemagne, des exclus de la lecture (en juillet 1942, les lois sur le statut des Juifs stipulent que les bibliothèques d'étude ou de lecture publique leur sont interdites), des peurs et des craintes qu'entraînent les contrôles policiers. On lit plus, mais chez soi. Surtout des livres d'évasion comme *Premier de cordée* de Frison-Roche (1943) ou *Le Passe-muraille* de Marcel Aymé (1943), *Autant en emporte le vent* de Margaret Mitchell, dont la première traduction date de 1937, et dont on publie en 1939 la onzième édition, *Moby Dick*, dont la traduction, due à la collaboration de Jean Giono, Lucien Jacques et Joan Smith, paraît en 1941 chez Gallimard. On lit aussi beaucoup de romans policiers, chez Gallimard et chez Hachette, car la célèbre collection « Le Masque » interrompt, semble-t-il, ses publications en 1940, pour les reprendre ensuite, craignant sans doute que ses romans d'espionnage parus à la veille de la guerre, comme les séries du « Pied bot » ou du « Poisson chinois », très antinazie pour la première, ne lui attirent des ennuis. On lit également des récits de voyage, consolants en cette période où il est si difficile de se déplacer, des romans du XXe siècle et des guides utiles pour la vie pratique, tout particulièrement des livres de cuisine, parfois adaptés aux restrictions. Il semble que la demande de livres hostiles ou favorables à l'Allemagne soit extrêmement faible, si l'on excepte l'extraordinaire succès que connaissent les pamphlets de Céline (*Les Beaux Draps*) – qui n'atteignirent pas, au demeurant, les fabuleux tirages qu'indique la page de titre. Cette discrétion ou ce désintérêt des lecteurs n'est pas facile à interpréter : ils illustrent aussi bien la volonté d'échapper aux dures réalités du temps que la prudence nécessaire de ne pas montrer ses opinions.

Ces informations sur la lecture durant l'Occupation s'appliquent peu à la Bibliothèque nationale. Sans doute était-il possible d'y lire des romans et des ouvrages d'intérêt général : aujourd'hui, cette pratique existe, mais la BN demeure pour l'essentiel une bibliothèque d'étude et elle l'a été plus encore par ses conditions draconiennes d'accès. On a continué à fréquenter la Bibliothèque nationale pour y lire des ouvrages d'érudition, pour y réunir par exemple la documentation indispensable à la rédaction de sa thèse. Dans le domaine de la littérature française, il y eut de nombreuses thèses soutenues en 1944, et, quand on sait les années consacrées alors à la préparation de la thèse d'État, celles qui furent soutenues dans les années 1950 avaient été commencées pour nombre d'entre elles avant même 1940. On se réjouira que la Bibliothèque nationale ait accueilli, en cette période de guerre, de jeunes enseignants qui pensaient plus à leurs recherches qu'à l'Europe nouvelle.

Me faut-il croire à une variante du « hasard objectif » ou au surgissement inattendu, mais prévisible en ce travail que je tente de mener à bien ? Je me surprends parfois à croire qu'il existe un génie du lieu. Non de cette construction de Tolbiac, à laquelle péniblement je me résigne, mais de ce qu'il conserve dans les documents et les livres de ses collections et qu'il fait resurgir, en écho à mon travail, comme un appel qui m'est personnellement adressé. Depuis une quinzaine de jours, voilà que des vitrines modestes, près des salles d'exposition, présentent un hommage à Julien Cain. Je me suis arrêté plusieurs fois pour regarder les photographies et les documents, sans pouvoir m'empêcher de songer que cette vie-là a quand même une autre dignité que celle de Sartre, qu'on célèbre à quelques mètres avec un peu trop d'éclat. Penché sur les vitrines, je donne enfin un visage à Julien Cain : un homme de grande stature, sans doute roux, avec cette allure réservée qu'on rencontre souvent chez les grands serviteurs de l'État. Le regard n'est pas masqué par les lunettes ; l'homme regarde droit devant lui dans tous les portraits, à l'exception de ceux où il lit à son bureau ou examine une œuvre dans une exposition qu'il inaugure. Il dépasse parfois de la tête ceux qui le côtoient. Des photographies de groupe du lycée Condorcet à celles, amicales, de sa maison de Louveciennes, on le devine solide, comme attaché aux choses qui l'entourent. À l'aise dans le désordre de son bureau, qui me rappelle celui des portraits de Dumézil. Son portrait par Man Ray, guère original, révèle pourtant un regard comme absent, que j'attribuerais volontiers aux grands lecteurs, qui ont besoin comme d'un long moment d'accommodation quand ils lèvent les yeux du livre qu'ils sont en train de lire. Une page de *L'Illustration* – revue qui ne survécut pas à ses compromissions avec les autorités allemandes – datée du 24 mai 1930 annonce sa nomination en tant qu'administrateur de la Bibliothèque nationale, poste où il succède à Roland Marcel, dont j'ignore tout. Je m'efforce de déchiffrer des lettres que lui adressèrent Henri Focillon et Lucien Febvre, en me demandant ce que représentent ces deux grands noms de l'historiographie pour les jeunes lecteurs d'aujourd'hui. Je m'attarde sur des photos qui le montrent en compagnie de Pablo Picasso ou de Georges Braque, de Georges Mandel, de Pierre Mendès France, et qui illustrent plus qu'un long discours le fait que la fonction d'administrateur relève à la fois de la culture et de la politique. Je me sens reporté en arrière : sur une photo prise dans sa propriété de

Louveciennes, Julien Cain pose entouré de Maurice Druon, d'Elsa Triolet et de Louis Aragon, qui, image de couple uni oblige, tient tendrement, me semble-t-il, la main de sa compagne. Druon fait jeune. On s'étonne un peu de le voir là avec deux écrivains membres du Parti communiste français. Mais on vit encore, dans ces années-là, la défense et illustration de la France résistante réconciliée. Une deuxième photo avec Madeleine Renaud et Jean-Louis Barrault, autre couple idéal, et les Aragon rappelle l'importance que pouvaient revêtir les communistes dans la vie culturelle au cours des années de l'immédiat après-guerre. Peut-être faut-il admettre que le marketing communiste d'alors en tirait un très grand profit, bien au-delà de son importance réelle. Car sur d'autres photographies apparaissent Colette, François Mauriac, Darius Milhaud, Jules Romains, Saint-John Perse... ce qui aide à rétablir une géographie politique plus exacte.

Dans cet ensemble, deux photographies retiennent mon attention. Sur l'une, Julien en soldat durant la Première Guerre. Il est assis dans sa « cagna » en train d'écrire. Sur l'autre, il pose, entouré de déportés : certains à demi revêtus de l'uniforme de bagnard et lui, Julien Cain, engoncé dans une espèce de capote militaire. Elle est située à Buchenwald et datée d'avril 1945. Dois-je confesser que je m'étonne du caractère presque scolaire de cette photographie de groupe et de l'aspect souriant et satisfait des participants, à l'exception peut-être de Julien Cain ? En les contemplant, je regrette presque les regards hallucinés des photos prises lors de la libération des camps. Elles semblaient plus vraies et facilitaient le commentaire. Les déportés avaient bien vu l'au-delà en vivant l'horreur. Ils en gardaient les stigmates. Regard vide, absent, insensible, tourné vers soi, vers sa souffrance et sa mémoire. Ces sourires, ces visages joyeux nous éloignent de la tragédie. Je me sens presque en manque de malheur codifié.

Dernier retour au passé avec ces vitrines : un dessin de Julien Cain par Boris Taslitzky, fait en captivité (la formule vient de la légende de l'exposition ou du peintre lui-même), en date du 17 novembre 1944. Julien Cain est revêtu de la même capote à col relevé. Il n'est pas différent de la photo que j'évoquais précédemment. Ni plus ni moins joyeux, toujours aussi grave. Quand je travaillais sur le culte rendu à Staline par le Parti communiste français, j'ai souvent rencontré le nom de ce peintre. Différent de Pignon et de Fougeron, plus traditionnel, soucieux de la qualité picturale, du dessin et du modelé. Et vraisemblablement hostile à Picasso. Avec une grande délicatesse, un certain académisme même, il peignait ou dessinait la misère, les malheurs de la guerre et la souffrance des Algériens. Cela fait quand même beaucoup de communistes autour de Julien Cain.

Je me réjouis de cet hommage mérité. Je vante l'exposition aux uns et aux autres. Seuls quelques conservateurs semblent connaître le nom de Julien Cain. Le temps qui passe l'a effacé des mémoires tout comme celui de Bernard Faÿ. Le temps ne choisit pas entre les bons et les autres, entre les bourreaux et les victimes. Il répand le sable uniformément. Puissants ou misérables, innocents ou coupables, tous sont plongés dans l'oubli. Ce que nous avons appris de la barque de Charon et du Léthé me semble toujours aussi beau, mais guère convaincant. Que les morts oublient n'a guère d'importance, puisque seule compte la mémoire de ceux qui leur succèdent. Il est des morts qui cessent d'être vivants dans notre souvenir, et que l'on tue un peu plus en cessant de leur rendre l'hommage de notre mémoire. Grâce soit rendue à ceux qui m'ont permis de donner un visage à Julien Cain. Je voudrais pourtant leur rappeler que Julien ne fut pas destitué parce que Juif, mais pour responsabilité dans la défaite.

Je savais que M. Breillat avait succédé à Pichard du Page comme conservateur de la bibliothèque municipale de Versailles. J'avais rencontré plusieurs fois son nom, au hasard du catalogue, en travaillant à la bibliothèque. Une vague rumeur qui circulait dans les milieux bien-pensants (Dieu sait s'ils étaient nombreux à l'ombre du château) laissait entendre qu'il était allé un peu loin en 1945. Sans chercher plus avant et sachant qu'à la Libération la ville, qui avait beaucoup à se faire pardonner, s'était dotée d'une délégation municipale provisoire – installée dès l'été 1944 et que présidait, je crois, Émile Labeyrie, homme d'extrême gauche, possesseur d'une magnifique collection de Delacroix et ancien gouverneur de la Banque de France durant le Front populaire –, je supposai que Pichard du Page en avait été membre et que, la peur passée, on le lui avait reproché. Cette assemblée d'extrême gauche, mais portant beau et distinguée, me sembla aller parfaitement avec ce que je savais de la ville.

En 1969, nous nous installâmes dans un entresol de l'hôtel des Inspecteurs de la rue Hardy, situé juste en face du potager du roi. Une voisine nous raconta que René Pichard du Page y avait fini assez tristement sa vie, sans héritiers ou négligé par sa famille. On avait employé les grands moyens pour vider à sa mort l'appartement de ses innombrables livres. Un camion était entré dans la cour et on y avait jeté les livres qui, à en croire notre voisine, étaient destinés à la décharge. J'en éprouvai quelque peine, mais je n'eus pas la présence d'esprit d'en parler à M. Breillat. Quelques années plus tard, chez un ferrailleur, près du lycée Hoche, j'achetai un dessin colorié de notre salon de la rue Hardy de la main de Pichard du Page. Il dort depuis dans un carton à dessins et il me rappelle, quand je le regarde, les années heureuses passées à lire et à travailler à la bibliothèque municipale, rue de l'Indépendance-américaine, où j'allais en flânant en quelques minutes.

L'enquête menée sur Bernard Faÿ m'a révélé mon erreur. Pichard du Page n'avait point frayé avec l'extrême gauche. Il avait été destitué en 1944 et peut-être frappé d'indignité nationale ou mis d'office à la retraite pour fait de collaboration, comme membre actif du groupe « Collaboration ». J'ai lu quelques-uns de ses articles d'alors. Il était totalement gagné à la cause allemande. Par angélisme, goût de l'ordre et comme beaucoup de ces collaborateurs par pacifisme. Il rêvait, dormeur mal réveillé, d'une Europe franco-allemande. Son maître à penser était Alphonse de Châteaubriant. Rien que de tristement banal. Dans ce que j'ai lu, pas trace chez lui d'antisémitisme ou même d'idéologie fasciste à la Doriot ou à la Déat. Une grande platitude de pensée sous l'exaltation franco-allemande. Il envoya, avec une longue dédicace, un exemplaire d'un de ses livres, publié en 1962, à Julien Cain, qui le conserva et le transmit à la Bibliothèque nationale avec tout un ensemble de documents. Je ne sais ce qui m'étonne le plus : l'inconscience de René Hyppolite Pichard du Page ou l'immense respect pour le livre que professait Julien Cain, au point de conserver celui-ci avec sa dédicace.

VIII

Des livres qu'on brûle, qu'on mutile ou qu'on pervertit

De ma vie, je n'ai jamais vu de bûchers où se consumaient des livres. Adolescent, j'allais regarder dans la chaude nuit des vacances les feux de la Saint-Jean et, au printemps 1945, je regardai fasciné un bûcher autour duquel je dansais avec d'autres enfants. Il y brûlait un mannequin de paille revêtu de vieux oripeaux, censé représenter par sa seule mèche et sa moustache en balai brosse Adolf Hitler ; avant que le feu ne prenne, les spectateurs présents avaient été invités à venir lui « pisser à la raie ». Jamais je n'ai vu brûler un livre. Je n'ai même jamais eu le courage de jeter dans la chaudière du chauffage central ou dans la cheminée des livres achetés trop vite et auxquels manquaient des pages ou qui, collés et non cousus, perdaient leurs feuilles. Quand le papier a manqué pendant l'Occupation, je n'ai pas souvenir qu'on ait sacrifié un livre pour des usages intimes : on utilisait de vieux almanachs, des journaux d'avant le début des hostilités, des annuaires hors d'usage, soigneusement découpés en carrés de papier qu'on accrochait à une sorte de mousqueton de fil de fer dans « les lieux », comme l'on disait encore. Je me suis demandé plus tard la raison de cette espèce de tabou : un respect inné, inspiré par l'école, qui accordait aux livres un rôle presque religieux à la façon d'un second baptême, ou le fait que, leur reconnaissant le pouvoir de véhiculer des idées ou de donner à penser et à réfléchir, on en craignait sans trop oser le dire une sorte de vengeance. J'hésitais entre la légende libératrice de l'école laïque et obligatoire et *Les Sept Boules de cristal.* D'un air mystérieux, une voisine laissait entendre que les livres étaient dangereux pour cet usage-là. D'un point de vue dermatologique ou intellectuel et moral, je n'ai pas encore réussi à trancher.

Et pourtant ce respect, dont j'ai été le témoin, l'ardeur mise à les collectionner et à les exposer dans des meubles vitrés, à les réunir en bibliothèques ouvertes au public n'ont pas empêché les hommes de brûler des livres. Non parce qu'ils étaient hors d'usage, comme on se résigne à faire mourir un animal domestique devenu infirme, mais le plus souvent par haine et par peur, parce que leur contenu contredisait les idées et les croyances reçues et ouvrait des voies nouvelles à la réflexion ou aux rêves, ou obligeait à des retours sur soi et à un nouveau regard sur le monde. Ou encore parce que leurs auteurs étaient frappés de discrédit, honnis même, dénoncés comme suppôts du mal. Car on ne parle pas ici des livres que le feu dévore sans opérer de choix, sans ordre et sans état d'âme, lors d'un incendie accidentel et dans un crépitement joyeux de flammes, quand elles mordent le papier et dansent avec lui la diabolique sarabande avant que l'eau employée pour éteindre l'incendie parachève son travail destructeur. Je veux parler ici des autodafés, religieux, idéologiques ou politiques, que nulle époque et nulle société n'ont ignorés.

Les livres ont été brûlés depuis la nuit des temps. Pouvoirs religieux, pouvoirs politiques s'en sont donné à cœur joie.

Ils n'ont même pas eu l'excuse toute relative de la bêtise aveugle des vandales ou du mépris hautain des seigneurs de la guerre qui brûlent tout ce qui leur semble dénué de valeur, livres y compris. Certains prétendent, à tort je crois, que les censeurs ne savent pas ce qu'ils font. Car qui pourrait prétendre que ces bourreaux méthodiques ignorent ce qu'est un livre et quel est son usage ? Ils ne l'ont pas détruit au hasard, ils ont mené une enquête. Avec soin et méthode, en tenant des registres, en jetant dans le foyer purificateur l'œuvre imprimée, prête à accéder à la vie propre du livre, c'est-à-dire à sa lecture. En organisant même le spectacle de sa crémation. Pour ces porteurs de foudre, le livre représente une sorte d'idée fixe. Répétons-le une fois encore, c'est souvent au nom d'un Livre, posé comme détenteur absolu de la Vérité qu'on en a détruit par le feu, avec joie, des milliers d'autres qui avaient le malheur de n'être pas Lui.

Car, il ne faut pas s'y tromper, le bourreau qui fait brûler le livre, même s'il n'est qu'un simple exécutant, le censeur qui le condamne à une mort prématurée alors qu'il n'est encore qu'un manuscrit, unique en son espèce, tous ceux-là ne sont point des ignorants, ne sachant rien de la littérature, de la morale ou de la philosophie. Rendons-leur cette justice qu'ils attribuent à la littérature, au livre et à la lecture des pouvoirs que leurs défenseurs sont souvent bien loin de leur reconnaître. Plus que le libertin, amateur de littérature de second rayon, le censeur du livre érotique, obscène, pornographique prête aux livres qu'il condamne des pouvoirs démesurés d'incitation à mal faire. À ses yeux, ils conduisent au viol, à la frénésie sexuelle. Ils mettent en péril l'ordre des familles, la sécurité des femmes et des jeunes filles, la santé physique de leurs lecteurs. Osons le dire, la censure représente la reconnaissance la plus exagérée des pouvoirs du livre, dont il serait temps de s'inspirer pour mieux les exalter.

La défense du livre censuré fait souvent un peu pitié, car elle consiste, pour l'essentiel, à lui dénier tous ces pouvoirs pour le réduire à sa stricte dimension esthétique. Apprenons du censeur à reconnaître la force de persuasion des phrases qui font que le lecteur, pourtant si averti des choses de la vie, prendra les mots pour la chose au point d'en perdre le contrôle de son esprit ou de son corps, en oubliant les règles de prudence ou de bon sens. Au fond, le lecteur de romans libertins est semblable au poisson qui finit par prendre le leurre pour une proie vivante.

Poursuivons un instant encore dans cette voie, dût-elle choquer les adversaires ingénus de la censure, qui pensent d'entrée que le pyromane culturel ne peut être qu'un analphabète passionné. Reconnaissons-lui, contre l'opinion admise, une idéologie de l'écriture dont la dimension biblique ou mallarméenne est indéniable. S'il est une théorie à l'origine de sa brutale pratique, c'est celle selon laquelle nommer et décrire donnent existence et réalité à ce qui est nommé et décrit, si l'on admet qu'exister c'est produire sur l'autre les mêmes effets et les mêmes désirs que la réalité. Quel privilège que celui de l'écriture narrative ! Car, si l'on excepte Pygmalion, je ne connais point d'être humain qui soit devenu amoureux d'une statue au point d'éprouver le désir irrépressible de lui faire l'amour. Les natures mortes hollandaises de l'époque classique n'ont jamais donné faim à leurs propriétaires. Leur installation dans la salle à manger d'apparat ne tenait pas à leur vertu apéritive, mais servait à créer une harmonie entre le lieu, la manducation des convives et les denrées apprêtées en cuisine.

Les lecteurs de romans érotiques savent bien le pouvoir de leurs livres favoris. Et pas seulement par leur expérience propre. Encore qu'ils fassent souvent presque plus confiance aux livres leur racontant les corps offerts qu'aux corps eux-mêmes. Ils le savent d'abord par les stratégies que le récit libertin prête à ses héros. Il est assez fréquent que le héros libertin séduise sa victime par le biais de livres suggestifs qu'il met à sa disposition dans le lieu où il la retient. Ainsi opère le père incestueux dans *Laure ou le rideau levé* de Mirabeau et l'amant impatient dans d'innombrables ouvrages du second rayon. Point n'est alors besoin de ces longs discours pesants que le héros sadien inflige à ses victimes, déjà pourtant suffisamment maltraitées. Un livre érotique, éveilleur de désirs assoupis, fait bien mieux et plus vite l'affaire. Cédant aux charmes du rêve, j'imagine volontiers le censeur testant sur son propre corps les effets manifestes des mauvais livres pour les vouer plus sûrement encore au bûcher. Et concluant son enquête, pécheur et ravi, par un définitif: « Avec ce livre, on est constamment en péril ! »

Il ne me semble pas qu'on ait brûlé publiquement sous l'Ancien Régime les manuscrits d'œuvres convaincues de non-conformisme amoureux, religieux, moral ou politique. Je crois même que peu d'œuvres érotiques ont été condamnées aux flammes. Aux seuls livres imprimés traitant de politique, de morale ou de religion, donc susceptibles de diffusion, était réservé le châtiment par le feu. Le manuscrit censuré n'était certainement pas retourné au libraire, mais retenu par les bureaux de la direction générale de la Librairie, où il bénéficiait parfois, après tractation, d'une permission tacite, espèce de compromis auquel on soumettait la règle apparemment intangible. Je me suis souvent promis de rechercher des informations sur cette cérémonie du feu purificateur. Où avait-elle lieu ? Était-elle publique ? Quel habit revêtait le bourreau pour l'occasion ? Que faisait-on des cendres ? Quelle était son origine ? L'auteur devait-il assister à cet autodafé qui, symboliquement, s'en prenait à sa personne ? Faute de disposer du temps nécessaire et de pistes sérieuses pour cette recherche, j'ai rêvé cette cérémonie à laquelle j'ai fini – excès de théâtralisation – par prêter des allures de Grand-Guignol. Les bûchers nazis tels que les actualités d'alors ou quelques images photographiques nous les représentent, ou tels que les aventures d'Indiana Jones nous les restituent, ressemblent abusivement à une bacchanale. Rien d'un cérémonial, d'un acte empreint d'une féroce religiosité sacrificielle ; rien vraiment de l'annonce d'autres incendies, d'autres fumées et d'autres crémations. Les livres s'entassent au milieu des flammes au centre de places que la foule envahit. Pour un peu, on imaginerait qu'autour des bûchers cette foule dansait la sarabande.

Les bûchers alimentés par les livres n'appartiennent pas au seul Moyen Âge. L'histoire contemporaine nous a rappelé, et pas seulement par les brutalités nazies, que les livres brûlent à la plus grande joie des bourreaux et de leurs séides, que l'allégresse des flammes rejoint celle du public, cherchant à y percevoir peut-être les idées mauvaises se tordant de douleur. Gardes rouges durant la révolution culturelle, Khmers rouges, talibans et autres fous de Dieu ou de Marx ont allumé sans discontinuer des bûchers. En littérature, on se souviendra des dernières pages de *L'Abbé Jules* d'Octave Mirbeau : on brûle les livres et les gravures que conservait dans une malle le prêtre tourmenté par le démon de la chair, et les témoins croient voir dans les fumées qu'exhalent les papiers consumés des corps nus tentant d'échapper au feu.

L'usage du pilon en Occident, plus discret que le bûcher purificateur, a supprimé toute la dimension symbolique de la destruction du livre. Il permet de laisser croire à une réutilisation du papier pilonné pour des livres futurs. La technique fait ici de la destruction un presque admissible transfert. Le feu disparu, on peut avancer la nécessité de réduire les stocks, rappeler que l'on doit faire de la place, que le pilon est aveugle et qu'il n'obéit à aucune idéologie. La destruction des livres ainsi pratiquée perd toute dimension sacrificielle, ne relève d'aucune condamnation. La hantise de l'encombrement, le désir de rentabilité ont succédé au désir de purification et la machine à broyer innocente le bourreau.

Si je n'ai pas de mes yeux vu de livres livrés aux flammes, j'ai fréquemment tenu en main des livres mutilés. Je dis bien mutilés, et non usés par les lectures trop fréquentes ou des manipulations brutales. Aujourd'hui encore, rien ne m'est plus insupportable que la sotte manie de souligner des passages au marqueur fluorescent ou de maintenir un livre ouvert en faisant pression sur son dos qui, ainsi forcé, se casse en se fendant, sans parler ici des coins de page écornés, d'objets trop volumineux utilisés comme marque-page, de doigts mouillés pour feuilleter plus facilement. Je me souviens avoir vu enfant, dans une maison de maître, ce qui était un peu plus qu'une maison bourgeoise, des livres dont les reliures avaient souffert des effets désastreux des inondations et de la pluie, et plus rarement des volumes que n'avaient pas épargné les bombardements ou les tirs de soldats en maraude ou qui soupçonnaient derrière les murs de ces grosses et solides maisons carrées l'existence de tireurs embusqués. La famille d'un de mes amis de lycée possédait des livres du XVIIIe siècle dont on avait découpé les plats des reliures à la forme d'une semelle de botte. Son père m'avait expliqué que c'était l'œuvre, dans la zone des combats, de soldats en déroute manquant du nécessaire.

Il y a peu, j'ai acquis les deux volumes in-quarto d'un dictionnaire espagnol-français du XVIIIe siècle à un très bon prix. La reliure d'un des plats avait été découpée en forme de semelle pour une solide paire de brodequins autrefois ferrés. Le libraire m'a indiqué qu'un tel livre méritait une restauration. Je n'ai su que lui répondre, l'esprit envahi par ces images de soldats prisonniers, le cache-nez noué autour du visage pour se protéger du froid et les godillots maintenus par des ficelles qui retenaient peut-être, elles aussi, de bien étranges semelles pour tenter de résister à l'humidité. Enfant, durant la guerre, j'ai moi-même porté des galoches à la semelle en bois plus ou moins ferrée et dont le dessus était en fait un ersatz de cuir où dominait le carton bouilli. Leur manque de souplesse abîmait le cou-de-pied, et c'est assez pour me permettre de comprendre ce geste barbare de la découpe d'une reliure. Si j'avais cru l'échange possible, j'aurais sans doute alors donné toutes les reliures du monde pour une bonne paire de chaussures vraiment imperméables et légères à la marche. Et, faute de mieux, j'aurais peut-être, retrouvant les gestes d'un grand-père maître bottier, le tranchet bien en main, taillé avec une allégresse sceptique dans la maigre épaisseur d'une reliure.

Au hasard de lectures en bibliothèque ou d'achats de livres anciens, j'ai rencontré des livres, essentiellement du XVIIIe siècle, victimes directes ou indirectes du vandalisme révolutionnaire. Pour la plupart des livres religieux dont l'athéisme militant des Lumières ou de septembriseurs de la

Révolution avait amputé les reliures de représentations offensantes pour des esprits forts. Les calices, les croix, les initiales du Christ avaient été soigneusement grattés ou plus brutalement éliminés en tailladant l'épaisseur du cuir. De nombreuses reliures aux armes ont été saccagées par des républicains fanatiques qui se les étaient appropriées lors de saisies ou par des ci-devant prudents qui tentaient de faire oublier leurs origines. On sait que le vandalisme ne s'attaqua pas seulement aux lieux de culte, aux symboles les plus visibles de la monarchie. Les volontaires ne manquent jamais pour mettre leur imagination au service de la barbarie.

Il y a quarante ans, chez un libraire d'occasion espagnol qui tenait boutique à San Sebastian, je me souviens avoir vu une Bible qu'on avait censurée au nom de l'Inquisition de Logroño. Des mots et parfois des passages entiers (quelquefois un verset) étaient rendus illisibles par une plume appliquée qui les avaient couverts d'encre noire. Étaient-ils soupçonnés d'érasmisme ou plus brutalement de protestantisme ? Je ne sais. D'après les spécialistes, le Saint-Office procéda ainsi quand ses pouvoirs furent considérablement limités par l'Espagne *ilustrada* de Charles III. À défaut de brûler les ouvrages, on les macula de surcharges. La lecture de la correspondance du *conde* de Peñaflorida conservée dans la Biblioteca de la Diputación de Guipuzcoa à San Sebastian laisse à penser, sans qu'il fournisse de détails, que cette même Inquisition de Logroño l'autorisa à consulter des articles techniques de l'*Encyclopédie* de Diderot et d'Alembert, qu'il possédait, en lui en interdisant la lecture des articles de philosophie, de religion ou de morale. Le comte, bon catholique, fondateur de la Real sociedad vascongada de los amigos del pais, qui voulait œuvrer au développement agricole, médical et culturel des trois provinces basques, respecta, j'en suis sûr, sa promesse. Comme certains grands propriétaires de la France d'Ancien Régime, il était plus intéressé par des informations concernant les cultures que par des notices philosophiques inspirées par la libre-pensée.

Un ami m'a suggéré que les censeurs, moins confiants que je ne le suis dans la parole de Peñaflorida, ont peut-être scellé les articles les plus hétérodoxes, ainsi que cela se pratiquait alors. Comme la bibliothèque du comte fut largement pillée par les armées de la République entrées en Espagne pour y apporter à la pointe de leurs baïonnettes la liberté, et largement abandonnée ensuite aux caprices et prédations divers, il n'est pas possible de vérifier cette hypothèse, au demeurant vraisemblable. Je connaissais une mère de famille, fort attentive à la santé morale et physique de ses enfants adolescents, qui, avant de leur en permettre la lecture, fermait par des agrafes les pages du magazine *Elle* contenant des photos de sous-vêtements féminins, de décolletés trop profonds, de jupes trop courtes, ou plus souvent de regards jugés un peu trop hardis. Les agrafes qui assuraient la fermeture étaient disposées de telle façon qu'on ne parvenait pas sans déchirer une page ou deux à apercevoir un fragment de cuisse ou la naissance d'un sein.

L'Enfer n'existe plus ni dans les bibliothèques ni vraiment dans la catéchèse actuelle, si éloignée du catéchisme de mon enfance que peuplaient flammes, chaudrons, corps tourmentés et souffrants des damnés. Très tôt, je me suis demandé comment concilier l'immense bonté de Dieu et cette éternité de souffrance à laquelle Il semblait, à en croire ma grand-mère, enclin à condamner les pauvres pécheurs que nous étions. Je préfère la définition du châtiment selon la théologie contemporaine, qui en fait un manque, une absence dont souffre l'âme punie. Plus de flammes, plus de corps rôtis, mais la privation de la contemplation de la divinité. J'espère que ce commentaire ne m'entraîne pas dans les voies obscures de l'hérésie. Sans être pour autant un esprit fort, je n'ai jamais réussi à intellectualiser ma foi. J'ai la fidélité au credo de mon enfance à la façon du charbonnier. Elle suffit à me donner la paix et me procure la sensation, si importante à mes yeux, de mettre mes pas dans le chemin qu'ont emprunté avant moi mes parents et mes grands-parents, pour en rester aux êtres que j'ai connus et aimés.

Je me sens plus à l'aise, de ce fait, peut-être, pour parler de cet Enfer où l'on enfermait des livres jugés dangereux pour le maintien des bonnes mœurs. Car, à ma connaissance, les textes politiquement subversifs n'ont jamais été condamnés à l'Enfer. Leur exil était autre. Et, plutôt que les déposer en un lieu sans lecteurs ou presque, on préférait les détruire. À la différence des textes érotiques, par exemple, les textes politiques sont par essence éphémères et d'une lecture historiquement datée. Ils vieillissent mal. On lit aujourd'hui *Le Père Duchesne* et, grâce à son discours violent et ordurier contre la reine, on finit par éprouver pour cette malheureuse mère une espèce de pitié. Rien ne vieillit plus que la dénonciation. Le discours politique, au-delà des grands principes sans cesse répétés, appartient au domaine de l'éphémère. Qui se souvient aujourd'hui des avalanches de mots d'ordre du Parti communiste français, à son apogée, dans les années 1950 ? Un appel nouveau chassait l'autre. Le discours militant ressemble au désir de Don Juan qui, de tous ses éclats et de sa force brutale, provoque des incendies, et qu'il faut immédiatement satisfaire pour aussitôt l'oublier, mais qui renaît envers une autre femme avec la même urgence jusqu'à ce qu'une nouvelle rencontre vienne solliciter à son tour les ardeurs du séducteur. Ainsi de suite et jusqu'à *mil e tre*. Le militantisme représente un monde non hiérarchisé. Ce qui fait qu'il est quasiment sans mémoire, et toujours au diapason.

Rien de tel avec le texte licencieux ou même pornographique. Parce qu'il est répétitif et peu varié dans ses figures et ses conclusions, il peut se reproduire à l'infini. Il ne met pas en œuvre les mêmes procédés que le texte militant, avec qui il possède d'évidentes parentés de schématisme et d'incitation. Son mécanisme est d'ordre théâtral. Mais son théâtre est mental, malgré la présence, parfois, dans son épigraphe, d'un appel à suivre l'exemple de ses héros et à se disposer à jouir. Le lecteur du texte militant n'éprouve aucun trouble dans son propre corps, si ce n'est une exaltation dont, pour ma part, j'aurais, aujourd'hui encore plus qu'hier, tendance à me méfier.

J'ai travaillé, il y a quelques années, sur les communistes français confrontés au soixante-dixième anniversaire de Staline puis à sa mort, et un peu plus tard, avec mon ami Paul Lidsky, à une anthologie des voyageurs en URSS de 1917 à l'ère Brejnev. Ce dernier projet ne trouva pas d'éditeur, comme si on voulait mettre en sommeil la mémoire peu glorieuse des aveuglements et des complicités envers les crimes du communisme. Le Parti communiste français a fait preuve d'une remarquable habileté à naviguer en eaux troubles, ce qui lui permet de passer désormais pour un défenseur des libertés formelles, qu'il rejetait pourtant avec mépris au temps de sa splendeur, et d'apparaître comme un champion des libertés sans rien reconnaître de sa culpabilité passée. Un tel fait continue à me surprendre et à m'indigner. Le Parti communiste français est, je crois, l'un des rares partis communistes qui ait gardé le nom d'un système dont l'histoire a tragiquement illustré les crimes. Force est de constater qu'il vaut mieux avoir été communiste et ferme soutien de l'impérialisme soviétique et des détentions du goulag que d'avoir seulement défendu les thèses du fascisme noir. Le concept de totalitarisme a pourtant montré des équivalences. Et, sans entrer dans les détails d'une comptabilité sordide, le goulag a plus tué que les camps de concentration nazis. Qui osera prétendre enfin que le régime communiste imposé par la force à la moitié de l'Europe ne fit pas preuve d'antisémitisme ? Quand on regrette du bout des lèvres ces erreurs, c'est en affirmant que ce n'était pas là le vrai communisme, et qu'on ne recommencera pas. Promis, juré. Et même, parfois, on finit par se poser en victime : on aurait dévoyé notre idéal – et de laisser entendre que c'est finalement la faute des autres.

Face à de telles positions, je me demande si, au fond, la postérité ne finit pas par pardonner à l'hypocrite menteur beaucoup plus facilement qu'au cynique sincère. Qui a lu ou qui lisait *Mein Kampf* savait à quoi s'en tenir. Tout y était exposé sans précautions. On se refusait à y croire. Le moustachu vociférant se laissait emporter. Il n'oserait pas. Rien de tel avec le discours communiste stalinien. Il ment et nie quand on l'accuse de fusiller, d'interner, de faire le contraire de ce qu'il prêche. Et il finit par convaincre, preuve que les hommes ont besoin de croire au Paradis. La Constitution d'Union soviétique était, disait-on, la plus libérale du monde. Des esprits fins et déliés étaient prêts à vous en faire la démonstration. Les dirigeants le répétaient, les militants avaient adhéré pour y croire, les compagnons de route qui éprouvaient quelques doutes admettaient finalement que l'avenir était radieux et que les promesses du futur effaceraient les ténèbres du présent. Devra-t-on finir par considérer que l'adhésion au communisme fut une prime accordée au mensonge, dont on en venait à croire qu'il constituait la vérité ? Le cynisme passé des dirigeants sert peut-être à expliquer cette innocence vertueuse dont se parent les communistes actuels. S'il n'y avait pas eu la saine hargne dont l'ont poursuivi les surréalistes, Aragon serait entré dans l'histoire vêtu de lin candide. On n'a jamais vraiment reproché aux menteurs niant le goulag, adulant Staline et Thorez d'avoir menti sur tout, fût-ce en toute bonne foi. Ils ont réussi à faire oublier leurs mensonges et leurs lâchetés et ils osent encore parader. Aujourd'hui, on ne s'étonne pas outre mesure d'apprendre que Sartre, à son retour d'URSS, affirmait que la liberté de parole y était réelle et niait l'existence des camps de travail.

Qu'on me pardonne cette bouffée d'indignation face à cette irresponsabilité arrogante qui m'a éloigné du propos sur les bibliothèques. Durant l'enquête évoquée plus haut, je m'étais intéressé aux fameuses « batailles du livre », ventes militantes organisées aux quatre coins de la France, dans le cadre des fédérations communistes, avec signatures des écrivains du Parti, Elsa Triolet, Louis Aragon, André Still, Pierre Courtade, Pierre Daix, André Wurmser et autres, des journalistes comme Dominique Desanti, des dirigeants politiques : Duclos, Cachin, Guyot, Marty, selon les exclusions du moment qui vouaient à l'oubli ceux qui étaient la veille encore encensés. Ces ventes rapportées par *L'Humanité* étaient des succès. On citait des quantités très importantes d'exemplaires vendus à des militants ou même à de simples lecteurs. Si l'on en croit le témoignage d'anciens communistes, tout ou presque était faux. Les cellules et les fédérations étaient tenues d'acheter un nombre considérable d'exemplaires qui ont vieilli dans des caves et des armoires sans jamais être lus.

On a tendance à limiter la censure dans les bibliothèques publiques à l'Enfer. Cette institution, qui date de la IIIe République, a été soigneusement étudiée. Si elle indigne, et avec raison, il convient de ne pas oublier qu'elle a représenté un progrès : les livres jugés dangereux pour les bonnes mœurs n'étaient plus détruits, mais rendus d'un accès plus difficile. Jusqu'à une date relativement récente, il fallait, pour les lire, montrer patte blanche et justifier sa demande de consultation. L'Enfer, aujourd'hui, n'existe plus, si ce n'est comme fonds, dont on sait d'avance qu'il est consacré aux ouvrages pornographiques et érotiques, mais qui est de consultation commune. La dénomination religieuse d'un tel fonds, référence explicite aux valeurs morales héritées de la tradition catholique, la fascination qu'il a exercée sur des esprits curieux comme Louis Perceau, Fernand Fleuret, Pascal Pia, Jean-Jacques Pauvert ou Guillaume Apollinaire, qui ont utilisé ses ressources et établi pour la Bibliothèque nationale son catalogue, tous ces éléments ont largement obéré l'analyse d'autres faits de censure à l'œuvre dans les bibliothèques publiques. La remarque vaut aussi pour l'Index ; son existence a permis ici encore qu'on ne s'interroge pas sur d'autres interdictions, moins visibles. Sans qu'on en ait eu connaissance, il a existé en France même des index non rendus publics, communistes ou fascistes, avant et après la sinistre et nazie liste Otto.

On trouve à la Bibliothèque nationale de France une édition en russe des œuvres de Diderot. Ladite édition, obtenue par les échanges internationaux entre grandes bibliothèques, date de 1934. Elle est parvenue un peu plus tard à la Bibliothèque nationale. Elle était due à un chercheur russe de renom, I.K. Luppol, qui avait publié en France, en 1936, un ouvrage consacré à ce même Diderot, dans une série « Socialisme et culture » dirigée par Georges Friedmann aux Éditions socialistes internationales, contrôlées selon toute vraisemblance par les partis communistes russe et français. La lecture du catalogue de ces Éditions socialistes est révélatrice de l'orthodoxie alors imposée. Nul doute que, au moment où Luppol publie son *Diderot*, il est dans la ligne. N'enseigne-t-il pas alors la philosophie à l'université de Moscou et à l'Institut du professorat rouge (*sic*) ? S'il publie beaucoup sur la philosophie matérialiste du XVIIIe siècle, il a aussi donné un *Lénine et la Philosophie* (*Sur les relations de la philosophie et de la révolution*) et il collabore régulièrement à la revue *Sous la bannière du marxisme*. Ce *Diderot* est marxiste, certes, tout en faisant preuve encore d'une grande souplesse, d'un sens réel de la nuance et en se gardant de recourir à un sociologisme mécaniste. On serait tenté de croire qu'il servira de modèle au *Diderot* du subtil Henri Lefebvre, qui ne fut guère apprécié en son temps par les idéologues du Parti communiste français. Il est évident que Luppol est alors en URSS un spécialiste reconnu de Diderot. Ne va-t-on pas lui permettre de publier cette édition des œuvres du philosophe ? Après, c'est le silence. Luppol ne publie plus. Son nom disparaît des revues. Nous sommes en pleine période des purges et des déportations. L'hypothèse de sa disparition n'est pas gratuite. Dans le deuxième exemplaire des œuvres de Diderot de la Bibliothèque nationale, le nom de Luppol a été soigneusement gratté par les Soviétiques eux-mêmes, dans la page de titre. Ils ont procédé à la découpe sauvage des quatre-vingts pages de préface dues à Luppol. Peut-on imaginer forme plus elliptique et plus précise de signification d'une mort réelle ou symbolique – quand un chercheur est condamné au silence et voué à l'oubli ?

On aurait tort de réduire la censure à ces formes explicites. Il a existé, et il existe encore sans doute, d'autres modes de censure, implicites, rarement codifiés, qui tiennent aux bibliothèques elles-mêmes, à leur relation avec des municipalités politisées, ou, plus curieusement, à une certaine idée que des bibliothécaires se font de la culture et du savoir. La lecture de l'ouvrage *Censure et Bibliothèques au XX*[e] *siècle*, sous la direction de Marie Kuhlmann (1989), révèle bien des secrets sur ces censures latentes et jugées sans doute par leurs auteurs totalement innocentes et légitimes. Anastasie, ainsi qu'on a baptisé la censure durant la guerre de 1914-1918, n'a pas qu'un seul masque, et il existe diverses façons de manier les ciseaux.

Rappelons que cette lecture offerte à tous, publique, comme l'on dit, permise même aux enfants pour qui l'on a créé des bibliothèques spécialisées, est d'une acceptation récente. Au XVIe siècle, les livres qu'on commence à conserver dans des lieux appropriés comme le *studiolo* ne circulent pas. Aux XVIIe et XVIIIe siècles existent, sans que la chose soit strictement réglementée, trois niveaux de lecteurs : les lecteurs autorisés, nommés par les historiens du livre « frères en lecture », les lecteurs « tolérés », c'est-à-dire qui ne remplissent pas toutes les conditions requises, conditions non dites d'ailleurs, enfin les lecteurs occasionnels, « qui doivent gagner par de longues explications le droit à l'emprunt». Ces catégories font sourire, mais est-il assuré qu'elles aient disparu ? Il existe aujourd'hui des bibliothèques qui ne prêtent pas. La Bibliothèque royale, au XVIIIe siècle, était pour les lecteurs autorisés une bibliothèque de prêt. On imagine mal de nos jours leurs lointains héritiers pratiquer le prêt. Il est en outre des bibliothèques réservées à ceux qui peuvent prouver qu'ils sont titulaires de certains diplômes, élèves ou anciens élèves de l'institution à laquelle appartient telle ou telle bibliothèque, ou qu'ils exercent une fonction qui les rend dignes d'être admis à y lire.

Entendons-nous, l'existence de telles restrictions ne me gêne pas et je me réjouis et considère comme parfaitement naturel qu'il y ait par exemple un secteur de la Bibliothèque nationale de France réservé aux chercheurs. Pour être totalement sincère, je trouve même démagogique qu'il y ait une zone qui ne le soit pas. Elle sert, cette zone «grand public», de salles d'étude à des étudiants et même à des lycéens qui viennent y lire leurs cours, sans vraiment utiliser les volumes en libre accès mis à leur disposition. Comme la bibliothèque Sainte-Geneviève, celle du centre Pompidou ou dans une moindre mesure la bibliothèque de la Sorbonne, ce haut-de-jardin veut, au fond, nous faire oublier l'absence de salles d'étude dont souffrent les universités et les lycées. Dans l'université de province où j'ai enseigné, les maigres crédits attribués à la bibliothèque universitaire, les destructions dont avait souffert la bibliothèque municipale rendaient inévitable, dans mon domaine, l'utilisation de la Bibliothèque nationale pour s'initier à la recherche. Je ne crois pas que l'ouverture d'une moitié des salles de lecture de la Bibliothèque nationale de France ait modifié un tel état de fait. On peut même se demander si les crédits absorbés par ce projet pharaonique et son fonctionnement n'ont pas réduit un peu plus encore les sommes allouées aux bibliothèques universitaires. On criera à la ségrégation, à l'élitisme. Pourquoi ne pas reconnaître que les besoins des chercheurs en sciences humaines, leur relation aux livres et aux documents sont spécifiques, comme on le fait naturellement pour les disciplines scientifiques ?

L'idéologie actuelle veut qu'il n'y ait pratiquement pas de limite à l'accès du public aux grandes bibliothèques. C'est un droit qu'heureusement seule une minorité exerce, mais qui me semble peu légitime. Je ne souffre pas personnellement de ne pas être admis dans un laboratoire de physique, dans un centre de recherche informatique, mais je demande le droit d'avoir accès aux lieux dont ma compétence reconnue me permet de tirer profit. Notre époque souffre de ne pas croire à l'apprentissage et aux compétences. Elle ressent l'exigence d'un savoir comme une forme d'exclusion. Sans en être consciente, elle est retournée aux idées innées de Descartes. Ce sont elles qui fondent une partie de cet égalitarisme étroit et revanchard dont nous souffrons. Le droit de tous à tout conduit peu à peu à l'absence de tout pour tous.

L'ouvrage dirigé par Marie Kuhlmann nous rappelle que, dans le système français, la majorité des bibliothèques publiques sont soumises à quatre autorités : le ou les ministères de tutelle, les élus locaux, les bibliothécaires et les lecteurs, qui, selon des modalités différentes, interviennent dans le choix des livres. Et il n'est pas rare que les interventions de ces autorités « visent à empêcher ou à limiter volontairement la diffusion de livres, de périodiques ou de journaux pour des raisons d'ordre moral, religieux, philosophique, politique, idéologique ou culturel ». Fort d'une expérience du passé riche en exemples de censures, on a tendance à mettre l'accent sur le rôle des politiques. Ce sont eux qui attribuent les budgets, qui facilitent ou empêchent les achats. Il y a parfois des pressions plus directes. Dans la période trouble de la guerre, la défaite à peine consommée, les autorités allemandes, qui la transportait dans leurs fourgons, demandèrent l'application d'une liste de livres interdits, la liste Bernhard. Ainsi, 700 000 livres furent saisis chez les éditeurs, les libraires et dans les bibliothèques. Ils seront très vite pilonnés, du 27 au 31 août 1940. En échange de leur passivité, pour ne pas dire de leur empressement à nourrir le pilon, les éditeurs gagneront le droit de publier de nouveau. Puis c'est, durant le dernier trimestre 1940, la mise en application de la liste Otto, du prénom, on l'a dit, du séduisant ambassadeur de l'Allemagne nazie en France. Mon père était juré à son procès dans l'après-guerre et je me souviens de son élégante silhouette, de ses cheveux argentés et de son sourire carnassier. Aux livres interdits déjà par la liste Bernhard (livres germanophobes et antinazis, livres d'auteurs juifs ou hostiles au Duce, mais aussi à Staline, devenu un allié de l'Allemagne après la signature du pacte germano-soviétique), on ajouta nombre d'auteurs juifs. En ce domaine, l'actualisation n'attendait jamais. Les bibliothèques eurent la chance qu'on n'y contrôlât pas l'application de la liste. On se contenta de ne pas communiquer les livres interdits, souvent de les retirer des catalogues et de les stocker sans les détruire.

La censure ne sera pas supprimée avec la Libération. Elle changera de camp. Nombre d'écrivains sont alors frappés d'interdiction, incarcérés, jugés et condamnés pour leurs positions ou leurs propos durant l'Occupation. Ce sera le cas de Céline, Chardonne, Drieu La Rochelle, Maurras, Pourrat, Alphonse de Châteaubriant et Rebatet. S'y ajouteront Giono, Morand, Montherlant, Pierre Benoît, Jouhandeau, Salmon... Certains résistants s'opposeront à ces mesures et finiront par quitter le CNE[1]. Les auteurs frappés d'interdit attendront un peu plus de dix ans pour retrouver leur place dans le monde des lettres. Si la censure gouvernementale ne se pratique guère plus depuis au moins trois décennies, elle connut pourtant une poussée de fièvre durant la guerre d'Algérie. Le gouvernement socialiste fit alors interdire *La Question* d'Henri Alleg, les ouvrages de Frantz Fanon, ceux de Francis Jeanson et les cahiers rédigés par le comité Maurice-Audin. Un peu plus tard, et cette fois-ci pour des raisons morales, on interdira *Éden, éden* de Pierre Guyotat et *Le Château de Cène* de Bernard Noël. Plus tard encore, le mensuel homosexuel *Gai-Pied*, puis *Penthouse*, *Suicide, mode d'emploi* et *Princes et Léonardours* de Mathieu Lindon. Pour tous ces volumes, les bibliothèques, en général, ne tinrent pas compte des interdictions. Même si le Parti communiste se posa d'entrée comme le garant de la morale au point de pousser Jacques Duclos à proclamer « Non, non, la pornographie n'a jamais été et ne sera jamais révolutionnaire », il semble que les responsables des bibliothèques firent de la résistance passive. Ce qui n'empêcha pas les bibliothèques dépendant des municipalités communistes de pratiquer assez ouvertement une censure par abstention, en favorisant les maisons d'édition contrôlées par le Parti communiste comme les Éditions sociales, les Éditeurs français réunis et La Farandole, et en éliminant les journaux gaullistes ou de

1. Comité national des écrivains.

droite sous le prétexte qu'ils n'intéressaient pas leurs lecteurs. On interdit systématiquement l'achat de bandes dessinées qu'on jugeait être des produits d'un art décadent venu des États-Unis. À mesure que certains intellectuels étaient exclus du Parti communiste, leurs ouvrages étaient retirés des rayons. Ce fut le cas pour ceux de Pierre Daix ou d'Edgar Morin. Pratiquement aucune des bibliothèques dépendant de municipalités communistes ne procéda à l'achat des ouvrages de Soljenitsyne et il y eut une censure revendiquée quand parut en 1978 la *Rue du prolétaire rouge* de Jean et Nina Kéhayan.

Quand la majorité municipale changeait, on procédait à de sévères épurations, auxquelles des bibliothécaires s'opposèrent tout en reconnaissant la nécessité d'une ouverture. Car les municipalités contrôlées par la droite, avec moins de rigueur peut-être, pratiquaient une politique inversement symétrique à celle des municipalités communistes. Notons, pour finir et pour illustrer la complexité de certains faits de censure, que l'Unesco, tout en défendant la liberté de publier et en condamnant toute censure, recommandait que l'on écartât les livres incitant à la haine raciale, exaltant la violence ou faisant l'apologie du fascisme, sans dire par ailleurs un seul mot des ouvrages défendant les régimes communistes.

Quand le réseau des bibliothèques publiques s'étend en France, dans le dernier quart du XIXe siècle, la lecture en bibliothèque, dans l'imaginaire de bibliothécaires et lecteurs, doit être unie au savoir. Entrent dans les bibliothèques municipales, après passage devant un comité de « choix, d'inspection et d'achat », des livres traitant de l'histoire locale, des sciences religieuses (presque 40 % des fonds pour la bibliothèque d'Amiens), du droit (pour 3 %), des belles lettres, « uniquement des grands textes » (à hauteur de 9 %). Pour éviter les lectures de divertissement, on tentera même d'imposer une autorisation préalable pour les lecteurs qui ne font pas de recherches. Un bibliothécaire de Tours, Georges Collon, s'opposera avec vigueur à cette mesure préconisée par ce qu'on appellera le « parti érudit ». Quand les bibliothèques populaires (scolaires, appartenant à des associations ou à des paroisses) se développent, on accorde une grande place aux romans, qu'on utilise comme appâts pour attirer les lecteurs vers des textes plus sérieux. Mais la lecture de divertissement, de plaisir ou d'évasion ne sera véritablement reconnue que vers les années 1930. En fait, au nom de ce que devait être la culture des honnêtes gens, une censure par omission ou refus d'acheter s'exerça. Les bibliothèques de lecture publique, par essence généralistes, firent ainsi aussi peu de place aux sciences jugées ou trop abstraites ou trop techniques qu'aux lectures de divertissement, comme aux ouvrages jugés trop politiques ou heurtant les convictions religieuses, morales ou les bonnes mœurs. Cette limitation s'étendit d'ailleurs partiellement jusqu'à la Bibliothèque nationale, dont le transfert de la rue de Richelieu à Tolbiac révéla les limites de son fonds scientifique.

On peut imaginer que le Dépôt légal à la Bibliothèque nationale évita que s'accumulent des manques trop criants. Si la Bibliothèque nationale est riche de littérature de divertissement (romans populaires, romans d'aventures, romans sentimentaux, littérature de jeunesse, bandes dessinées...), c'est moins à une curiosité sans bornes des conservateurs qu'à la mécanique de captation du Dépôt légal qu'on le doit. À une projection du documentaire d'Alain Resnais sur la

Bibliothèque nationale, je m'étais émerveillé de voir que figuraient dans les fonds de la BN, au même titre que des livres rares ou des incunables de « Toute la mémoire du monde », des bandes dessinées que j'avais lues quelques mois après la fin de la guerre, et dont je devais apprendre beaucoup plus tard que les textes et les intrigues étaient parfois dus à des auteurs comme Dashiell Hammett. J'en avais éprouvé alors une estime nouvelle pour cette bibliothèque qui permettait à des plaquettes sommairement imprimées, parfois avec des encres bleues, dans un format à l'italienne, de jouer dans la cour des grands et des chefs-d'œuvre, et perdu un peu de mon sentiment de culpabilité quand je lisais avec un peu trop de passion les albums de Tintin ou *Les Aventures de Buck Dany*.

Sait-on qu'il y eut des bibliothèques dans certains camps de concentration nazis ? Jorge Semprún les évoquait déjà dans *Quel beau dimanche !* En lisant *La Mort qu'il faut* (2001), toujours de Semprún, je retrouve de nombreuses pages consacrées à la bibliothèque de Buchenwald. Semprún fait état de lettres de lecteurs reçues à la publication de ce récit qui manifestaient leur surprise à l'évocation de cette bibliothèque dans un camp de déportés, pour en déduire que ce n'était pas aussi terrible qu'on l'avait prétendu, ou qui doutaient de la véracité du témoignage de Semprún, le considérant comme « une fable ». Moi, j'y avais cru. Il suffit qu'on me parle de bibliothèque, quel qu'en soit le lieu, pour que le doute ne m'effleure pas. Comment pouvais-je imaginer que Jorge Semprún, dont je connaissais bien l'oeuvre, l'art et le goût de la citation, ait pu vivre sans livres ? Il y avait bien sûr le recours à la mémoire des livres lus ; il fallait cependant non seulement l'entretenir, mais lui donner régulièrement sa pâture.

Je n'étais pas indigné, tout juste modérément surpris. La microsociété des camps, les liens complexes qui unissaient les bourreaux et leurs victimes, le rôle joué par les communistes dans la gestion et l'administration du camp rendaient cette bibliothèque, qui existait depuis l'origine du camp en 1937, totalement nécessaire. Il y eut aussi des bibliothèques dans les camps soviétiques : à Yerchevo, par exemple. À Buchenwald, camp réservé à l'origine aux seuls Allemands, il existait même, comme dans d'autres camps, un bordel, dont on a retrouvé les registres. Sur la bibliothèque de Buchenwald, le livre de l'historien Eugen Kogon a apporté des précisions. Les 3000 premiers volumes furent fournis par les détenus eux-mêmes, qu'on autorisa à se faire envoyer des livres par leur famille. Il y eut des ouvrages offerts par les autorités : 60 exemplaires de *Mein Kampf* et 60 exemplaires du *Mythe du XX*e *siècle* d'Alfred Rosenberg. Jorge Semprún y lut du Hegel, du Platon, du Faulkner. Ce qui illustre la variété inattendue des livres (il y en eut jusqu'à presque 14000) et le contrôle très relatif qu'exerçaient les autorités, malgré un catalogue ronéoté. La création de la bibliothèque dans ce camp, qui n'était pas d'extermination systématique, correspondit à l'origine à un projet de rééducation. Projet abandonné quand Buchenwald devint un camp de travail forcé et d'« extermination indirecte » au service des usines d'armement. On peut imaginer que, dans les camps de rééducation du Viêt-minh, il y avait aussi des livres. Comme si ces prisonniers français, après Diên Biên Phu, soumis dans certains cas à des instructeurs communistes français, minés par la sous-alimentation, victimes de mauvais traitements, de lavage de cerveau, avaient encore le courage ou la faculté de lire.

Selon le livre de Torsten Seela, *Bücher und Bibliotheken in nationalsozialistischen Konzentrationslagern*, publié en 1992, il exista aussi une bibliothèque à Dachau. Sur une photographie d'époque, des détenus portant le pantalon rayé y font fonction de bibliothécaires. Les livres sont impeccablement rangés sur des étagères. On en avait établi le catalogue. La bibliothèque ouvrait une heure par jour. On avait instauré des cartes de lecteur, qui, n'étaient le numéro de la baraque de détention (faisant fonction d'adresse) et la signature de son responsable, auraient été aussi normales que toutes les autres cartes de lecteur : nom, prénom, numéro de carte, date de naissance. Pour les bourreaux, les livres revêtaient la même importance que pour les déportés, qui y cherchaient évasion ou savoirs pratiques comme l'apprentissage des langues et des bribes d'un métier utile pour survivre. À Buchenwald, il existait un règlement d'une stricte sévérité. Les livres devaient être respectés : rendus à temps, ni souillés, ni annotés, ni déchirés, et tout livre égaré devait être remplacé. Le lecteur était averti : « Tu seras puni si tu ne respectes pas ce règlement. » Outre sa fonction d'endoctrinement déjà évoquée, la bibliothèque permettait ici aussi de sauver les apparences et constituait un parfait « trompe-l'œil humanitaire », selon l'expression de Torsten Seela. J'ai fini par croire que, pour les bourreaux, elle représente également dans l'Enfer normalisé des camps une évidente nécessité, reconnue sans calcul hypocrite. Sa présence n'était pas plus aberrante que celle d'un orchestre, puisque des hommes réunis chantent, aiment, lisent, même s'ils travaillent au-delà de leurs forces et meurent de malnutrition. La logique nazie ayant fait de l'exploitation du travail humain jusqu'à ce que mort s'ensuive et de l'extermination de groupes ethniques ou de déviants une norme, la présence des livres, l'ordre des bibliothèques ne devaient choquer que ceux qui la refusaient. Pour les nazis eux-mêmes, ces livres étaient la preuve de leur humanité. Donner à lire à ceux qui allaient mourir, demander le respect scrupuleux des livres à ceux dont on ne respectait ni le corps ni la vie, qui vivaient atteints de dysenterie dans un monde d'excréments, quelle logique dérisoire!

Le système totalitaire incarne à lui seul la haine destructrice du livre, motivée par une vision infantile de l'homme, dont on prétend, contre lui-même si nécessaire, protéger l'esprit. Le respect pour le livre s'y allie à un mépris absolu de son lecteur, torturé et humilié. S'il n'y en avait d'autres, ce serait une raison suffisante de le refuser et de le combattre. Mais l'histoire du livre dans les camps nazis, pour autant qu'on puisse et veuille la reconstituer, montre que, même dans ces conditions, pour la victime le livre demeure une arme. Dans les camps d'extermination, des hommes et des femmes lisaient ou rêvaient de lire aux portes de la mort. Je veux croire que c'était là leur moyen ultime de résister. J'en suis même certain. Il y eut dans de nombreux camps des « bibliothèques virtuelles » construites à partir de vols de livres, de traductions, de copies sur des papiers de récupération, de détournements divers, d'efforts démesurés de la mémoire. Comme si les bibliothèques insensées des bourreaux servaient aussi pour rappeler aux vivants, contemporains et à venir, la misère et la grandeur de l'homme.

IX

Campus

Je suis heureux de passer deux mois presque chaque année sur un campus universitaire aux États-Unis. Je considère ces séjours comme autant de privilèges et de moments de complet bonheur. Mais j'ai mis longtemps à m'y faire. Enfant du sérail, je refusais lorsque j'étais plus jeune qu'on séparât l'université de la ville, qu'on en fît un monde clos, préservé et, toutes proportions gardées, une sorte de cloître pour enfants studieux et favorisés, qu'il faudra bien, un peu plus tard, plonger, avec les risques que l'on imagine, dans la jungle des villes, le monde du travail et les dures réalités du quotidien. Il m'a fallu des années pour comprendre le pourquoi de ce vase clos, de ces belles pelouses, de ces parterres de fleurs, de ces bouquets d'arbres savamment en désordre, de ces bataillons d'écureuils indiscrets, hardis et actifs qui envahissent le moindre coin d'herbe, de ces bâtiments de brique qui donnent au plus modeste collège américain une parenté évidente avec ses glorieux aînés anglais.

Je savais, comme tout Européen qui a droit à la gratuité presque totale de l'enseignement, que l'université américaine coûte cher et représente un sacrifice, surtout pour les enfants de la classe moyenne qui ne bénéficient pas de bourse, qui doivent emprunter et travailler durant leurs vacances d'été et parfois durant l'année scolaire tandis que leurs parents se saignent aux quatre veines. Ce qui explique qu'ils sont en droit d'exiger ce décor toujours un peu semblable, qui symbolise l'accès à un monde autre et qui illustre déjà, par ses apparences, son mode de fonctionnement, la justesse de leur investissement. Comme, en général, les étudiants américains vont se former fort loin de la ville où habite leur famille, ils ont besoin de ce décor immuable qui fait des universités un non-lieu géographique par lequel s'abolissent les distances et se dissimule l'éloignement. C'est une grande différence avec les étudiants européens et surtout français, qui s'éloignent rarement de leur famille pour leurs études supérieures et qui ont fait leur, depuis trop longtemps, ce slogan qui se lisait sur la route des vacances en Languedoc : « Nous voulons vivre au pays. » Je me réjouis que quelques-uns de mes ancêtres aient décidé de ne pas vivre au pays, de rompre les amarres et d'abandonner cette dure Charente où ils étaient des paysans attachés à la glèbe depuis quelques siècles. Merci à vous, hommes de ma lignée, d'avoir un jour levé les yeux pour porter votre regard un peu plus loin que les haies et les sillons péniblement tracés. Je vous dois tout et une grande part de ma liberté, vous qui êtes devenus qui militaire, qui employé du PLM ou du Paris-Orléans, qui professeur de lycée ou, plus simplement, pour d'autres venus par esprit d'aventure de leur grasse Normandie, pauvre cordonnier en chambre, à Paris. Qu'on ne vienne pas me dire que vous étiez plus heureux rivés à la terre, inquiets pour vos récoltes, devenus à grand-peine petits propriétaires, mais toujours soumis aux caprices du climat et aux aléas du marché.

J'appartiens à une génération qui rêvait de voyages faute de pouvoir les entreprendre. Ils incarnaient la liberté. Sans éprouver de regrets excessifs pour l'éloignement et même la coupure qu'ils devaient nécessairement entraîner, et dont on rêvait sans même devoir fermer les yeux. On s'imaginait parcourant ces villes et ces paysages qui illustraient les livres de géographie. Leurs photographies étaient grises, totalement imprécises. Raison de plus pour, en feuilletant les pages, se laisser aller à imaginer des rencontres inattendues et des déambulations interminables. Une certaine littérature d'avant-guerre nous impressionnait moins par son style que par son balayage avide et possessif de l'espace. J'ai lu avec passion Joseph Kessel, Pierre Mac Orlan, Henry de Monfreid surtout. On ne les appelait pas alors « écrivains voyageurs ». Ils exprimaient un état de l'imaginaire et une forme de liberté qu'on admirait. Ils apportaient une sorte de libération après les années de renfermement dues à la guerre, et durant lesquelles la géographie s'était réduite aux champs de bataille et aux territoires dévastés et soumis aux bruits de bottes. La guerre avait fait perdre le goût des voyages, qui mit une décennie à renaître. L'avion faisait peur. Il était trop lié, dans la mémoire collective, aux bombardements, et, malgré l'épopée de l'Aéropostale, très peu à la communication entre les hommes. Je me souviens encore de l'impact qu'eut l'accident d'avion survenu dans les Açores en 1949 et où disparurent, entre autres, le boxeur Marcel Cerdan, le violoniste Jacques Thibault et le peintre et graveur Bernard Boutet de Monvel. Ma grand-mère, lectrice attentive du journal, en tira une philosophie et, me voulant destiné à un brillant avenir, fut prête à me faire promettre de ne jamais voyager en avion. De ses conseils et de ses mises en garde, j'ai gardé une crainte, aujourd'hui encore éprouvée lors du décollage, et une incrédulité quant à la capacité de ces lourds transporteurs à voler.

Sans que j'ose l'avouer, pour moi le transport aérien relève du miracle. Malgré les efforts de ma raison, je demeure un aérosceptique.

Logiquement, j'ai donc fait mon premier voyage en avion assez tard. J'avais presque trente ans. Je n'en éprouve ni orgueil ni honte. Pour aller en Espagne, ou en Allemagne, le train nous suffisait. Mon premier séjour aux États-Unis date de 1969. La voie était dès lors ouverte. Depuis, j'ai franchi des dizaines de fois l'Atlantique pour aller au Brésil, au Canada ou aux États-Unis. Malgré les craintes jamais disparues que j'évoquais, j'y ai pris goût. J'ai même voyagé par les lignes intérieures américaines sur de peu rassurants appareils à hélice d'où ma grand-mère m'aurait obligé, menaçante et pressentant un grand malheur, à descendre sur-le-champ. Ce fut toujours pour me rendre dans une université où je devais donner une conférence ou enseigner. Aux États-Unis, je ne pratique guère le tourisme. J'aime être ailleurs pour y travailler, y vivre en observant les autochtones, et non pour y passer quelques jours, avec le cas échéant un appareil photo en bandoulière.

J'ai donc découvert les campus et leur bibliothèque en 1969 à Wesleyan, Connecticut. La bibliothèque y occupe un bâtiment ancien qui mêle briques, structures métalliques et pierres de taille – mais aussi grands espaces monumentaux d'accès et salles de lecture spacieuses, bien éclairées. On accède directement aux magasins, où il faut apprendre à se diriger, à assimiler les classements. En un mot, à ne pas se perdre dans des lieux qui ne diffèrent les uns des autres que par les livres qu'ils contiennent. Si le bois et le verre triomphent dans les salles de lecture, c'est le fer qui domine dans les magasins : rampes de métal de type eiffelien, escaliers métalliques aux marches ajourées, étagères garnies de livres, et peu de tables, si l'on compare à d'autres bibliothèques de campus, pour marquer un temps d'arrêt et parcourir un livre qu'on vient de sortir de sa rangée, attiré par un titre, une couleur ou un nom d'auteur. Je n'avais guère eu le loisir d'y travailler alors. J'avais tout à découvrir : l'hospitalité des collègues, les étudiants curieux et formés à poser des questions, la pratique des séminaires avec un nombre d'auditeurs réduit.

Le contrôle à l'entrée était inexistant. La confiance régnait. On ne pouvait imaginer qu'un étudiant vole un livre. Depuis, les choses ont changé. Moins ici peut-être, dans cette campagne du Connecticut, près de Yale, que dans de plus grandes universités. L'entrée est toujours libre, mais un contrôle plus strict se fait à la sortie quand on a emprunté des livres. À l'image de l'université elle-même, qui dispense une éducation « libérale » au College of Letters et, ailleurs, une éducation plus contraignante et plus sensible aux demandes du marché du travail, et semble, par la force des choses, hésiter entre deux voies – l'une poétique et l'autre réaliste, commentait à ma première visite un des professeurs. Il lui arrivait d'ajouter aux termes de sa comparaison le jardin à la française impeccablement tracé et le jardin à l'anglaise avec son désordre calculé. Ainsi, la bibliothèque est depuis quelques années de libre accès, mais soumise à des contrôles que les vols de livres ont rendus nécessaires.

Il y a presque trente ans, alors que j'enseignais à Rutgers, l'université d'État du New Jersey, j'avais visité avec Robert Darnton la bibliothèque de Princeton, notre prestigieuse voisine. J'avais été fasciné par les richesses qui y étaient disponibles en accès direct. Parce qu'à l'époque je travaillais sur les utopies, je me souviens avoir été surpris de trouver, à portée de toutes les mains, des exemplaires rares de l'*Histoire des*

Sévarambes de Vairasse d'Alais, des *Femmes militaires* de Rustaing de Saint-Jory et d'autres voyages imaginaires tout aussi recherchés. J'avais fait part de mon admiration pour ces richesses à mon guide et ami, ainsi que de mes craintes de les voir menacées par les prédateurs, comme il en existait déjà beaucoup en Europe. Il m'avait été répondu que la fierté d'appartenir à une si prestigieuse université, le respect qu'elle inspirait, rendaient le fait improbable. J'en fus sidéré, mais demeurai sceptique. Les bibliothèques universitaires en France, tout au moins celle de l'université où j'enseignais, étaient déjà soumises au pillage. Non de livres rares, qu'elle ne possédait pas, ou en très petit nombre, mais de textes au programme, souvent en édition de poche, relativement bon marché. En même temps était apparue la détestable habitude de découper dans les revues, à l'aide d'un tranchoir, les articles dont un enseignant avait recommandé la lecture, ce qui imposait aux malheureux exemplaires de la *Revue de l'histoire littéraire de la France*, de la *Revue des sciences humaines*, de *Littérature* ou de *Studi francesi* une sévère cure d'amaigrissement que révélaient un affaissement du dos du volume et son plissement pareil à celui d'une peau trop usée. Ce qui confirme, me semble-t-il, cette idée qui m'a toujours séduit d'une humanité des livres ou d'un caractère livresque des humains. J'appris quelques années plus tard que, à la suite de nombreux vols dans la bibliothèque de Princeton, on avait fini par soupçonner des professionnels du livre, aidés par des étudiants peu scrupuleux jouant les éclaireurs, de se livrer à ce pillage sélectif. Pour sauvegarder ce qui pouvait l'être, on avait transporté les livres rares, donc de prix, dans un étage ou peut-être même un bâtiment réservés aux « *special collections* ». En cette année 1977, le seul désordre que j'avais remarqué à la bibliothèque de Rutgers, que j'espère ne pas confondre en ce moment avec la bibliothèque de Queen's University (Ontario) fréquentée quelques années plus tard, venait de la demande d'aide que les bibliothécaires adressaient par voie d'affiche. Un lecteur pervers interchangeait entre des rayonnages assez éloignés les uns des autres des étagères entières de livres, ce qui introduisait une complète et irrémédiable confusion et rendait l'accès aux livres à partir de la cote totalement impossible. J'ai rêvé de surprendre cet étudiant (ou pourquoi pas ce bibliothècaire ou ce collègue ?) en plein travail, les bras chargés de livres ou poussant un chariot garni de volumes pour accomplir son forfait en jouant hypocritement les déménageurs attentifs et précautionneux. Cette attention aux bruits, aux déplacements que je jugeais suspects me distrayait trop de mes lectures et j'abandonnai assez vite mon enquête.

Plus j'y pensais et plus cette entreprise de sabotage me remplissait assez sottement de joie. Le fait d'avoir trouvé le point faible de la cuirasse et de devenir le David d'un géant aux pieds d'argile me donnait une espèce d'euphorie que j'aurais bien du mal à expliquer. Est-ce le triomphe de l'intelligence sur la loi d'airain du système ? Ou une perversion qui m'est, je l'espère, propre et me pousse à me réjouir de la désorganisation de ce qui a été pensé comme un modèle d'ordre, d'efficacité logique, en même temps qu'elle m'indigne quand je me trouve confronté dans une bibliothèque à un dysfonctionnement ? Dois-je me reconnaître une réelle pulsion anarchiste ou admettre mon incohérence ? Ce désordre introduit par un lecteur malicieux – je ne peux croire qu'il fût pire que cela et animé par la seule volonté de nuire – servait à me révéler les enjeux présents en toute bibliothèque. Il ne s'agit pas seulement d'accumuler pour conserver, mais de faciliter l'accès (et donc la consultation) des livres réunis. Il me semble qu'en chaque bibliothécaire existe une contradiction : le désir d'accumuler avec le souhait secret, non confessable et non confessé, que les livres demeurent éloignés du public, donc *ad vitam æternam* rangés comme au premier jour, alors que le classement imposé implique bien évidemment qu'on accepte le prêt, la consultation, la circulation des livres, que ce classement rend possibles. Rien, là, que de bien banal. Le métier de bibliothécaire n'est pas le seul à être traversé par une contradiction qui n'est pas près d'être résolue. Enfin, je n'ai jamais su si le trublion avait été repéré ni quelles mesures avaient été prises pour empêcher ses méfaits ou pour les punir.

Quand je songe à l'université de Rutgers, c'est autant de son musée que de sa bibliothèque que je me souviens. J'y ai découvert le japonisme européen et particulièrement les bois et les lithographies d'Henri Rivière, les gravures de Buhot, les bois gravés de Chadel. Un conservateur inventif, Dennis Cate, en avait fait l'objet principal des collections du musée. Quel savoir et quelle intelligence ! Je passais de longues après-midi à lire les catalogues des expositions qu'avait organisées le musée et à me promener, jamais lassé, dans les salles. Je finis par acquérir un savoir bien limité, mais encore peu répandu en Europe au-delà du cercle des spécialistes. Je me trouvais pourtant en terrain déjà un peu connu, ayant fait mon apprentissage pictural au musée du Petit Palais auprès des œuvres de Bonnard et de Vuillard, tous deux « Nabis japonisants », et ayant acquis un jour, dans une boîte sur les quais, un ouvrage – l'un des premiers sur ce sujet – d'Agnès Humbert, publié à Genève et consacré à ces mêmes

Nabis. J'arrivais un peu tard pour collectionner sérieusement les collaborateurs de *La Revue blanche*. Je dus me contenter de courir les musées pour contempler leurs œuvres. De cette expérience, j'ai gardé le souvenir rafraîchissant d'une étroite collaboration à Rutgers entre la bibliothèque et le musée. Inutile de préciser que je regrette ce temps qui donna une vigueur nouvelle à ma passion de collectionneur.

Pour en revenir aux vols nombreux de livres très ordinaires, coûtant, d'occasion, juste un peu plus qu'un paquet de cigarettes, et que, alors doyen de ma faculté, j'avais tenté de combattre, ils restent encore pour moi un phénomène totalement incompréhensible, davantage source d'indignation même que le vol de livres rares, peu fréquents, me semblait-il jusqu'à des révélations récentes, dans les grandes bibliothèques françaises. Pourtant, il y a quelques années, rue de Richelieu, on constata le vol d'une gravure, par découpage dans un ouvrage du XVIe siècle, si ma mémoire est fidèle, commis par un collègue d'une université parisienne, qui prétendait ainsi compléter un exemplaire défectueux de ce même ouvrage qu'il possédait dans sa propre bibliothèque. Je ne sais s'il fut pris le cutter à la main. Je crois me souvenir qu'Emmanuel Le Roy Ladurie était alors administrateur, mais peut-être était-ce Jean Favier. Le nom du coupable exclu de la Bibliothèque, son appartenance universitaire et la nature de son délit furent affichés. Certains s'en offusquèrent. Moi non. Et j'espère que l'administration de la Bibliothèque nationale n'en resta pas là. Le découpage des revues, les vols des livres de poche que j'ai évoqués m'ont choqué et obligé à une réflexion qui dépasse leur importance matérielle toute relative. En tentant d'expliquer à des étudiants sceptiques que ces livres étaient un bien commun et que les voleurs se volaient eux-mêmes, j'ai compris que cette notion ne signifiait pas grand-chose pour mes interlocuteurs, prêts à penser que ce qui est à tous n'est au fond à personne. On volait peu les livres quand j'étais étudiant. La mode de voler – la Joie de lire de Maspero en fit les frais au point d'être plongée dans une situation financière embarrassante – date des années 1968. La Joie de lire dut faire appel à des vigiles politisés et certains prétendirent que l'extrême gauche en fournit un nombre important. Avec pas mal de perversité, les voleurs employèrent alors des immigrés en situation irrégulière, qu'on ne pouvait, par fidélité aux principes, ni frapper ni livrer à la police. Il faut pourtant reconnaître que, avant même la mise à sac des librairies du Quartier latin, les étudiants de ma génération entretenaient avec les livres de bien étranges relations. Il n'était pas rare que disparaissent des rayons des bibliothèques de l'institut de français de la Sorbonne les ouvrages portant sur les auteurs au programme. Comme par enchantement, ils réapparaissaient une fois les examens terminés. L'opération était classique à la bibliothèque générale de la Sorbonne et s'exerçait en priorité aux dépens des enseignants chargés des cours. Certains de leurs pairs, rapides comme l'éclair, avant même que le programme ne soit officiellement publié, avaient vidé les rayonnages appropriés. Pour quelques-uns, la boulimie de livres était telle qu'ils ne cessaient d'emprunter des volumes avec la vaine ambition de transformer leur thurne en une annexe de la bibliothèque. Un de mes condisciples, philosophe, avait en une année emprunté plusieurs centaines d'ouvrages que, les vacances venues, il refusa de rendre et qu'il tenait enfermés dans des cantines métalliques cadenassées. L'affaire le conduisit en clinique psychiatrique.

Mes étudiants pilleurs et pillés, qui réclamaient plus de solidarité, se révélaient incapables de pratiquer cette même valeur dans leur environnement le plus immédiat. Je m'en étonnais d'autant plus que la gauche socialiste en avait fait un mot d'ordre et qu'eux-mêmes ne cessaient de dénoncer l'égoïsme des partis conservateurs et du monde capitaliste ou, comme on commençait à l'appeler, du libéralisme sauvage. De telles dénonciations semblaient n'avoir guère d'effet quand on se trouvait confronté à la réalité. Le respect d'autrui, le sens du partage relevaient de l'ordre du discours et de lui seul. Mes étudiants étaient pleinement les enfants de notre temps et à bien des égards nos héritiers.

Pour en revenir aux bibliothèques universitaires américaines, elles diffèrent par bien des côtés de leurs homologues européennes. Et ce non pas seulement en raison de l'absence de campus en Europe. C'est sans doute là une spécificité américaine : les universités, à la suite de dons, d'achats et d'échanges, possèdent, dans leur grande majorité, un musée souvent riche et une section de leur bibliothèque consacrée aux livres rares sous la rubrique « *special collections* ». Les Français, si pointilleux sur la distinction entre public et privé, manifestent en général dans le domaine de l'éducation un refus marqué pour le privé. Considérant avec raison que les Anglo-Saxons ont inventé le concept moral, social et même politique de *privacy*, ils pensent que la possession d'un musée ou d'ouvrages rares constitue un privilège réservé aux universités privées. L'exemple de Rutgers, université publique, dépendant des subsides de l'État du New Jersey, est là pour leur démontrer le contraire. La richesse de ces institutions universitaires tient à un imaginaire de l'université, à l'attachement de ses étudiants à leurs études, à la générosité des donateurs. C'est aussi une particularité des bibliothèques américaines que d'être à la fois de conservation, dans le cadre des « *special collections* », et pleinement au service des étudiants débutants et des doctorants. Avec des cas limites où la bibliothèque des collections spéciales ou des raretés finit par former en soi une bibliothèque, bientôt plus importante que la bibliothèque strictement universitaire. C'est le cas à Yale et à Harvard et, sans doute, dans bien d'autres grandes universités. Ces bibliothèques de prestige où s'accumulent archives d'écrivains, manuscrits, documents photographiques, éditions rares, curiosités diverses, gravures, tout ce qui relève du support papier, doivent l'essentiel de leur richesse à la générosité des anciens élèves, qui lèguent leurs bibliothèques à l'université, quand elles en valent la peine, ou font des dons en argent pour procéder à des achats, dont ils précisent souvent la nature – poésie espagnole, affaire Dreyfus, Beat Generation ou roman français. Le livre est ici respecté, les vœux des donateurs aussi, mais, comme dans les musées, ce respect n'empêche pas que l'on procède parfois à des ventes (de doubles, de tableaux douteux, ou par besoin de fonds et afin de financer des achats de nouvelles pièces rares ou de collections nécessaires à telle ou telle recherche). Je possède une édition du XVIIIe siècle du *Dictionnaire* de Pierre Bayle, laquelle m'a été offerte par un ami américain qui l'avait acquise lors d'une vente organisée par la bibliothèque de son université. Chaque année, dans cette bibliothèque de taille modeste et qui avait en priorité besoin, pour faire face à la montée de ses effectifs, de locaux plus que de livres, on procédait, en vertu de critères que j'ignore, à des ventes. S'adressaient-elles d'abord à des professionnels – des libraires ? d'autres bibliothèques ? Je ne sais, mais elles avaient lieu et on publiait le montant des sommes recueillies. Les professeurs, les étudiants et leurs parents en étaient des clients assidus. Rien de tel à la bibliothèque de Johns Hopkins, qui profite des moindres occasions pour acheter et sollicite avec insistance les dons.

J'imagine mal nos bibliothèques suivre de telles pratiques. Il y a dans les bibliothèques européennes, très marquées par une idéologie de l'État propriétaire et par la pratique de la conservation, quelque chose qui les rend proches du tombeau. On accumule et on n'est pas vendeur de livres, ni même volontiers prêteur. Si l'on commence à rendre à leurs légitimes propriétaires les œuvres d'art dont les Juifs déportés avaient été spoliés, je doute qu'on ait jamais songé à mener la même opération avec les livres maçonniques, ou avec ceux appartenant à des militants communistes arrêtés ou à des Juifs déportés, et dont on sait qu'ils furent déposés dans les fonds de la Bibliothèque nationale. Si l'on posait la question, la réponse serait probablement que ces saisies n'ont pas été enregistrées (ce qui me laisse perplexe), que les bibliothèques ont été souvent pillées par des voisins avides (c'est malheureusement vrai) ou vendues à l'encan (ce qui est tristement exact pour certaines bibliothèques maçonniques). Un conservateur avec qui je commentais ces faits me faisait remarquer que la recherche de tableaux est bien plus aisée. Il existait des photos des appartements spoliés et les ayant-droits en ont des souvenirs visuels. Tandis que, dans le cas des livres, il serait étonnant qu'on en eût dressé un catalogue, et les ayant-droits étaient alors trop jeunes pour se remémorer les ouvrages assez précisément. C'est donc avec surprise qu'un jour, ayant acquis un dessin du graveur Eugène Béjot, j'ai trouvé au dos un cachet indiquant qu'il provenait du fonds Béjot de la Bibliothèque nationale. Information prise, il ne s'agissait pas d'un vol, comme je l'avais craint, mais d'une vente effectuée par le Cabinet des estampes et que permettait une clause de la donation Béjot. Le cas est plus fréquent qu'on ne le pense. Cela tient sans doute à l'habitude qu'ont les artistes de vendre régulièrement leurs œuvres afin d'en tirer des subsides.

Pour en revenir aux bibliothèques de campus, je fréquente avec un plaisir toujours renouvelé, lors de mes séjours américains, les bibliothèques qui forment celle de l'université Johns Hopkins de Baltimore. En réalité, la bibliothèque est une sorte de centrale où l'on peut lire des ouvrages dont certains sont conservés dans d'autres lieux de la ville ou du campus et appartiennent à différentes bibliothèques de cette nébuleuse qu'on appelle Johns Hopkins Libraries. Certaines de ces bibliothèques contiennent d'authentiques trésors. Je pense à la Garrett Library, provenant du don d'une somptueuse villa-musée avec d'extraordinaires collections orientales, un théâtre privé décoré par Léon Bakst, ami de la famille, et une importante collection de tableaux : de Bonnard, Zuloaga, Picasso, Lurçat, Utrillo, Vuillard, Matisse… La bibliothèque occupe une pièce immense et pourtant accueillante avec ses rayonnages de bois, ses meubles, ses fauteuils, ses tapis, elle compte des ouvrages inestimables, allemands, anglais, français, italiens, américains – des incunables rarissimes aux célèbres planches d'Audubon. Des étudiants y sont stagiaires l'été afin d'aider au catalogage et de guider les visiteurs de la villa. Des chercheurs viennent à certaines conditions y travailler. La villa, qui a des aspects italiens, est baignée du silence qui l'entoure. Cette villa est un musée, certes, mais aussi une maison dans laquelle la trace de ceux qui y ont vécu demeure. La célèbre école de médecine de Johns Hopkins possède, quant à elle, sa propre bibliothèque, dont un secteur important est consacré à l'histoire de la discipline.

Ce qui me plaît ici, et même m'émeut chaque fois que j'enseigne à Johns Hopkins, ce n'est pas la richesse des fonds. Il existe aux États-Unis nombre de bibliothèques universitaires bien plus riches que celle-ci, et il est possible, en prenant un autobus qui fait régulièrement la navette à partir du campus, d'aller travailler à la bibliothèque du Congrès à Washington. De la bibliothèque de l'université Johns Hopkins, j'aime avant tout sa facilité d'accès, son ouverture au public universitaire qu'elle se fait un devoir d'aider dans son travail. Je ne connais pas de bibliothèques en Europe où tout soit ainsi pensé et organisé pour les lecteurs et dont l'existence n'a de sens que par rapport au travail des universitaires, étudiants et enseignants qui y lisent au coude à coude ou, plus réellement, dans des boxes mitoyens. Les enseignants ont ici comme seul privilège d'avoir, pour quelques-uns d'entre eux, des loges fermées où ils peuvent lire en paix et garder les ouvrages nécessaires à leurs cours ou à leurs recherches. On peut demander que les livres recommandés pour un cours soient mis à part afin que les étudiants qui en suivent l'enseignement y aient facilement accès. On peut solliciter des achats en urgence, utiliser facilement le prêt interuniversitaire, consulter les catalogues qui sont en réseau, savoir très vite où se trouve le livre difficile d'accès et en demander la communication. Il n'existe pas de limites réelles aux exigences des lecteurs. J'aime aussi que certains des services soient assurés par des étudiants rémunérés, ce qui leur permet de payer partie des droits universitaires élevés. La loi non seulement l'autorise, mais elle l'encourage, et cela explique le fort sentiment d'appartenance des étudiants ou anciens étudiants à leur université. Ils s'occupent du reclassement des livres, de la banque de prêt aux côtés de professionnels plus aguerris. L'Europe et la France en particulier ont beaucoup à apprendre des campus américains en ce domaine. En France, des difficultés sans nombre apparaissent quand on se propose de recruter des étudiants sur des emplois temporaires. Les syndicats s'y opposent et le gouvernement avec eux, avançant l'argument usé jusqu'à la corde selon lequel ces emplois temporaires empêcheraient la création d'emplois fixes et favoriseraient le chômage. Ces blocages n'aboutissent pas pour autant à la création de postes et découragent le travail étudiant.

À la Bibliothèque nationale de France, la présence des sièges ergonomiques, l'utilisation de bois rares pour le parvis, pas plus que l'usage, expérimental à l'excès, de l'informatique ne me paraissent constituer un immense progrès. Plus nouveau et plus important à mes yeux est l'emploi de vacataires, souvent étudiants, pour le vestiaire, l'accueil des expositions et, j'imagine, bien d'autres tâches encore. Je souhaite l'extension d'un tel système. Français, encore un effort... On m'objectera les arguments de toujours : le chômage, le temps à consacrer aux études. On n'a pourtant pas fait baisser le chômage en écartant des centaines d'étudiants de ces travaux temporaires, et les étudiants américains qui travaillent ne sont évidemment pas les plus médiocres.

Le bâtiment de la bibliothèque, dans le *home campus* de Johns Hopkins, faisant face à l'édifice central, qui date sans doute de la création plus que centenaire de l'université elle-même, occupe l'extrémité d'une immense pelouse où des étudiants d'origine chinoise, assis en cercle, reçoivent un enseignement lié à la méditation et où des étudiants pakistanais s'entraînent avec passion le dimanche après-midi et le soir, à la fraîche, au cricket. Mieux que ne le feraient sans doute des Anglais pure laine. Ce qui donne à réfléchir sur ce que l'on appelle, c'est selon, l'acculturation ou l'aliénation culturelle. Le bâtiment, qui tranche sur l'ensemble architectural du campus par son usage limité de la brique, ne paye guère de mine : de forme parallélépipédique, sa curiosité principale étant sa partie postérieure, qui donne sur une deuxième pelouse, qui elle-même conduit à l'une des rues de la ville qui représente la limite extérieure du campus et se situe à un étage de dénivellation par rapport à l'accès à la bibliothèque situé à l'intérieur du campus. Il existe donc trois niveaux : de plain-pied avec la pelouse du campus, un premier niveau occupé par la cafétéria ; un deuxième constitué d'un palier qui donne accès à la sortie vers la rue North Charles ; un troisième, enfin, qui appartient à la bibliothèque elle-même. On y pénètre grâce à une carte magnétique délivrée au personnel, aux enseignants et aux étudiants. Seule la sortie est libre. Ce rez-de chaussée comporte des bureaux, des rayonnages d'usuels, une salle pour les périodiques américains et étrangers, des vitrines d'exposition, la banque de prêt, des postes informatiques et de nombreuses tables où les étudiants s'installent pour bavarder. Cette salle n'est faite ni pour lire ni pour travailler. Elle est de rencontre et de retrouvailles. On y parle haut, les étudiants d'origine asiatique perdant ici, plus encore que les autres, toute réserve ; on y dort aussi. Car l'étudiant américain a le sommeil plus facile que léger. Il n'est pas rare de le voir s'endormir dans un des fauteuils club qui ornent l'entrée de la bibliothèque ou, la casquette de base-ball bien enfoncée sur le crâne pour se protéger de la lumière, s'assoupir sur ses livres et ses cahiers posés sur la table. Alors que je consultais un article de l'*Encyclopédie*, il m'est arrivé d'assister à la somnolence et au réveil de mon vis-à-vis, que ma professorale présence ne semblait ni surprendre ni gêner. J'ai remarqué que les rares dormeurs de la Bibliothèque nationale de France sont, si l'on excepte des lecteurs fort âgés, des étudiants nord-américains. Je les reconnais d'ailleurs à la facilité avec laquelle ils cèdent aux sollicitations du sommeil.

La bibliothèque possède quatre niveaux, installés sous terre et privés de la lumière du jour : le premier contient les « *special collections* », des salles de projection, des salles de travail et de réunion, divers services de l'administration ; les trois autres niveaux contiennent des livres, des boxes, des loges, des tables où sont regroupés des dictionnaires. La littérature (toutes langues confondues, l'anglaise exceptée) et l'histoire de l'art occupent le dernier étage. C'est-à-dire le plus souterrain. Les esprits chagrins y verront un signe du mépris dans lequel on tient ces matières. J'avoue ne pas partager cette déduction un peu hâtive. Grâce aux demandes des enseignants, à celles des étudiants, à l'attention de la bibliothécaire chargée de ce secteur, on suit de près l'actualité éditoriale. J'ai profité d'un séjour récent à Johns Hopkins pour lire Houellebecq, Catherine Millet et quelques autres, sans pouvoir m'empêcher de m'interroger sur la valeur de cette actualité littéraire qui occupe des rayonnages d'attente. À la demande de tel ou tel enseignant, de tel ou tel étudiant de doctorat, on complète des périodes, comme celle de l'entre-deux-guerres, qui souffre de manques. Récemment, on a racheté du Cendrars, par exemple. J'ai eu un moment l'intention d'établir un tableau de la littérature française du XXe siècle tel que la bibliothèque de Johns Hopkins permet de le construire, afin de le comparer ensuite aux usuels pour la même période de la Bibliothèque nationale de France. J'ai abandonné assez vite ce projet, car la comparaison serait difficile. Dans les choix de livres, les usagers d'une bibliothèque américaine interviennent beaucoup plus directement et plus facilement que leurs homologues français. Pas de papiers officiels à remplir : on envoie un courrier électronique à la personne responsable du domaine et l'affaire est conclue. Plus qu'une idée de ce qui compte actuellement dans la littérature du XXe siècle aux yeux d'un conservateur, il existe ici un rapport immédiat et sans doute difficile à définir avec l'actualité, puisqu'y jouent leur rôle tout à la fois l'éloignement, un intérêt spécifique pour la culture française dans l'intelligentsia américaine, la présence de tel ou tel professeur français ou de littérature française devenu depuis célèbre, comme Jean Starobinski, René Girard ou Robert Poulet...

L'intérêt manifesté par un professeur parvient également à expliquer la présence inattendue d'un fonds. On trouve à Johns Hopkins un important fonds Charles Fourier contenant plusieurs dizaines de volumes, à majorité anciens, comprenant des textes fouriéristes en français et en anglais et des plaquettes, fort rares, dénonçant les idées, jugées subversives ou dangereuses, de l'utopiste. Ce fonds est si surprenant qu'il mériterait que l'on s'interrogeât sur sa présence dans la bibliothèque. Ayant travaillé avec mes étudiants sur l'utopie, j'ai cherché à en savoir un peu plus. Il provenait du legs d'un professeur de droit qui avait exercé à Johns Hopkins, jusque vers les années 1920, si je me souviens bien. Mais je n'ai pas su si ces livres lui venaient de sa famille ou s'il les avait collectionnés lui-même. La première hypothèse semble la plus vraisemblable, car pas un ouvrage sur Fourier de cette collection n'a été annoté par lui ; aucun ne porte son ex-libris. On sait que tout un courant fouriériste a prospéré aux États-Unis, mais alla-t-on jusqu'à créer des communautés, des phalanstères près de Baltimore, dans le Maryland catholique ? Seuls les historiens, que je n'ai pas interrogés, pourraient répondre. Je regrette de ne pas avoir eu le temps de lire avec toute l'attention nécessaire un petit opuscule dénonçant Charles Fourier, *L'Immoralisme de la doctrine de Charles Fourier*, texte anonyme, Paris, chez les Marchandes de nouveautés, 1846. Le titre en était prometteur. Et quel nom de libraire ferait rêver autant que ces Marchandes de nouveautés ?

Les bibliothécaires, pourtant si soucieux des détails, devraient prêter un peu plus d'intérêt à la façon dont se sont constitués les fonds qui ont enrichi leur bibliothèque. Une telle démarche permettrait de combler certaines lacunes dont souffre l'histoire culturelle de la lecture. A-t-on exploité comme il l'aurait fallu les catalogues des saisies des bibliothèques d'émigrés qui se trouvent à la bibliothèque municipale de Versailles ? On a travaillé, en amont, sur les catalogues des bibliothèques privées retrouvés au hasard des inventaires après décès, mais on a négligé les alluvions déposés en aval, ces livres entrés dans les bibliothèques au gré de saisies, de dons et de legs divers. On finit par oublier, quand ils ont échoué dans l'océan des bibliothèques, l'existence des fonds privés, parfois devenus, les années ayant passé, totalement anonymes. Le temps est venu peut-être de reconnaître leur spécificité, de les prendre en charge pour retrouver les goûts livresques d'une époque, les lectures qui ont servi à la formation d'un groupe ou d'une génération et qui constituent l'une des sources de leurs imaginaires, la géométrie enfin de leurs jardins secrets.

J'aime que les bibliothèques de campus montrent à leurs usagers les richesses qu'elles conservent. Dans trois ou quatre vitrines, j'ai vu à Johns Hopkins quelques beaux exemplaires des livres de poésie de la Beat Generation. Rien d'ostentatoire, mais un rappel pédagogiquement clair d'un moment important de la poésie américaine. Une autre exposition portait sur une collection de photos dues à un reporter, ancien étudiant de l'université ou non, qui avait photographié le Baltimore des années 1920 : le port, la ville, l'université, moins étendue qu'aujourd'hui, presque familiale. Je me souviens enfin de vitrines consacrées aux revues d'avant-garde de la fin du XIXe siècle et des années 1920.

J'apprécie également la collaboration réelle qui existe entre les facultés, les départements et la bibliothèque. Les enseignants sont tenus au courant des acquisitions, des modifications dans le catalogage, consultés sur les achats, sollicités pour en proposer. Les courriers électroniques de la bibliothèque sont fréquents et insistent sur les collaborations souhaitées et nécessaires. Quand un ancien élève fait un don qui permet, en en respectant les clauses, d'enrichir tel ou tel fonds, des enseignants siègent dans la commission qui décide des achats. La bibliothèque offre des formations, assurées par des bibliothécaires qualifiés, sur l'histoire du livre qui sont illustrées par des ouvrages empruntés à la bibliothèque. Si l'on en formule la demande, il est possible de faire cours dans la bibliothèque en utilisant des livres d'accès difficile. Pour ma part, avec un fac-similé de qualité des projets et des plans de Nicolas Ledoux, des photocopies de plans et de projets de Boullée, j'ai pu expliquer à mes étudiants ce qu'étaient les architectes visionnaires du XVIIIe siècle, commenter l'importance de l'espace urbain dans leurs propositions et la fonction politique et sociale que revêtait la multiplication des cénotaphes. Les documents appartenant à la bibliothèque furent complétés par ceux que fournissait un site Boullée de la Bibliothèque nationale de France, dont l'une des bibliothécaires m'avait fourni l'adresse.

Mais mon plus beau souvenir de collaboration avec la bibliothèque demeure la présentation d'une édition ancienne de *La Découverte australe ou le Dédale français* de Restif de la Bretonne, dont je venais d'apprendre par la *Gazette de l'hôtel Drouot* qu'un exemplaire assez proche de celui que possède Johns Hopkins avait atteint une enchère très élevée. Nous avons pris rendez-vous, visité les locaux et, réunis avec les étudiants, nous nous sommes installés dans la grande salle de la Garrett Library, que j'ai déjà évoquée. Les quatre volumes de *La Découverte* sont sous emboîtage. J'en connais par le catalogue la description : « *La Découverte australe par un homme volant, ou le Dédale françois*..., publié à Leipsik et se trouve à Paris, s.n., 1781, 4 volumes comportant 24 gravures », avec comme titre générique *Œuvres posthumes de Nicolas-Edme Restif de la Bretonne* (étrange faux titre ou plutôt vrai titre faux, puisque Rétif est mort en 1806 et que *La Découverte australe* a été publiée en 1781). Les volumes sont reliés en veau, avec les armes de Anne-Léon, duc de Montmorency. Illustre provenance, donc. Je n'ai ni le temps ni les moyens d'élucider l'errance qui a conduit ces volumes jusqu'aux États-Unis et enfin dans la collection Garrett. Peut-on imaginer qu'un Montmorency fuyant la Révolution soit venu se réfugier dans ce pays en compagnie de ses livres favoris ?

Les livres voyagent autant et souvent plus que les hommes eux-mêmes. J'en ai eu maintes fois la preuve au Brésil, aux États-Unis, en Espagne, en Angleterre, au Portugal, en Italie et en Allemagne. Les objets, y compris les livres, sont d'infatigables globe-trotters. J'ai ainsi expliqué à mes étudiants, tout de même impressionnés par le duc, qu'on ne pouvait écarter aucune hypothèse sur le périple de ces quatre volumes de Restif. Certains ont raconté qu'ils avaient acheté à Genève ou à Paris des livres dont l'ex-libris indiquait Baltimore. Je ne sais si cette errance ducale les rassurait sur leurs achats en leur donnant une espèce de vernis aristocratique. Me croyant un instant en présence de mes étudiants français, j'en ai profité pour leur indiquer que ce texte réformiste et passablement rebelle à la *doxa* de la séparation des espèces appartenait à la bibliothèque d'un grand aristocrate; ce qui donnait à réfléchir quant au public prétendument bourgeois des Lumières. On en est ensuite venu à la matérialité même du livre. À sa reliure d'abord, modeste pour une si illustre provenance, dont on pouvait déduire que ladite bibliothèque était plus d'usage que d'apparat. L'état d'usure de la reliure – cuir obscurci, charnières et coiffes fragiles – prouvait que le livre avait été lu et relu dans sa totalité. Rien n'indiquait que cette lecture intensive et répétitive avait été celle de ses premiers propriétaires, malgré la présomption déduite de la simplicité de la reliure. Nous avons ensuite commenté la page de titre, examiné les cahiers et les signatures des protes et regardé une à une les gravures sans y repérer, comme cela arrive parfois avec les œuvres de Restif de la Bretonne, de flagrantes erreurs de pagination du relieur. Quand je me rappelle cette séance de travail, je suis encore ému d'avoir pu mettre un des trésors de ce lieu au service de la pédagogie, ce qui ne m'est jamais arrivé durant mes nombreuses années d'enseignement en France, et d'avoir montré que les livres parlent de leurs propriétaires et de leurs lecteurs avant même qu'ils aient été lus.

Il existe enfin à la bibliothèque de Johns Hopkins un fonds

important de films et de DVD. J'en ai profité deux fois : la première pour visionner *Le Manuscrit trouvé à Saragosse* d'après le roman de Potocki et la seconde consacrée à deux versions de *1984* d'après Orwell. Ces films devaient illustrer deux séminaires : l'un intitulé « Démons et merveilles dans le roman et la pensée du XVIIIe siècle », l'autre étant une réflexion sur la contre-utopie. Les deux fois avec l'aide de l'assistante chargée d'un cours sur le cinéma, qui a obtenu rapidement les DVD et s'est occupée de retenir une salle de projection. J'ai prévenu les étudiants de la projection sur grand écran de télévision dans un des studios de la bibliothèque. Je connaissais *Le Manuscrit trouvé à Saragosse* et la version de *1984* avec Richard Burton. J'ignorais qu'il existait une version filmée juste après la publication du roman d'Orwell en 1955. Nous l'avons regardée en silence. Le film est en noir et blanc avec des images peu nettes, des références à l'expressionnisme allemand, de nombreux plans fixes. À mon sens plus dur, plus efficace que la version couleurs avec Richard Burton pour illustrer le désespoir du héros, l'oppression ambiante, l'impossibilité d'échapper à la chape de plomb, à la novlangue. Mais les étudiants, qui préféraient la version la plus moderne, m'ont empêché de me sentir trop attaché à un cinéma qu'ils connaissent mal et que j'ai appris à aimer, il y a presque cinquante ans, lors des séances à un franc et un centime de la cinémathèque de la rue d'Ulm.

Lorsque je déciderai d'effectuer mon ultime voyage aux États-Unis, ce sera en premier lieu pour lire une dernière fois en campus afin d'éprouver un avant-goût du Paradis que j'espère.

X

Rêves de bibliothèque

Pèlerinages

En 1947, mes parents décidèrent de faire un pèlerinage dans les villes de garnison où ils avaient vécu avant la guerre. Ce fut d'abord Sarrebourg, où sont nés mes frères et qui était, je crois, la première vraie garnison qu'ils avaient connue. Ce dont je me souviens surtout, c'est l'arrivée du Tour de France sur la place Kléber à Strasbourg. Robic, me semble-t-il, était en tête. Je collectionnais tout un tas de réclames que la caravane publicitaire distribuait aux spectateurs. L'enthousiasme était à son comble. Dans le pays tout juste libéré, l'aspect festif de la course revêtait une réelle importance. Le tracé du Tour qui encerclait le pays dessinait symboliquement comme une reconquête et un retour à la normale. Les foules se précipitaient pour saluer les coureurs, écouter l'accordéon, les slogans lancés à tue-tête par les haut-parleurs des camions. Cela les changeait des rassemblements pour applaudir le maréchal, puis, à partir du mois d'août 1944, le général de Gaulle. La guerre était bien finie. J'ai conservé pendant des mois les cadeaux publicitaires recueillis avec passion. Ils ont fini par jaunir et ma mère les a jetés. Après quelques jours de tourisme au mont Sainte-Odile, aux

Trois-Épis, à Gérardmer, nous nous rendîmes à Sarrebourg. Les amis de mes parents avaient presque tous disparu. Les uns, juifs, avaient été déportés sans espoir de retour, des militaires comme mon père avaient été dispersés par la guerre, d'autres avaient été tués au combat, de certains on était sans nouvelles. Nous rendîmes visite à une famille, propriétaire d'un magasin de meubles, à qui mes parents, je crois, avaient acheté leur première salle à manger. Les enfants, qui avaient échappé à la déportation, nous reçurent très émus. Je compris au terme de ce pèlerinage qu'il est bien rare qu'on retrouve son passé. Et les pèlerinages, au lieu de faire revivre l'image d'un bonheur perdu, sont trop souvent source de nouvelles tristesses.

Les années passèrent, le souvenir de la guerre s'éloignait et mes parents s'accoutumaient à la paix retrouvée : on alla à Granville, d'où mon père était parti à la guerre, mais pour profiter de la plage et non pour y rechercher des fantômes du passé. Mes parents évitèrent même de chercher la maison qu'ils habitaient alors. Mon père me montra de loin la caserne du Roc où il avait été instructeur, et où la déclaration de guerre l'avait surpris avec l'ordre de rejoindre son régiment. Je contemplais la mer pour la première fois. J'en éprouvai une grande émotion. La marée basse m'impressionna. La marée haute me fit presque peur. J'achetai un filet pour pêcher les crevettes. Je me baignai. On alla au Mont-Saint-Michel, que les touristes ne menaçaient pas encore. On y mangea une célèbre omelette que je trouvai trop grasse et trop baveuse. La guerre ne m'avait pas habitué à toutes ces abondances. On se promena à Donville-les-Bains, à Saint-Pair-sur-Mer et sur d'autres plages environnantes. Ce furent mes premières vraies vacances. N'avait été la blessure de mon père, au beau milieu du visage et que dissimulait un bandeau noir, nous aurions pu passer pour des vacanciers ordinaires. Il me fallut m'habituer dans un mélange de fierté et de colère à ces regards qui le dévisageaient quand nous rentrions dans la salle à manger de l'hôtel et aux chuchotements qui accompagnaient notre passage. Rien qui m'encourageât vraiment à la pratique de ces pèlerinages laïcs. Je regrettai vite notre vie habituelle, repliée sur nous-mêmes.

Les autres pèlerinages que nous fîmes en famille furent strictement religieux. On alla plusieurs fois à Lourdes. J'en conserve un souvenir très particulier : une ville commerçante, une foule réellement habitée par la foi et, parmi les malades venus chercher une guérison, toute la misère du monde. J'ai gardé la foi de mon enfance, mais sans le goût des pèlerinages. Et il a fallu un séjour comme professeur invité à l'université de Santiago de Compostela en 1989 pour que je reprenne contact avec cette pratique. Je ne ferai pas l'offense à la cathédrale de Santiago, à la beauté luisante et grise de la ville de les comparer à Lourdes, si exemplaire d'une architecture proche de la pièce montée.

Bien qu'étant retourné de très nombreuses fois à Madrid en visite familiale ou pour des colloques, c'est assez récemment que j'ai eu l'occasion de revisiter la Biblioteca nacional et l'Ateneo. L'idée de ce livre, la relecture des notes prises lors de mon premier séjour en Espagne, m'y ont sans aucun doute incité. L'âge aussi, avec la conscience nécessairement plus aiguë du temps qui passe. La démocratie revenue, l'Espagne pays aujourd'hui si européen : j'étais curieux de voir ce qu'y étaient devenues les bibliothèques de mon année de boursier à Madrid. Je m'étais, il y avait cinq ou six ans, avancé jusqu'à la Bibliotheca national pour y voir une exposition consacrée aux monstres. Je savais les changements intervenus. J'avais lu dans la presse que l'historien Fussi avait été nommé administrateur et avait commencé à moderniser la Bibliothèque. J'avais même demandé quelles étaient les formalités à entreprendre pour obtenir une carte de lecteur, et j'appris alors que ladite carte était toujours gratuite. On me pardonnera de le signaler pour la seconde fois : une rumeur d'augmentation des droits à payer pour la carte de lecteur-chercheur de la Bibliothèque nationale de France s'est faite depuis quelque temps insistante.

Par des amis espagnols dont les enfants poursuivaient leurs études, je savais que la Biblioteca nacional de la Castellana était fréquentée par les chercheurs et les étudiants avancés et les salles de lecture de l'Ateneo essentiellement par les *opositores*, nombreux en Espagne. Ce sont des étudiants titulaires d'une licence qui préparent les concours d'accès aux grands et aux plus modestes corps de l'État ; le concours de recrutement est encore en Espagne un moment essentiel de l'intégration et parfois de la promotion sociales. D'où deux publics et deux modes de sociabilité assez différents, encore que, à en croire les intéressés, les deux mondes ne soient pas totalement hétérogènes : une façon propre d'être et de vivre ensemble leur est commune. On s'y frappe sur l'épaule (*el abrazo*) pour se manifester sympathie et même affection. On y parle haut de football. On s'y regarde avec cette intensité qui n'existe pour l'Europe qu'en Espagne et qui fait qu'on s'interroge sur ces regards appuyés, sans remords. Indignation, provocation, invite ou refus ? Je ne sais. Sans doute un peu de tout cela, dans un jeu où se maintient l'illusion que l'on existe.

Rien ne différenciait vraiment dans les années 1960 la

cafetería de la Biblioteca nacional de celle de l'Ateneo : mêmes bruits de verres, mêmes rires éclatants, même prise de parole un peu vive qui faisait croire à l'étranger qu'on n'allait pas tarder à en découdre, même fumée épaisse et âcre des cigarettes bon marché – les *Celtas* dans les années 1960 –, même consommation de vin et de café, passion semblable dans la discussion sportive ou politique. Rien ne les différencie aujourd'hui, malgré les transformations, l'usage répandu du tabac blond, les modernisations et l'introduction dans la Biblioteca nacional du *design* contemporain. À l'Ateneo, la présence plus immédiatement visible du bois, de la céramique, du formica et de l'aluminium confère au lieu un aspect vieillot qui le rend très proche encore de mes souvenirs. Basse de plafond, la *cafetería* de l'Ateneo conserve un air de taverne *(tasca)* bon enfant. Son site d'implantation n'a pas changé, me semble-t-il. Seule rénovation d'importance, les toilettes ont été récemment carrelées et les appareils sanitaires brillent comme un sou neuf.

J'explique le but de ma visite au bureau d'entrée de l'Ateneo, juste après un escalier que je trouve un peu étroit pour une bibliothèque publique et qui était plus large dans mon souvenir. L'accueil est affable. On m'autorise tout de suite à entrer, et on me remet un dépliant en m'expliquant que la bibliothèque est en travaux. Des échafaudages et des bâches masquent la façade du vieil immeuble. Je me promène assez librement jusqu'au *salón de actas*, dont les lecteurs ordinaires de mon séjour à Madrid se moquaient ouvertement parce qu'il était réservé aux membres de l'Ateneo qui y dormaient consciencieusement, non sans raison, insinuait-on, lors des conférences publiques. Et avec ce talent, partagé par les habitués de ce genre de prestations ici et ailleurs, de se réveiller juste à temps pour applaudir et poser souvent une question ne manquant ni de pertinence ni d'à-propos.

Durant ma visite, je retrouvai les passages obscurs, les boiseries sombres, la sinistre galerie des portraits des directeurs, dont certains étaient placés si haut qu'ils échappaient, heureusement sans doute, au regard du visiteur. J'y aurais pourtant cherché avec une délectation morose ce directeur qu'indignaient, au printemps 1960, mes lectures de l'œuvre de Pío Baroja, tout en me demandant si les directeurs de l'époque franquiste avaient encore droit de cité. La volonté de réconciliation – la fermeture de la parenthèse franquiste, qui avait duré la bagatelle de trente-six ans – avait-elle ici aussi triomphé ? J'ai retrouvé avec plaisir les salles de lecture et leurs longues tables de bois inclinées comme des pupitres, le fichier, les rayonnages de livres contre les murs, la faible lumière tombant d'une espèce de verrière, les petites lampes vertes qu'on devait allumer dès le matin. Une note de la conservatrice (on était loin du machisme des années 1960) affichée sur un des panneaux me réjouit profondément. Non sans humour, elle rappelait aux lecteurs qu'il ne fallait pas tenter de remplacer les ampoules à la puissance jugée insuffisante par d'autres apportées de l'extérieur : l'installation électrique vieillote ne le supporterait pas. On demandait aussi de ne pas subtiliser ces ampoules pour un usage domestique. J'ai reconnu là la forme hispanique du système D, qu'on qualifie parfois de picaresque. Qu'on y réponde par l'humour et non par la menace ou le rappel réglementaire ne m'a pas paru si fréquent. Un lecteur mi-sérieux mi-gouailleur, me voyant attentif aux notes de service, vint m'expliquer que la caducité du système électrique rendait difficile, ou même dangereux, l'usage des ordinateurs.

La salle de lecture était presque vide à cette heure du déjeuner. Il devait être 15 heures 30. Je descendis à la *cafetería*, très imprécise dans mon souvenir, mais sans doute peu changée. Trois ou quatre tables bruyantes, comme il se doit ; un comptoir encombré où j'ai bu un café, les pieds au milieu des cure-dents, des papiers et emballages divers, symboles ici de la modernité arrivée en Espagne avec la concurrence commerciale internationale, des noyaux d'olive qui jonchaient le sol, comme il est habituel dans les bars espagnols, et qui me rappellent la sciure de mon enfance dans les cafés parisiens. La serveuse était jeune, originaire d'Amérique latine, et elle n'aurait pas pu répondre à mes questions sur la *cafetería* de ma mémoire. Un peu de football, une diatribe contre les Américains, des commérages et des rires, et, dans un coin, signe que le temps avait réellement passé, un couple librement et tendrement enlacé.

J'ai poussé le pèlerinage jusqu'aux toilettes. Refaites, mais gardant je ne sais pourquoi une impression d'humidité ou peut-être plus simplement de fraîcheur souterraine. Pas de graffitis, plus de *Mundo obrero*, dont je ne crois pas qu'il se publie encore. La Pasionaria, stalinienne endurcie, est morte depuis longtemps, atteinte de démence sénile. Le journal télévisé montre de temps en temps Santiago Carillo, ancien secrétaire du Parti communiste espagnol, bon pied, bon œil. Parfois saluant le roi et salué par lui. « *¡ Ola, Santiago ! ¿ Como te va la vida*[1] *?* » et don Santiago, l'intime de Ceacescu, de répondre, avec un regard malicieux, mais respectueux des formes : « *Peor que a Vd., Señor*[2]*...* » Chaque fois que je vois

1. « Salut, Santiago ! Comment ça va pour toi ? »
2. « Moins bien que pour vous, Majesté... »

Santiago Carillo apparaître au journal télévisé espagnol, je me dis qu'une part essentielle de la transition démocratique en Espagne est due à des staliniens pragmatiques qui, selon toute vraisemblance, s'ils étaient en âge de militer durant la guerre civile et d'exécuter les basses besognes dans les *checas*[1], avaient quelques assassinats sur la conscience et à de jeunes et moins jeunes phalangistes dont, quelques mois auparavant, quand ils prêtaient serment devant le Caudillo en uniforme blanc et chemise bleue, nul n'aurait soupçonné qu'ils aspiraient à la démocratie. L'Espagne a passé l'éponge, même sur le sang. Elle s'est voulue sans mémoire du passé pour se construire un avenir. Et je me demande si, dans une génération, comme cela est arrivé en France et dans d'autres pays européens, grâce à des historiens souvent jeunes, apparemment libérés du passé mais soudés à lui par une histoire familiale, on ne verra pas resurgir ce passé enfoui et désormais sans témoins vivants. L'Espagne est-elle en passe de connaître ce temps, un peu paradoxal et souvent insupportable, des juges arrogants, régulateurs de la mémoire, prêts à sonner l'hallali, à brandir les ciseaux, à exiger des mises en accusation agressives, édictant des leçons de courage et de dignité qui, données aujourd'hui, ne font courir aucun risque véritable ?

Les peuples peuvent-ils vivre avec une part de leur passé oubliée ? En Espagne, on est en train de voir accéder à la vie publique une génération qui n'a pas connu la guerre civile et parfois pas même Franco. Ses membres ont trente ou quarante ans et ils s'interrogent quelquefois sur leur passé familial. Papa, de quel côté étais-tu ? Ton père, mon grand-père,

1. Prisons secrètes contrôlées par les communistes.

a-t-il participé à la guerre civile ? De quel côté ? Et les voilà tout disposés à juger, au nom des principes actuels, les comportements du passé, en faisant fi des conditions particulières, des incertitudes, qui pesaient si lourd, des incendies, des fusillades, des exécutions sommaires, qui en firent basculer plus d'un d'un camp à l'autre. Et cela malgré toute l'admiration que j'éprouve pour les choix de mon père, hostile à Pétain, résistant, engagé dans la lutte armée malgré sa blessure, acceptant par fidélité au gouvernement provisoire de la République la tâche pas si facile d'exercer l'autorité dans la sous-préfecture où nous étions réfugiés, et où lui était né, pour s'opposer à une éventuelle opération insurrectionnelle et assurer le bon fonctionnement de l'administration. Quand je me rappelle cette vie comme tracée d'avance, tout paraît simple. Mais je souhaite qu'il ait douté. Je me prends parfois à espérer que ces doutes lui étaient inspirés aussi par la conscience des risques qu'il nous faisait courir, à ma mère, à mon frère et à moi.

La blessure de mon père, la présence toute proche des maquis locaux ou descendus du Limousin, les représailles exercées par les troupes allemandes, les récits héroïques que je lus ensuite dans *Coq hardi* et les albums de *Bernard Chamblet* que dessinait Le Rallic avec une précision qui m'enchantait m'avaient conduit à construire un monde en blanc et noir. Le cinéma m'y aidait. J'avais vu dans la salle des fêtes de notre petite ville *La Chute de Berlin*, qui donnait le beau rôle à Staline et exaltait l'avancée des troupes soviétiques. Il me fallut des années pour finir par comprendre que, derrière cette victoire pour une moitié de l'Europe, pas si lointaine que cela, il y avait la réalité de l'oppression, la liberté perdue, l'État policier, la terreur stalinienne et le malheur. Pour le moment, on en était à l'euphorie. Le reste viendrait ensuite. On voyait au cinéma *La Bataille du rail* et, inspiré par des faits qui s'était déroulés dans notre région même, *Le Père tranquille*. Il y avait les bons qui gagnaient, les méchants qui perdaient ; les traîtres étaient punis. Chaque chose était à sa place et, au fond, cette vision binaire correspondait à ce que j'avais vécu : les soldats allemands menaçants qui patrouillaient dans les rues après avoir été victimes d'une embuscade et qu'on observait derrière les volets fermés, les résistants tués, un groupe qui avait été déporté à la suite de bavardages imprudents et de dénonciations, la présence nocturne des hommes du maquis, la villa sur les hauteurs où habitait le chef de la Milice, qui ne tarda pas à s'enfuir en Espagne quand le vent tourna.

Il me fallut sortir des souvenirs d'enfance et des images familiales pour percevoir que ce monde en blanc et noir ne reflétait qu'une part très largement minoritaire de la réalité. Je n'arrive pas à reconstruire avec exactitude la manière dont se brouillèrent les images. Comme à nombre d'hommes de ma génération, *Le Chagrin et la Pitié* m'a beaucoup appris. Mais, par d'autres voies, j'en étais déjà venu à m'interroger. Je me souviens tout spécialement du choc éprouvé à la lecture du *Voyage au bout de la nuit*, découvert grâce au Livre de poche. Je l'avais lu d'un trait, assis sur un banc de la place Hoche à Versailles, en regardant de temps en temps la statue du général républicain et l'église de la paroisse. La force du roman et de son écriture m'impressionnèrent à jamais, mais moins sans doute que le silence qui pesait sur lui et sur Céline lui-même. J'eus recours à la bibliothèque municipale pour mener mon enquête. Je découvris les pamphlets antisémites, *Mort à crédit*, le sombre monde de la collaboration. Il me faudrait vérifier les dates, mais je ne crois pas que Céline avait déjà fait son retour sur la scène littéraire avec *D'un château l'autre.* Ne suis-je pas en train de superposer des épisodes pour donner une logique à ce qui, alors, en avait évidemment beaucoup moins ? J'ai la mémoire comme tout un chacun oublieuse, mais animée d'une volonté de cohérence fondée sur la chronologie, les lignes de force. Mon frère vient de me le rappeler en me démontrant que mon souvenir de la bibliothèque municipale de notre enfance est totalement reconstruit. Elle n'existait pas à cette époque. Due à l'initiative d'un inspecteur de l'enseignement primaire quelques années plus tard, installée à un autre étage que celui que je lui attribue, je n'ai donc pu la visiter dans l'immédiat après-guerre. Il s'agit sans doute d'un souvenir beaucoup plus tardif, auquel mon frère ne participa pas, que j'ai mêlé à d'autres pour donner sens à mon destin de lecteur. En écoutant mon frère parler, évoquer des souvenirs de notre enfance, je prends conscience du fait que les mémoires ne sont pas semblables. La sienne est plus précise que la mienne. Quand il se souvient, il se préoccupe avant tout de la vérité de ses souvenirs. Moi, je fais difficilement le partage entre le souvenir et la fiction, et je suis plus sensible à sa dimension romanesque qu'à son exactitude. Ai-je trop lu pour en arriver là ? Il m'en coûte de refuser cette explication selon laquelle la lecture des romans aurait pu influencer la construction et l'interprétation de mes souvenirs. Mon frère est un grand lecteur, lui aussi, mais je pense que son intérêt pour les livres d'histoire n'est pas indifférent à son souci de vérité, même si les récits de guerre, nourris de dates et de faits, lui permettent de se construire des vies imaginaires.

Je ne suis pas retourné depuis plusieurs années à la bibliothèque municipale de Versailles. Je sais cependant qu'elle ne ressemble plus à celle que j'ai fréquentée. Elle s'est agrandie et elle accueille un nombre considérable de lecteurs. Les conservateurs se sont succédé. Ainsi va la vie. Il m'arrive de retourner rue de Richelieu. L'ancienne salle des périodiques a été mise à la disposition des lecteurs de la bibliothèque Jacques-Doucet. Qui ne s'en réjouirait ? Et pourtant, la nostalgie demeure et, pour nombre de lecteurs de ma génération, malgré la place gagnée au site Tolbiac, la multiplication bénéfique des usuels, la vraie Bibliothèque nationale restera inscrite à jamais dans les locaux vétustes, insuffisants, de la rue de Richelieu. Je ne peux m'empêcher, depuis le hall d'entrée, de regarder la salle Labrouste, désespérément vide de lecteurs, malgré ses lumières vertes allumées pour faire sans doute comme si tout demeurait en place. Je lève le regard et je vois les rayonnages dépouillés de leurs volumes, la salle réduite à une triste et affligeante carcasse.

Pour en finir, un dernier paradoxe. À peine de retour d'Espagne ou des États-Unis, je reprends mes habitudes de lecteur. Je retrouve la ligne 14, le parvis en bois rare et glissant les jours de pluie de la Bibliothèque nationale de France, puis la lente descente qui me conduit au rez-de-jardin, réservé aux chercheurs. Force est de constater la lente usure du bâtiment. Sans peine et sans joie revancharde. Les portes d'accès ferment mal, il manque des vis aux attaches des lattes de bois, les faux plafonds qui avaient fini par tomber au sol n'ont pas été remplacés, les urinoirs de l'Est, réparés après avoir été emballés à la façon de Christo pendant des mois, n'ont pu empêcher que ceux de l'Ouest se bouchent, quelques-uns des postes téléphoniques semblent avoir disparu, preuve que les téléphones portables gagnent du terrain, les rappels au règlement, toujours aussi nerveux et toujours aussi peu efficaces, se multiplient, avec une obstination qui finit par faire sourire. Cela donne l'illusion d'une patine, d'une maturité conquise. Mais je n'arrive pas à m'y faire. En ce qui concerne l'environnement, le quartier vieillit mal avant même d'avoir été achevé. Les bureaux succèdent aux bureaux. Les noms de rue, « tendance culture » comme l'on dit aujourd'hui, n'y changent rien. Ni même les pique-niques entre voisins dont on affiche les photos en couleur presque grandeur nature sur les grilles qui surplombent la tranchée des voies ferrées. J'en viens à aimer les immeubles squattés près de la station de métro Quai-de-la-Gare, et dont l'un a été tragiquement détruit par un incendie cet été, et la chapelle, appelée très justement et malheureusement sans ironie Notre-Dame de la Sagesse, qui est là, silencieuse et recueillie, dans cet ensemble m'as-tu-vu, coincée entre un square maigrichon, baptisé James-Joyce, dont le vert n'a pourtant rien d'irlandais, et un immeuble très *design*, pris dans le croisement des rues Fernand-Braudel, Jean-Giono, Valéry-Larbaud, Balanchine et Abel-Gance qui, à en juger par son imaginaire des bibliothèques, n'ont point dû inspirer l'élan créateur et la geste architecturale de Dominique Perrault.

Lors de mon dernier retour d'Espagne, preuve qu'il n'y a vraiment plus de Pyrénées, j'ai trouvé dans les toilettes, rez-de-jardin Ouest, un graffiti dialogué qui m'a indigné et rempli d'espoir. Un premier scripteur avait écrit à la sauvette : « Défendons-nous des envahisseurs » ; le second, convaincu qu'il ne s'agissait pas d'une allusion à une série américaine déjà ancienne, avait noté un peu plus bas : « Connard ! Oui, comme en 1940, où les seuls à s'être défendus sont les Sénégalais envoyés au massacre ! » J'ai pensé avec tristesse à mon père et à ses soldats normands enfoncés dans leurs trous pour tenter désespérément d'arrêter la déferlante des chars allemands. En consolation, je me suis dit que le contestataire du présumé raciste faisait preuve d'une intégration réussie. Il avait appris de nos habitudes que l'injure a valeur d'argument, et il réagissait comme un ancien combattant. Le franchouillard pointait enfin sous l'immigré. J'en viens à me dire que ces retours réguliers ont des allures de pèlerinage. Chaque fois, je me vois obligé de me soumettre à un nouveau logiciel pour consulter les catalogues, réserver ma place ou obtenir une sortie provisoire. À défaut d'être dans le livre Guinness des records pour le nombre de volumes conservés, la Bibliothèque nationale tente d'y figurer pour sa consommation frénétique de logiciels, battant sans aucun doute d'une courte tête la SNCF et son système Socrate de bien triste mémoire.

Bibliothèques représentées, bibliothèques imaginaires

Le fait est patent. On peint peu les bibliothèques et encore moins leurs lecteurs. Et je m'en étonne quand je contemple le satiné des bois des étagères, les taches de couleur des pièces de titres, la chaleur des cuirs, l'or des ornementations infiniment variées. Les reliures du XVIIIe siècle, moins noircies que celles du XVIIe, renvoient la lumière et font miroiter les marbrures des plats. Mais pourquoi s'obstiner à vanter l'espace créé par une bibliothèque, sa géométrie rigoureusement imparfaite, ce mélange des verticales et des horizontales en cascades ? Il faut cesser de prêcher dans le désert. La lectrice, au contraire, est un thème fréquent de la peinture des XVIIIe et XIXe siècles, sans que l'on puisse vraiment savoir si l'acte de lire est ici valorisé ou jugé comme une affaire de songe-creux et de rêvasseuses. À ma connaissance, ni Picasso ni Matisse n'ont peint de bibliothèque. De cette époque, glorieuse, je ne connais qu'une toile de Félix Vallotton : une bibliothèque de salon garni de livres. Ce qui ne manque pas, à l'inverse, ce sont les livres isolés (souvent d'ailleurs à couverture jaune de chez Charpentier) dans les natures mortes des uns et des autres. Chez Vuillard, qui peint et repeint l'intérieur des Natanson (Missia au piano, son mari Thadée debout près d'une fenêtre ou saisi dans l'encadrement d'une porte), pas de bibliothèque nettement dessinée, quand les peintres d'alors semblent devoir céder à la fascination des reliures ou des dos multicolores des brochés : jaune, bleu-gris, beige… Est-ce le signe d'une bourgeoisie pourtant intellectuelle mais qui refuse de s'exhiber ? Je ne sais. Le fait est là, patent. On joue du piano (Bonnard en est le témoin), des tableaux innombrables sont accrochées aux murs. Nous aurait-on menti ? Les fondateurs de *La Revue Blanche* auraient-ils été allergiques à la lecture ? Quelle que soit l'hypothèse retenue, le fait demeure.

Le graveur de grand talent Érik Desmazières a donné une suite de bibliothèques. J'ignore s'il s'agit de bibliothèques privées ou de rayonnages de magasins se perdant dans l'infini de la ligne d'horizon. Les livres, souvent mal rangés, y évoquent davantage le chaos que la présence de lecteurs impatients de lire. Ces magasins, ces rayonnages ignorent la vie humaine. Ils inquiètent d'autant plus qu'ils sont comme habités par la mort. Le graveur semble vouloir dire que les livres ont fini par remplacer les lecteurs, rejetés dans les limbes, vaincus par la géométrie incertaine des reliures, des étagères et des volumes mal alignés. Il existe pourtant une femme peintre de grand talent que la peinture des bibliothèques a fascinée. Dans l'œuvre de Vieira da Silva (1908-1992), artiste portugaise de réputation internationale, les bibliothèques abondent. Elles apparaissent, dès 1948, avec *La Bibliothèque dans l'arbre*, qui enchevêtre le végétal et la géométrie des rayonnages et des volumes. À partir de ce premier essai, le thème est récurrent dans le travail de Vieira da Silva, soumis à d'innombrables variations. Les « bibliothèques humoristiques », selon une taxinomie qu'emploie le peintre, sont nombreuses et jouent de l'inattendu géométrique et chromatique. Il y a des bibliothèques de poche ou de grenier. Les matériaux utilisés sont eux aussi divers : gouache, huile, tissage pour des tapisseries. Image de l'ordre et de la rigueur, les bibliothèques de Vieira da Silva sont menacées d'un cataclysme (1956) qu'on sent proche. En 1974, le peintre propose même une *Bibliothèque en feu* inspirée par le poème de René Char. Un examen attentif de son œuvre révèle de surprenantes métamorphoses : la bibliothèque se fait ville (1969) quand Rome est peinte comme une bibliothèque. Ce qu'elle est aussi bien évidemment dans notre culture. Elle se fait vitrail également, et, bien sûr, labyrinthe (1959). C'est dire que la peinture est ici plus expansion, révélation des secrets et des analogies que représentation, goût des formes et des couleurs. S'il est vrai que la bibliothèque contient les mêmes volumes alignés que la ville, ses immeubles, leurs étages et ses bâtiments cubiques, dans une perception à distance, le peintre ne suggère-t-il pas une analogie plus profonde entre la bibliothèque et le monde urbain ? En évoquant le feu, le cataclysme ne projette-t-il pas sur sa toile les angoisses de notre histoire à travers ces bibliothèques incendiées et ces villes détruites ?

À l'image de la relative pauvreté du thème pictural de la bibliothèque, il n'existe pas non plus d'histoire accessible de la construction des bibliothèques, et les bibliothèques dont on parle le plus, qu'on glose et qu'on commente, sont soit détruites depuis des millénaires, soit demeurées à l'état de constructions rêvées par ces architectes qui allaient rarement sur le terrain et accumulaient, dans le silence de leur cabinet et de leurs songes, des plans dont la réalisation, même partielle, demeurait hypothétique.

C'est de l'un de ces rêveurs éveillés qu'il faut d'abord parler, Étienne Louis Boullée (1728-1799). Il fait partie de ces architectes visionnaires, nombreux dans la deuxième moitié du XVIIIe siècle. N'en faisons pas un peu trop vite, sur le modèle des littérateurs bohèmes du XIXe siècle, des architectes maudits. Ils ont souvent beaucoup construit, mais dans une perspective plus conventionnelle, comme Ledoux et Lequeu. Ils n'ont jamais vraiment été en conflit avec les pouvoirs politiques, les élites sociales, ni même avec leurs confrères. Ils eurent parfois des disciples. Brongniart, l'architecte de la Bourse, fut l'élève de Boullée. Le maître acheva l'église de la Madeleine à la façon d'un temple grec et le disciple la copia pour édifier la Bourse. À Versailles, ville de garnison, il existait deux ou trois casernes construites par le plus célèbre d'entre eux, Claude Nicolas Ledoux (1736-1806). Je me souviens de deux de ces « quartiers », « Limoges » et « de Croy ». Ils possédaient des porches d'entrée somptueux comme des arcs de triomphe, en belle pierre de taille, ornés de trophées qui impressionnaient mon regard d'enfant. Ces architectes étaient imprégnés des idées philosophiques de leur temps. Ou plutôt, ils avaient emprunté à la philosophie ce qui pouvait les aider à penser, à définir et à orner leurs travaux d'architectes. Si Boullée imagine la construction de cénotaphes, dont le plus célèbre est dédié à Isaac Newton, c'est que l'époque invente le culte des grands hommes, saints sans auréole d'une société qui se déchristianise et propose un imaginaire laïque de la postérité tout en doutant de l'au-delà. Si ces constructeurs de rêves veulent faire de l'architecture une activité éminemment sociale, il nous faut pourtant éviter de plaquer sur leurs projets notre vocabulaire, nos *a priori* et nos préjugés. Sans refuser pour autant les commandes privées, ils ont l'ambition de construire des édifices d'usage public. Par leurs ornements architecturaux et le discours de la pierre, ils souhaitent sans aucun doute travailler à l'éducation (maître mot de ce temps-là) du public.

C'est donc tout naturellement que Boullée, qui a déjà œuvré à un projet de reconstruction de l'Opéra, dans le cadre de la commande publique, répond à une demande d'agrandissement de la Bibliothèque royale, située rue de Richelieu. Depuis 1724, la Bibliothèque du roi occupe l'hôtel de Nevers, ancienne partie du palais Mazarin, démembré à la mort du cardinal. Peu à peu, la Bibliothèque royale gagne du terrain. Au XIXe siècle, elle occupera un périmètre délimité par les rues Colbert, Vivienne, Richelieu et Petits-Champs. Cet hôtel de Nevers n'a pas été conçu comme bibliothèque. Trop enserré par les immeubles qui l'entourent, il présente une protection déficiente contre les incendies. Qui plus est, une grande salle de lecture y fait cruellement défaut. Elle est devenue nécessaire puisque, depuis 1692, les lecteurs sont admis. Au midi du siècle, on a songé un moment à transférer au Louvre la Bibliothèque, mais le projet n'a pas été retenu. Les dimensions du palais rendaient le service trop lent et la diversité des galeries en compliquait la surveillance.

Boullée eut l'idée, qu'on trouva « grande, neuve et ingénieuse », de couvrir la cour, qui était immense, et d'« en disposer la décoration intérieure de manière qu'elle présente un superbe amphithéâtre de livres et de réserver les bâtiments actuels comme dépôts des manuscrits, des estampes, des médailles, de la géographie et autres... ». Ce projet, qui ne se réalisa pas, conserva des partisans jusqu'au XIXe siècle. C'eût été la salle de lecture la plus grande d'Europe : elle aurait mesuré 300 pieds de long et 90 de large. Elle aurait dépassé de beaucoup les salles de la bibliothèque Vaticane et de la bibliothèque de l'Escorial. « Elle était éclairée par le haut : ce qui constituait un éclairage favorable à l'étude et permettait d'installer sans interruption des armoires pour y loger les volumes. L'accès aux livres en serait facilité, donc rapide et sans user d'échelles. » Dans le dessin conservé à la Bibliothèque nationale de France, représentant la perspective intérieure, on voit des lecteurs, paradoxalement vêtus à l'antique (mais est-ce un si grand paradoxe ?), et imités, de l'aveu même de Boullée, de *L'École d'Athènes* par Raphaël.

En cette époque, qui croit pourtant au progrès, les références au monde grec traduisent la force du modèle antique, utilisé ici pour illustrer la modernité. Le toit en demi-cylindre évoque la voûte céleste. Symboliquement, la Bibliothèque est située au centre de l'univers. Elle renvoie à un passé où le savoir commençait à rendre les hommes maîtres de l'univers. Un examen attentif du dessin montre une quasi-absence de lieux pour s'asseoir : une espèce de bureau, avec des fauteuils, et à droite des lutrins. Les lecteurs en toge sont debout, en conversation plus qu'en train de lire. Ils semblent s'interpeller du sol vers les gradins. On n'en est pas encore à la lampe ou au lumignon qui eussent été dangereux :

la lumière directe par le toit voûté répond aux nécessités de la construction et revêt une forte signification symbolique. Par le livre, les hommes communiquent avec les dieux. D'Alexandrie, la Bibliothèque conserve les traits d'un lieu d'enseignement plus que de simple lecture. D'où peut-être l'absence de places bien délimitées qui isoleraient les lecteurs les uns des autres. Divers imaginaires de la bibliothèque sont ici à l'œuvre : Alexandrie et ses savants utilisateurs des livres, mais aussi, par les livres exposés à la vue et dissimulant les murs de la salle de lecture, la muraille de *La Cité du Soleil* de l'utopiste Campanella (1602-1611) où, sur les murs de la cité, étaient transcrits tous les savoirs du monde. Monde clos sur le monde extérieur, et pourtant ouvert sur la communication entre les lecteurs et l'infini du savoir. Monde de la parole, comme si la lecture silencieuse, le rapport individualisé entre le lecteur et le livre, ne constituait pas encore un modèle définitivement accepté.

Un autre plan établi par Boullée de l'élévation extérieure de la Bibliothèque représente son entrée. Un grand mur lisse, un accès relativement petit et étroit mais avec deux cariatides et Atlas soutenant un globe, sans doute le monde connu. Le symbolisme est dans la forme et dans le thème. L'étroitesse relative de l'accès signifie que la lecture reste réservée à une élite. La culture, le savoir sont destinés aux élus d'une sorte de religion nouvelle. L'entrée est soulignée de noir pour indiquer, par une symbolique proche de celle de la maçonnerie, le cheminement vers la Lumière qui, venant du ciel, inonde la salle de lecture. Le choix d'Atlas soutenant l'univers montre que, dans l'imaginaire collectif, le savoir s'est substitué aux armes comme fondement de l'ordre du monde. Les savants amélioreront pourtant la production du salpêtre qu'utilisent les combattants, et la Révolution célébrera avec ferveur le culte des grands hommes.

Avant ce projet, à la demande de l'administration des Bâtiments et à l'instigation de Calonne, Boullée avait été sollicité pour installer en un autre lieu la Bibliothèque du roi. Il avait proposé la construction d'une bibliothèque à l'emplacement du couvent des Capucins. La dépense trop importante avait conduit à écarter le projet. Les plans demeurent. Un des dessins propose un édifice sans fenêtre sur l'extérieur, ce qui insiste sur la coupure entre la vie sociale générale et la lecture, voire sur le caractère initiatique de l'accès au savoir. Le bâtiment est divisé en croix par de larges galeries où seraient dressées « les statues des grands hommes ». À l'entrée, une place demi-circulaire où devait être dressé un temple d'Apollon. Ainsi reste encore présente la référence au Lycée et à Alexandrie ainsi qu'au culte des grands hommes. À la demande d'Angeviller, on devait procéder à l'installation des grands hommes dans la grande galerie du Louvre. On en sculpta vingt-sept, qui furent présentées au Salon de 1776 à 1786. Il est sans doute significatif que, des projets de Boullée, ce soit la seule partie effectivement réalisée.

J'ai eu, par nostalgie des bâtiments de la rue de Richelieu, le désir d'en savoir un peu plus sur Henri Labrouste, bien qu'il n'ait en rien été un utopiste, mais au contraire un architecte fortement attaché à son temps, à ses techniques de construction et à ses matériaux. On lui doit la salle de lecture, célèbre au point qu'il incarne à lui seul un certain esprit de l'ancienne Bibliothèque nationale. J'ai cherché en vain un ouvrage qui lui soit consacré. Il m'a fallu avoir recours au *Répertoire des architectes diocésains du XIXe siècle* dû à Pierre, François, Léon Labrouste, son fils pour certains, son neveu plus sûrement, architecte lui-même et fils de François Marie Théodore Labrouste, architecte lui aussi. Ce qui donne une belle lignée dans l'architecture. Mais montre aussi le peu d'intérêt de la Bibliothèque nationale elle-même pour cette figure symbolique, chère à ma mémoire. Ingratitude peut-être, long délai aussi pour découvrir la surprenante beauté de l'architecture métallique et des coupoles en céramique de la salle Labrouste, au moment précis où l'on déménage pour rejoindre le site Mitterrand et où la modernité se situe dans l'informatisation, la numérisation et non plus vraiment dans l'architecture même des bâtiments.

Pas de regret, pourtant, du temps passé à lire dans le *Répertoire des architectes diocésains* les pages consacrées à la Bibliothèque nationale et à Henri Labrouste. On y retrouve les critiques traditionnelles adressées aux bibliothèques. Ainsi, note Léon Labrouste: « Le désir, la passion peut-être même de collectionner tout, la crainte de laisser des lacunes regrettables a poussé à des excès d'accumulation, qui loin de faciliter un enchaînement naturel, ont porté à la confusion » ; et de parler d'entassement. On appréciera la description de la vétusté des lieux: des mauvaises places (« souvent le lot du public »), des calorimètres, des phénomènes de condensation dangereux pour les livres, auxquels va remédier l'aménagement d'une grande salle de lecture, occupant l'espace « où existaient, il y a dix ans, les cours intérieures des anciens hôtels où fut placée la Bibliothèque impériale ». Elle comptera 344 places assises pour les lecteurs et 70 debout devant les pupitres. Ce qui n'est pas sans évoquer ces inscriptions que l'on lisait autrefois sur les wagons de marchandises et qui distinguaient les hommes et les chevaux.

De la salle de lecture, on passe ensuite aux magasins,

capables d'abriter 900 000 volumes sur cinq étages de 2 mètres 30 de hauteur chacun. On dresse le bilan des démolitions nécessaires des parties trop dégradées de l'ancienne Bibliothèque. On a appliqué pour les parties extérieures des procédés de construction à l'ancienne dans un souci de préserver l'unité architecturale de l'ensemble. Pour le reste de l'édifice, « tous les murs sont en pierre ou en briques ; toutes les charpentes des planchers et des combles sont en fer. Les voûtes sont en maçonnerie, celles de la grande salle de lecture sont en fer forgé revêtu de faïences peintes et émaillées ». À propos des peintures (six grands tableaux représentant des paysages confiés à M. Desgoffe), « l'architecte a pensé que ces peintures calmes et fraîches convenaient mieux pour décorer une salle destinée à l'étude que des sujets historiques qui auraient eu peut-être l'inconvénient de distraire les lecteurs venus ici pour étudier ».

Je ne connais pas d'autres travaux dus à M. Desgoffe. J'ai apprécié ses panneaux verdoyants de la salle Labrouste, qui me semblent parfaitement correspondre au souhait exprimé par l'architecte lui-même. Je me plais à imaginer l'affliction que ce dernier éprouverait en contemplant les « fresques » qui ornent les extrémités des salles du rez-de-jardin du site Mitterrand. Leur absence de rapport avec la fonction des lieux conduit à se demander parfois si elles ne constituent pas tout simplement une tentative désespérée pour dissimuler la rugosité sévère du béton ou pour échapper aux tissages métalliques de la longue descente vers le rez-de-jardin. On m'objectera, pour répondre à mon esprit chagrin, que la nature est bien présente ici, non pas peinte, comme dans la salle Labrouste, mais vigoureuse, grâce au parc qu'on a installé dans le patio du centre de la Bibliothèque. Dois-je le répéter une fois encore, le livre est un monde de la représentation, qu'il soit scientifique, historique ou philosophique, et la seule réalité à prendre en compte dans une bibliothèque est celle de son fonctionnement. Il ne requiert ni symbolisme naïf – par exemple les tours en forme de livres ouverts – ni effets de réalité brutaux et mal venus.

La part du rêve n'appartient pas aux seuls architectes. La bibliothèque, non plus comme lieu mais pour son contenu, a constitué un objet des Lumières. La perspective des philosophes est, on l'a déjà noté, largement paradoxale. Certes, les Lumières expriment avec force une demande patrimoniale, celle de la constitution d'une mémoire. La hantise de la disparition, de l'anéantissement, à l'origine de l'entreprise encyclopédique elle-même, oblige à nuancer l'optimisme souvent affiché par la philosophie. Mais, en même temps, la position critique des Lumières les contraint à condamner les erreurs et les superstitions que véhiculent nombre de livres d'un passé lointain ou même de publication récente. Doit-on conserver ces livres malgré tout ou doit-on les détruire ? Le débat sera un moment le même avec les symboles (statuaire, peinture, devises, médailles) de l'Ancien Régime lors du débat sur le vandalisme. Ce qui fait de l'œuvre d'art une notion problématique et réduit considérablement la portée de la réflexion des Lumières sur la postérité. On est plus près de Falconet, sceptique quant à la survie de son œuvre, que de Diderot pariant sur la postérité dans *Le Pour et le Contre* (*Lettres sur la postérité*). Alors que croît l'imprimé, que se développe la pédagogie, que l'on commence à penser, avec les projets de La Chalotais, une fois acquise l'expulsion des jésuites, la nécessité d'un système éducatif national, cette mise en cause des bibliothèques, elles-mêmes en pleine croissance, semble pour le moins contradictoire. Peut-on la rattacher directement à l'existence d'une bohème littéraire sans emploi et sans avenir ? Il est difficile d'être catégorique, dans la mesure surtout où la Révolution va modifier la donne : le vandalisme rejoint, à l'aveugle, la demande d'épuration des philosophes, rapprochement que contredit la mise en place presque immédiate des dépôts de livres saisis, leur conservation et leur classement. La bohème littéraire trouve quant à elle à s'employer dans la presse nouvelle, l'appareil politique et les clubs révolutionnaires.

Dans ce discours des Lumières, le lecteur est peu présent. La lecture, les lecteurs sont relégués au second plan. Cette perspective demeure très largement celle du XIXe siècle. Pas de physiologie des lecteurs, qui sont absents des grands romans du siècle, et peu de chroniques leur sont consacrées dans la presse. Et même pas de caricatures importantes des rats de bibliothèque, comme on commence à les désigner. Il n'est pas sûr que le XXe siècle marque en ce domaine un progrès. Il conserve les obsessions et les mythologies du passé. L'amour des bibliothèques, tel que le définissait si joliment Gaston Bachelard, qui souhaitait une pluie quotidienne de livres en ajoutant « le Paradis n'est-il pas une immense bibliothèque ? », ne parvient pas à écarter l'angoisse née de l'accumulation et de la vanité de ces livres écrits sur des livres. Les images employées pour mettre en scène la bibliothèque se diversifient : il y a le labyrinthe dans *Le Nom de la rose* d'Umberto Eco ou chez Jorge Luis Borges, le crâne chez Musil, dans *L'Homme sans qualités*, un cimetière pour Sartre dans *Qu'est-ce que la littérature ?*, un espace vaginal chez Lodge (*La Chute du British Museum*), qui va même jusqu'à parler d'utérus pour la salle de lecture et des ovaires de l'érudition.

On mesurera le chemin parcouru dans la hardiesse comparative en rappelant qu'Anatole France, dans *La Chemise*, évoquait la bibliothèque comme un bruyant concert assourdissant de voix venu des livres eux-mêmes, pour conclure : « Ils [les livres] disputent de tout : Dieu, la nature, l'homme, le temps, le nombre et l'espace, le connaissable et l'inconnaissable, le bien, le mal, ils examinent tout, contestent tout, affirment et nient tout. » Les hardiesses de Victor Hugo dans « L'Âne » – « [...] Dans l'Olympe farouche et sinistre des livres/Dans l'immense grenier du bouquinisme humain/[...] comme un ulcère croît/Comme grandit le chancre/L'horrible alluvion du déluge de l'encre » – semblent aujourd'hui bien innocentes.

La bibliothèque, cela est connu, est un des lieux où s'inscrivent peut-être le mieux les rêves des lecteurs et de ceux qui les observent. Ils ne sont pas réductibles aux images qui viennent d'être évoquées, puisqu'ils articulent dans un même espace imaginaire des représentations contradictoires. Ainsi vont unis dans le thème du labyrinthe, à défaut d'être réconciliés, l'infini de la lecture comme un horizon impossible à atteindre, l'accumulation inhumaine autant que le devoir de mémoire qu'elle accomplit, l'aliénation du lecteur et son rôle prométhéen, enfin la croyance à un secret que toute bibliothèque dissimule, secret qui ne cesse de se dérober, comme dans *Le Nom de la rose*. On y trouvera, au-delà des oripeaux médiévaux, et impliquée dans l'affirmation désabusée de l'accumulation inutile, dont Sartre se moque dans *La Nausée*, l'idée d'un livre unique toujours repris et réécrit, agissant comme un savoir perdu, et dont chaque scripteur garde la nostalgie. L'hypothèse s'est confortée de Mallarmé à Derrida (*Le Livre à venir*, *Papier machine*). Jean Roudaut (*Les Dents de Bérénice*) en a parfaitement exprimé les dimensions complémentaires. « La bibliothèque serait la reconstitution de ce qu'aurait pu être "le livre primitif" : la littérature serait due à l'effort de l'humanité pour se remémorer bribes par bribes une vision antérieure et absolue [...]. Somnolents et anxieux, nous soupçonnerions l'existence d'un livre fondateur que nous chercherions à reconstituer. » D'autres, comme Italo Calvino (*Si par une nuit d'hiver un voyageur*), font de la bibliothèque un monde kafkaïen avec ses démarches contraignantes et absurdes et sa volonté de rendre la lecture impossible (« pour une raison ou pour une autre, aucun des livres que tu demandes ne peut être mis à ta disposition »). Ce qu'exprimait plus brutalement encore Charles Monselet (dans un article du *Figaro* datant des années 1860) : « Tout bibliothécaire est ennemi du lecteur. »

Comme bien d'autres lieux clos, la bibliothèque, pour certains, se peuple des rêves amoureux des lecteurs. Dans le silence de la lecture s'élaboreraient des désirs, s'ébaucheraient des flirts, se pratiqueraient des frôlements ambigus et des étreintes fugaces. Il est des lecteurs intarissables sur ces amours favorisés par les lieux. Ils vous assènent des anecdotes de rencontres, d'invites chaleureuses, d'étreintes surprises au hasard d'un rayonnage. Ils font des magasins de voluptueux repaires. J'avoue que je n'ai jamais été témoin de ces ébats et de ces rencontres lourdes de promesses. Et je ne sais si, au fond, il me faut le regretter. L'érotisme réel des salles de lecture relève du rêve, de l'exercice mental. Ceux qui prétendent que la réalité dépasse en certains lieux la fiction me semblent prendre leurs désirs pour des réalités. Il n'y a pas si longtemps, un ami lecteur assidu m'affirmait, les yeux brillants et le geste impétueux, que je ne sais plus quelle salle était le terrain de chasse préféré des normaliens doctorants. Grand bien leur fasse ! Leur aspect studieux et leur énergie à discuter des postes universitaires devant les nourritures spartiates de la cafétéria me pousseraient à leur souhaiter qu'il en fût ainsi. En ce domaine, l'absence de graffitis érotiques, pour autant que mon enquête soit totalement fiable, me laisse dubitatif. Doit-on en faire le signe d'une sexualité épanouie qui rendrait cette activité maniaque complètement inutile ou le symptôme d'un total désintérêt pour les choses du sexe ? Que les sociologues nous aident à choisir.

J'ai tenu pendant des mois mon journal de lecteur de la Bibliothèque nationale de France. Un très (trop) court extrait en a été publié dans *Le Débat*. J'aurais aimé qu'on n'en eût pas supprimé le quotidien, jugé sans doute trop prosaïque par ceux qui n'ont plus le temps, chargés qu'ils sont de hautes responsabilités, de fréquenter les bibliothèques et la Bibliothèque nationale en particulier. Pour moi, le séjour en bibliothèque, fait de lectures, de réflexion, d'écriture et de sociabilités diverses, est comme une espèce d'oxygène nécessaire à ma recherche et à mon équilibre. Je pense avec résignation au moment où il me faudra admettre que l'âge m'aura rendu les déplacements difficiles, le maniement des catalogues impossible. Il me restera la ressource, du moins je l'espère, de rêver encore des bibliothèques qui ont accompagné ma vie.

Ainsi soit-il

En commençant à écrire cet essai, je ne savais pas trop où il devait me conduire. Une histoire des bibliothèques selon des angles divers, une histoire de mes bibliothèques, peut-être une espèce de journal de la Bibliothèque nationale, puis de la Bibliothèque nationale de France, ou une étude comparée, du point de vue du lecteur, des bibliothèques européennes et américaines que j'ai fréquentées au hasard de mes voyages ou de mes séjours à l'étranger. J'hésitais. Je n'avais pas envie de livrer des fragments d'autobiographie. Et pourtant, ce livre qui s'achève a acquis au fil des mois et des pages sa dynamique propre : il est tout cela, l'accepté et le refusé, et plus même que cela. Il n'est pourtant ni un bilan ni un testament de lecteur, même si l'habitent parfois des nostalgies et des constats, critiques ou non. Il offre de ma vie, de mes rêves et de mes savoirs la diversité du braconnage en bibliothèque tel que je n'ai cessé de le pratiquer, en mêlant lectures nécessaires et lectures de hasard ou d'intérêt immédiat. On se plaindra de son caractère décousu et de ce que certains appelleront sa frivolité. Tant pis. Personne n'est obligé d'entrer dans une bibliothèque ou d'y lire des ouvrages qu'on lui imposerait. Dans la limite des fonds dont la bibliothèque dispose, la lecture est libre. Et il est permis au lecteur d'abandonner sa lecture. Dois-je confesser qu'au terme du parcours d'écriture je me réjouis que cet essai ressemble par bien des aspects à une bibliothèque généraliste ? Je le constate en fin de course, sans en avoir eu le projet. Je regrette qu'il ne soit pas aussi un parcours labyrinthique comme l'est toute bibliothèque. Qu'il se contente donc d'être décousu comme une promenade dans les rayonnages avec des arrêts pour lire quelques pages d'un ouvrage choisi par hasard et rêver, le livre encore ouvert devant soi.

Je ne m'en suis jamais caché : je ne suis pas de ceux qui se réjouissent quand on prophétise, en y œuvrant avec frénésie, la disparition de la lecture en bibliothèque. J'ai déjà bien du mal à me convaincre de consulter à distance, comme l'on dit, un catalogue informatisé afin de préparer ma commande de livres que je lirai une fois dans les lieux, confortablement ou non, mais installé alors à ma place de lecteur. Je n'accepte de me plier à cette consultation plus technique qu'inspirée par la flânerie ou l'intuition que parce qu'elle constitue le prélude aujourd'hui nécessaire à une séance de lecture en bibliothèque. Je la ressens non comme une facilité mais bien plutôt comme une dîme à payer pour retrouver le droit à lire au milieu d'autres lecteurs. Qu'on m'accuse de conservatisme ou d'incapacité à accepter le monde comme il va, au fond je m'en moque et me réserve le droit de penser qu'il va parfois bien mal. J'utilise depuis dix ans un ordinateur, sur lequel je suis en ce moment même en train d'écrire, ordinateur que je trouve d'une grande utilité sans tirer de son usage un orgueil particulier. Il me permet des corrections rapides, il me fait bénéficier d'un courrier plus immédiat et m'évite la multiplication de dossiers encombrants et d'accès toujours difficile dans mon bureau.

Je n'ai pas eu l'impression d'une désocialisation quand j'ai décidé de remplacer ma vieille machine à écrire électrique par un ordinateur. Mon bureau n'a pas changé d'aspect, ni, au fond, mon travail de nature. La technologie a servi à les améliorer sans m'obliger à rompre avec mes habitudes. J'y ai perdu quelques manies pour en acquérir de nouvelles et j'y ai gagné du temps. Je peux considérer, même si ce n'est guère orthodoxe aux yeux des puristes, l'ordinateur comme une machine à écrire plus performante et en retirer de grands avantages. Qui s'en plaindrait ? J'ai adapté l'ordinateur à mes besoins : il ne m'en a pas créé de vraiment nouveaux et ne m'a pas imposé sa loi et sa gamme « performante » de possibilités. Il m'arrive souvent encore d'écrire avec mon stylo des lettres à mes correspondants, de prendre des notes sur une feuille de papier et de stimuler une inspiration défaillante en griffonnant sur un vieux cahier, comme si l'emploi du stylo et de la rature parvenait à produire un miracle.

Mes craintes d'une utilisation menaçante du tout numérique ne relèvent pas d'un refus technologique, mais de quelques-unes de ses conséquences prévisibles quant au mode de lecture, à la nature et à l'usage des bibliothèques, au rapport que le lecteur en bibliothèque entretient avec le livre lui-même. S'il y a débat, qu'il se situe dans ce strict périmètre et non ailleurs. Les craintes que j'exprime font de moi une espèce de dinosaure qu'on va rapprocher de ceux qui, au XIXe siècle, dénoncèrent le développement du machinisme. Je suis convaincu que, au-delà de similitudes apparentes et d'autres bien réelles, il existe, d'une mutation à l'autre, de notables différences.

L'avènement du machinisme et des usines tout au long du XIXe siècle a modifié la nature même du travail, le rapport de l'ouvrier au matériau. Il est vrai qu'il a entraîné, par exemple, le travail à la chaîne sous des formes particulièrement aliénantes. Mais il n'a pas provoqué ce chômage que prophétisaient ses détracteurs. Je suis même certain que l'embauche a augmenté grâce à lui, si l'on veut bien se souvenir que les artisans, au XVIIIe siècle, n'ont cessé de dénoncer le nombre exagéré des jours chômés et que les manouvriers (travailleurs agricoles et saisonniers) n'arrivaient pas à assurer leur subsistance. Ce sont eux qui ont formé les troupes de l'exil rural du XIXe siècle et ont déserté les premiers les campagnes. Et on les comprend. Il est vrai aussi que le machinisme, le développement des usines n'ont pas détruit pour autant l'artisanat, qui demeure encore, à en croire des campagnes d'information récentes, le plus grand employeur des pays industrialisés. Je ne sais si la statistique a été établie, mais je pense que l'on pourrait parier sans crainte excessive que les « grandes surfaces » ont détruit autant de petits commerces que l'usine et ses machines d'ateliers d'artisans.

Car il faut bien différencier la lecture sur écran (ou même sur tirage papier à domicile) d'un texte numérisé et la lecture d'un livre imprimé. Un livre se prend en main et, d'un doigt plus ou moins agile, le lecteur en tourne les pages, examine une couverture, caresse du plat de la main la page de titre. La lecture s'accompagne avec le livre d'une appréhension physique. Elle engage le toucher avant de solliciter le regard. On me répondra que la lecture sur écran ne laisse pas le corps indifférent. Cela est vrai. Mais comment comparer la page tournée d'un pincement des doigts, qu'il faut parfois, quand elle se rebelle, aplatir de la main, avec le bout du doigt qui clique sur une touche pour que la page suivante, comme effaçant la précédente, s'installe sur l'écran de l'ordinateur ? Le livre sur écran n'a ni volume ni épaisseur. J'appartiens à un monde de la sensualité du toucher, de la caresse du livre. Il possède un poids, un format, il est broché ou relié, écorné ou impeccablement conservé. Il a vécu, et je ne lis pas de la même façon une page sur écran et la page imprimée d'un livre. Elles n'ont d'ailleurs entre elles que peu de rapport : typographie différente, caractères unifiés dans un cas et diversifiés dans l'autre selon les collections, les éditeurs, les modes, passage vertical et non horizontal d'une page à l'autre dans la lecture sur écran. On n'y tourne pas les pages, on les fait glisser. Ces pages numérisées sont sans couleur et sans odeur. Et moi, je revendique comme un droit le plaisir des pages jaunies, tachées même, de papiers et d'encres de couleurs différentes, irrégulières parce que n'ayant pas été systématiquement massicotées. La numérisation aseptise le livre et lui retire saveur et odeur, annule sa singularité. Elle en fait un objet anonyme de série. Elle le réduit à son seul contenu, elle le dénude et ne fait que poursuivre le travail réducteur opéré déjà par les microfiches et les microfilms. Elle fait de la lecture un acte strictement et tristement cérébral.

Je ne nie pourtant pas son utilité. Il m'est arrivé de pouvoir travailler sur la presse grâce à des microfilms. Je dois d'ailleurs à ces longues séances de lecture sur écran dans les boxes de la salle des périodiques de la rue de Richelieu d'avoir, revenu pressé par le besoin à la lumière, raté une des marches de l'escalier en colimaçon qui conduisait aux toilettes et de m'être foulé un poignet. Fort de cette mésaventure, je ne prétends pas néanmoins que la lecture sur écran provoque nécessairement des accidents. Je ne sais même pas si elle fatigue plus ou moins la vue que la lecture d'une page imprimée sur papier. J'oppose ici l'utilité sèche à la lecture de plaisir, non par le seul contenu du texte, mais par la sensualité bien présente dans la lecture du livre imprimé. Que la numérisation, dont on est en train de faire assez sottement à mes yeux un enjeu politique et culturel, une compétition entre l'Europe et les États-Unis, soit réservée aux livres fragilisés par le temps, ou extrêmement rares et irremplaçables, à la presse dont le papier vieillit mal. C'est là une nécessité à laquelle il faut se soumettre. C'est contre la tentation du tout numérique que je veux mettre en garde.

Je choquerais sans doute nombre de mes amis plus jeunes en leur expliquant que j'aime lire en bibliothèque, et même y consulter un catalogue « à la paresseuse » en flânant parmi les noms d'auteurs et les titres des œuvres. Je crois incompatible avec la lecture ainsi définie la revendication du plus pratique, du directement utile. Je dois à ces promenades entre les mots, les éditions et les petits auteurs de passionnantes découvertes. La bibliothèque est pour moi le lieu par excellence de la flânerie et du braconnage. On ne peut se faire stakhanoviste de la lecture, s'imposer des rythmes, réduire le temps qu'on lui consacre. C'est le livre, son degré de résistance, le plaisir de lecture qu'il procure qui imposent un rythme. On peut, me dira-t-on avec raison, flâner aussi avec son ordinateur. Mais il lui manque, à cet écran d'ordinateur *design*, comme l'on dit, aux lignes aérodynamiques, le papier jauni des pages, l'aspect des fiches des catalogues manuels, fatiguées et usées au point d'en perdre la géométrie de leurs angles, les corrections à la main qui les habillent, et, paradoxalement, la rigueur d'un travail pourtant artisanal. Comme ne cessaient de le répéter les informaticiens de mes débuts, « l'ordinateur [alors une très lourde et très grande machine avec des allures d'armoire normande revue par un styliste suédois] n'est pas intelligent. L'intelligence appartient à celui qui l'invente et à celui qui l'emploie. Il ne peut que rendre l'information qu'on lui a fournie et qu'il a ingurgitée, mais il est capable de la classer selon des normes diverses, de la résumer, d'y opérer des choix selon les critères qu'on lui impose. Il est un admirable exécutant qui travaille à la vitesse de la lumière pour la plus grande gloire de son maître l'homme ». Mais on n'ignore plus, depuis Hegel pour les uns et *The Servant* de Losey pour les autres, que l'esclave, par un retournement, finit par imposer ses contraintes à celui auquel il demeure toutefois apparemment encore soumis. Sans sombrer pour autant dans les visions d'apocalypse selon lesquelles les machines devenues autonomes commanderaient les sociétés humaines après les avoir servies.

Revenons-en pourtant à la lecture de braconnage, de butinage même, qu'on peut pratiquer en bibliothèque et dont les habitués qui « surfent » sur Internet prétendent qu'il existe l'équivalent informatique. Pour trancher le débat et échapper à des évocations de pratiques informatiques dont je suis bien éloigné, et dont il serait malvenu de nier l'existence, je rappellerai simplement que le braconnage en bibliothèque est un acte de déambulation, de déplacement dans l'espace, qui met en jeu tous les sens et pas seulement le toucher d'un clavier sur lequel on pianote, ou le regard pour lire les titres sur l'écran. La lecture d'un livre imprimé est d'abord un acte qui engage la matérialité extérieure du livre. Qui pourra nier qu'un livre parfois s'achète simplement parce que sa jaquette est attirante et flatte le regard ou bien parce qu'on en fait un signe de qualité et qu'on tient à lui demeurer fidèle ? Ainsi, que de livres achetés pour la jaquette blanche, rouge et noire de Gallimard, rouge ou rose de Stock, verte, blanche et noire du Seuil, pour n'en citer que quelques-unes. Dans une bibliothèque, les livres ont une odeur : sans doute celle du mélange du papier et de la poussière que je repère et qu'il m'arrive même de percevoir d'assez loin, moi qui manque dramatiquement d'odorat dans la vie courante (certains prétendront que c'est un privilège eu égard à nos villes polluées et sales). Ils ont une couleur propre et une apparence singulière, car le vieillissement des papiers possède une histoire qui est presque humaine : blancs, ils jaunissent et se couvrent de taches, ils sont alors tavelés comme la peau des vieillards, attaqués par les moisissures, les vers qui y creusent des galeries, devenus friables ou cassants, avec des épidermures, marqués par des auréoles d'humidité. Quand il m'arrive de lire un livre dont les pages portent ces marques du temps, je rêve sur la parenté de ce vieillissement avec celui qui nous guette. Mon propre visage, celui d'un lecteur sur la voie du grand âge, me le confirme sans mal.

Consolation très provisoire : ces marques prouvent qu'il existe pour le livre une vie après son entrée dans une bibliothèque, qu'on aurait grandement tort d'assimiler à une espèce de mouroir. Dans la lecture à distance, la matérialité est réduite à celle de l'ordinateur. C'est lui qui impose sa loi et élimine afin de ne garder que l'essentiel, pour lui le contenu. Et tout le reste ne serait que littérature. Cette appréhension du texte réduit à son contenu est une régression, qu'on le veuille ou non. Car il semblait acquis avec les approches critiques les plus modernes que le sens d'un texte dépendait aussi de la matérialité de son support. Le texte d'une affiche ne serait plus le même s'il s'inscrivait dans une page d'un volume de la « Bibliothèque de la Pléiade » ou s'il était réduit au format d'une carte postale. On sait pertinemment qu'une édition de luxe modifie la perception que l'on a du texte tout aussi profondément que ces éditions populaires à deux colonnes vulgarisées au XIXe siècle. La numérisation telle qu'elle existe nivelle. Disons même qu'elle dépersonnalise. Et, sous prétexte d'uniformisation, d'utilité et de commodité, elle fait presque oublier ce qu'est l'essence même de la lecture et du plaisir qu'elle procure. Je réclame que la numérisation soit un recours et pas une voie presque unique d'accès aux textes.

On objectera qu'il existe des historiens du livre qui, pour des raisons diverses, ne fréquentent guère les bibliothèques. Ils ont pourtant donné quelques textes fondamentaux pour la compréhension de la lecture et du livre comme objet culturel. Mais on n'oubliera pas que leur travail, d'interprétation globale et parfois de théorisation, a été rendu possible par ceux qui ont dépouillé les archives, examiné les volumes anciens en bibliothèque pour réunir les faits, les matériaux de base. Si la lecture numérisée se multiplie, si la lecture sur écran à distance devient, comme on peut le craindre, la règle commune, ce maillon indispensable de l'examen du livre dans « son jus », comme disent les antiquaires pour les meubles ou les tableaux qui n'ont pas été restaurés (« en l'état », disent les libraires pour les livres), c'est-à-dire tout un pan de notre connaissance de la lecture, disparaîtra. Quand viendra cette période de glaciation, on aura conquis pour rien le droit de saisir le livre dans sa totale matérialité, de sa reliure à son colophon, en passant par la page de titre, le papier, l'ex-libris, les illustrations, la signature du prote, les traces manuscrites et mille signes qui sont le passage du temps et parfois les indices d'une lecture et d'un lecteur. En un mot, la vie même du livre imprimé sera devenue étrangère. On en reviendra à ce contre quoi la critique a durement combattu.

Ce n'est pas faire preuve de nouveauté que d'avancer que la recherche, telle qu'elle se pratique en littérature et dans la presque totalité des sciences humaines, demeure, malgré les enquêtes et les travaux collectifs, très proche de la solitude du coureur de fond. Dans son organisation, il n'y a pratiquement pas d'équipe ni même de laboratoire. Ce qui a pour conséquence de rendre sceptiques les chercheurs en sciences et les pousse parfois à juger très peu fiable, parce que très impressionniste, ce type de recherche. L'expérimentation, la vérification des hypothèses se fait au hasard des lectures en bibliothèque, démarche que permet aussi, reconnaissons-le, la lecture à distance. Admettons également que cette dernière ne peut qu'accentuer la tendance malheureuse du chercheur à l'isolement et à la désocialisation. Ne lui facilitons pas les voies de la solitude dont souffrent ceux d'entre eux qui n'ont aucun contact avec l'enseignement. L'épreuve du lieu du public, tout comme la communication pédagogique, est bénéfique. Je me refuse à un avenir où les livres parfaitement conservés dans des lieux construits à cet effet seraient inaccessibles. Je n'imagine pas que le livre ne soit plus d'usage commun et que la lecture à distance sur écran fasse de l'ouvrage qu'on achète un objet de collection, témoin d'un passé révolu.

Il faut préserver des bibliothèques qui soient humaines et où soit maintenu le lien charnel avec le livre, qui réunissent dans cet acte étrange – la lecture réfléchie – une communauté d'êtres lisant ensemble et pourtant isolés. Que les bibliothèques demeurent ainsi des lieux de vie, où les idées ne naissent pas seulement de la relation entre un lecteur et son livre, mais aussi du bavardage autour d'une tasse de café, de rencontres avec des lecteurs étrangers, de la rêverie qui saisit le public dans la lourdeur d'une après-midi d'été. Je souhaite que mon petit-fils, quand il en aura l'âge, puisse préférer à la lecture sèche sur écran, coincé entre les mètres carrés de son bureau, l'espace ouvert d'une bibliothèque, le contact matériel avec les livres qu'il lira, qu'il aura portés dans ses bras jusqu'à sa table. Qu'il sache qu'un livre n'est pas une suite de pages disposées verticalement, un espace à deux dimensions, mais, comme pour les générations qui l'ont précédé, un volume qu'on prend en main et dont on tourne les pages sans avoir besoin pour cela d'appuyer sur la touche d'un ordinateur. Qu'il n'ait pas la tentation de la facilité et l'envie de constituer un ersatz de livre en imprimant, sur un coin de table, la page qui apparaîtra sur son écran. Qu'il n'ait pas l'illusion de se prendre pour un créateur, comme on l'insinue parfois, parce qu'il imprimera un in-quarto en format administratif en changeant de caractères. Parce que je l'aime, je songe à ses bonheurs futurs et je lui souhaite de déformer les poches de ses vestes avec les livres qu'il y aura fourrés pour les lire au soleil ou tranquillement à l'ombre, sur le banc d'un parc. Je lui souhaite aussi de lever les yeux de son livre pour regarder passer une lectrice dans la travée de la bibliothèque et de reprendre sa lecture en pensant que la vie vaut la peine d'être vécue et même rêvée. Ainsi soit-il.

Bibliographie sommaire

Note préliminaire

Comme il se doit dans un essai, cette bibliographie est évidemment sommaire. On n'y a pas répertorié les ouvrages dont les titres complets et la date de publication ont été indiqués au fil des chapitres (par exemple, ce fut le cas pour les livres de Bernard Faÿ). Par ailleurs, elle ne comporte pas tous les ouvrages consultés, puisqu'il s'est agi fréquemment de lecture de hasard suscitant des réflexions fugitives, ou de coïncidences heureuses. Je ne tiens pas à contredire par ma pratique ce que j'ai affirmé après nombre de mes prédécesseurs : un livre s'écrit à partir d'autres livres qui le nourrissent comme le fait un terreau mélangé. Une bibliothèque, réelle ou mentale, représente la plus grande et la plus précieuse source d'inspiration. En conséquence, la bibliographie idéale de ce livre, c'est-à-dire la plus complète, comporterait tous les livres que j'ai lus ou simplement feuilletés, même ceux que j'ai oubliés – et ils sont légion – et qui pourtant ont travaillé, sans que j'en aie été toujours conscient, ma pensée, mes autres lectures et jusqu'à mes rêves.

On trouvera ici une liste de titres qui traduisent un cheminement. Sans doute aurais-je dû les regrouper par chapitres, mais les interférences, les échos, les reprises d'un chapitre à l'autre m'en ont empêché. Pour éviter un trop grand désordre du fait de la fantaisie de mes lectures de braconnage, j'ai opté pour un classement par rubriques et pour l'ordre alphabétique, qui a l'immense mérite d'être intangible, rigoureux et d'accès facile.

À ce plaidoyer, on objectera la part faite ici aux souvenirs de mon enfance et de mes voyages, qui ne renvoient apparemment à rien de livresque. Objection hâtive. Ce que j'ai perçu des pays où j'ai vécu ne tient-il pas aux livres qui m'ont appris à voir, à distinguer, à organiser mon environnement, à mesurer les différences d'un monde et d'une société à l'autre ? Quant à mes souvenirs, ils adoptent tout naturellement la forme d'un récit à épisodes. Se souvenir, c'est au fond décrire ce que l'on a vu, vécu et éprouvé. La cause est de ce fait entendue.

Ouvrages consultés

GÉNÉRALITÉS

Ariès, Philippe, Duby, Georges, Chartier, Roger (dir.), *Histoire de la vie privée*, Paris, Seuil, 1985-1987, et plus particulièrement le tome 3, *De la Renaissance aux Lumières*, Paris, Seuil, 1986.

Arnaud, Claude, *Chamfort, biographie*, Paris, Robert Laffont, 1987.

Bayle, Pierre, *Dictionnaire historique et critique*, 4e édition revue, corrigée et augmentée, avec la vie de l'auteur, par M. Des Maizeaux, Amsterdam, P. Brunel, 1730, 4 vol.

Benjamin, Walter, *Je déballe ma bibliothèque*, Paris, Rivages, Payot, 2000.

Bots, Johannes Alphonsus Henricus, Waquet, Françoise, *La République des lettres*, Paris, Belin, 1997.

Bruzen de la Martinière, Antoine-Augustin, *Le Grand Dictionnaire géographique, historique et critique*, Paris, Libraires associés, 1768, 6 vol.

Figuier, Richard (dir.), *Bibliothèque, miroir de l'âme, mémoire du monde*, Paris, Autrement, 1991.

Formey, Johann Heinrich Samuel, *Conseils pour former une bibliothèque peu nombreuse, mais choisie*, Berlin, Haude et Spener, 1756.

Goulemot, Jean M., *Le Règne de l'Histoire : discours historiques et révolutions, XVIIe-XVIIIe siècle*, Paris, Albin Michel, 1996.

Histoire des bibliothèques françaises, Paris, Promodis/Éditions du Cercle de la librairie, 1988-1992, et plus spécialement tome 2, *Les Bibliothèques sous l'Ancien Régime, 1530-1789*; tome 3, *Les Bibliothèques de la Révolution et du XIXe siècle*; tome 4, *Les Bibliothèques au XXe siècle.*

Humbert, Agnès, *Les Nabis et leur époque, 1888-1900*, Genève, Pierre Cailler, 1954.

Jacob, Christian, Giard, Luce (dir.), *Des Alexandries*, Paris, Bibliothèque nationale de France, *I. Du livre au texte*, 2001, *II. Les Métamorphoses du lecteur*, 2003.

Jacob, Christian, Baratin, Marc (dir.), *Le Pouvoir des bibliothèques : la mémoire des livres en Occident*, Paris, Albin Michel, 1996.

Laubier, Guillaume de, Bosser, Jacques, *Bibliothèques du monde*, Paris, Éditions de la Martinière, 2003.

Martin, Henri-Jean, Chartier, Roger (dir.), *Histoire de l'édition française*, Paris, Fayard/Éditions du Cercle de la librairie, 1989.

Moreri, Louis, *Grand Dictionnaire historique…*, Paris, P. Brunel, 1740.

Naudé, Gabriel, *Advis pour dresser une bibliothèque*, Paris, F. Targa, 1627.

Pintard, René, *Le Libertinage érudit dans la première moitié du XVIIe siècle*, Paris, Boivin, 1943, 2 vol.

Pomian, Krzysztof, *Collectionneurs, Amateurs et Curieux : Paris, Venise, XVIe-XVIIIe siècle*, Paris, Gallimard, 1987.

— *Des saintes reliques à l'art moderne : Venise-Chicago, XIIIe-XXe siècle*, Paris, Gallimard, 2003.

Revue de la Bibliothèque nationale de France (n °1 : janvier 1999), surtout les numéros 7, 9, 15.

Schaer, Roland (dir.), *Tous les savoirs du monde : encyclopédies et bibliothèques, de Sumer au XXIe siècle* (exposition à la BNF, 20 décembre-6 avril 1997), Paris, BNF/Flammarion, 1996.

Trénard, Louis (dir.), *Les Bibliothèques du XVIIIe siècle*, Bordeaux, Société des bibliophiles de Guyenne, 1989.

L'OCCUPATION, LA COLLABORATION

Chevallier, Pierre, *Histoire de la franc-maçonnerie française*, tome 3, Paris, Fayard, 1998.

Clerc, Henri, « La collaboration, ce que c'est, ce que la France peut en attendre », conférence faite le 24 avril 1941, à Paris.

Epstein, Simon, *Les Dreyfusards sous l'Occupation*, Paris, Albin Michel, 2001.

Exposition maçonnique de Rouen, 79 rue d'Orbe, guide du visiteur (1941 ?).

Fouché, Pascal, *L'Édition française sous l'Occupation, 1940-1944*, Paris, Bibliothèque de littérature française contemporaine de l'université Paris-VII, 1987.

Gueydan de Roussel, William, *Journal (1940-1944)* [avant-titre : *Un agent de la BN et de la Gestapo*], textes réunis et présentés par L. Sabah, Paris, Klincsieck, 2000.

Handourtzel, Rémy, *La Collaboration, à gauche aussi*, Paris, Perrin, 1989.

Larchet, Jean M., *L'État français contre la franc-maçonnerie, 1940-1944*, Paris, Éditions maçonniques de France, 2001.

Lépagnot, Christian, *Histoire de Vichy*, 4, *La Collaboration*, Genève-Vernoy-La-Seyne-sur-Mer, Diffusion ICED, 1980.

Ligou, Daniel, *Franc-maçonnerie et Révolution française, 1789-1799 : franc-maçonnerie et révolutions*, Paris, Chiron-Detrad, 1989.

Ory, Pascal, *Les Collaborateurs : 1940-1945*, Paris, Seuil, 1977.

Pichard du Page, René, *Visages, Paysages, Messages*, Paris, Éditions de la Maison des intellectuels, 1962. Envoi autographe à Julien Cain.

Rioux, Jean-Pierre (dir.), *Politiques et Pratiques culturelles dans la France de Vichy*, Paris, Institut d'histoire du temps présent, 1988.

Ross, Colin, « L'avènement d'une nouvelle Europe dans le cadre d'un nouvel ordre mondial », préambule de René Pichard du Page, conférence donnée le 25 octobre 1941, sous les auspices du groupe « Collaboration », à la Maison de la culture, Paris.

Rousso, Henry, *La Collaboration*, Paris, MA, 1987.

Sabah, Lucien, *Une police politique de Vichy : le Service des sociétés secrètes*, Paris, Klincksieck, 1996.

Veillon, Dominique, *La Collaboration*, Paris, Librairie générale française, 1984.

ALEXANDRIE ANCIENNE ET MODERNE

Bernand, André, *Alexandrie des Ptolémée*, Paris, CNRS, 1995.

[Bibliotheca alexandrina], *Bibliotheca alexandrina*, introduction d'Ismaïl Serageldin, Alexandrie, Bibliotheca alexandrina, 2002.

Bibliotheca alexandrina : homenaje a la memoria, apuesta por el futuro, exposición, Madrid, Biblioteca nacional, 2003.

Bibliotheca alexandrina: the Revival of an Idea, Paris, Unesco (PNUD), 1990.

Botéro, Jean, *Mésopotamie: l'écriture, la raison et les dieux*, Paris, Gallimard, 1987.

— *Au commencement étaient les dieux*, Paris, Tallandier, 2004.

Canfora, Luciano, *La Bibliothèque d'Alexandrie et l'Histoire des textes*, Liège, CEDOPAL, Éditions de l'université, 2004.

Description de l'Égypte, Paris, 1809-1813, 9 vol. in-fol. et 12 vol. d'atlas gr. in-fol.

Le Fort, Léon, *La Bibliothèque d'Alexandrie et sa destruction*, Paris, E. Martinet, 1875.

La Riche, William, *Alexandrie: septième merveille du monde*, photos de Stéphane Compoint, Paris, France-Loisirs, 1996.

Pataut, Fabrice (dir.), *La Nouvelle Bibliothèque d'Alexandrie*, Paris, Buchet Chastel, 2003.

Vaujany, Henry de, *Alexandrie et la Basse-Égypte*, Paris, Plon et Nourrit, 1885.

Zananiri, Gaston, *Alexandrie, au reflet de la mémoire*, Beyrouth, Librairie du Liban, 1983.

CENSURE ET INCENDIES

Apollinaire, Guillaume, Fleuret, Fernand, Perceau, Louis, *L'Enfer de la Bibliothèque nationale*, Paris, Mercure de France, 1913.

La bibliothèque est en feu, présentation de Michel Delon, Nanterre, Centre de recherches du département de français de Paris X-Nanterre, 1991.

Haddad, Gérard, *Les Folies millénaristes: les bibliocastes*, Paris, Librairie générale française, 2002.

Kogon, Eugen, *L'État SS: le système des camps de concentration allemands*, Paris, Seuil, 1970, « Points Histoire », 1993.

Noël, Bernard, *L'Enfer, dit-on: dessins secrets, 1919-1939 (...)*, suivi des *Propos d'un collectionneur sur l'édition clandestine*, Paris, Herscher, 1989.

Pia, Pascal, *Les Livres de l'Enfer : bibliographie critique des ouvrages érotiques dans leurs différentes éditions du* XVIe *siècle à nos jours*, Paris, Coulet et Faure, 1978.

Polastron, Lucien Xavier, *Livres en feu : histoire de la destruction sans fin des bibliothèques*, Paris, Denoël, 2004.

Proust, Jacques, *Lectures de Diderot*, Paris, A. Colin, 1974.

Putnam, George Haven, *Books and Their Makers during Middle Ages : a Study of the Conditions of the Production and Distribution of Literature from the Fall of the Roman Empire to the Close of the Seventeenth Century*, New York, Hillary Houser, 1962.

Riberette, Pierre, *Les Bibliothèques françaises pendant la Révolution (1789-1795)*, Paris, Bibliothèque nationale, 1970.

Sauvy, Anne, *Livres saisis entre 1678 et 1701*, La Haye, Nijhoff, 1972.

Seela, Torsten, *Bücher und Bibliotheken in nationalsozialistischen Konzentrationslagern*, Munich-Londres-New York-Paris, K. Gaur, 1992.

Veyrin-Forrer, Jeanne, « L'Enfer vu d'ici », *Revue de la Bibliothèque nationale de France*, 14, 1984, p. 22-41.

LE COMMUNISME ET SA MÉMOIRE

Dioujeva, Natacha, George, François (dir.), *Staline à Paris*, Paris, Ramsay, 1982.

Elleinstein, Jean, *Histoire du phénomène stalinien*, Paris, Grasset, 1977.

— *Histoire de l'U.R.S.S.*, Paris, Éditions sociales, 1972-1974, 3 vol.

Goulemot, Jean M., *Le Clairon de Staline, de quelques aventures du Parti communiste français*, Paris, Le Sycomore, 1981.

— « Candide militant : la littérature française et la philosophie des Lumières dans quelques revues communistes de 1944 à la mort de Joseph Staline », *Libre*, 7, Paris, Payot, 1980, p. 199-245.

Espagne

Baroja, Pío, *La lucha por la vida en tres libros*. 1. *La busca*, 2. *Mala hierba*, 3. *Aurora roja*, Madrid, Regio Caro Editor, 1904.

Carrión Gútiez, Manuel, *La Biblioteca nacional*, Madrid, Biblioteca nacional, 1996.

Cayetano Martín, María del Carmen, *Archivos y bibliotecas de Madrid, 1868-1902*, Madrid, Artes graficas municipales : area de regimen interior y personal, 1995.

Directorio de bibliotecas españolas, Madrid, Ministerio de la Cultura, 1988.

Lafitau, Joseph-François, *Mœurs des sauvages américains comparées aux mœurs des premiers temps*, Paris, Saugrain l'aîné, 1724, 2 vol.

La Hontan, Louis Armand de Lom d'Arce, baron de, *Nouveaux Voyages de M. le baron de La Hontan dans l'Amérique septentrionale*, tome I, La Haye, Les frères L'Honoré, 1715.

Moralles Vallespin, María Isabel, Girón García, Alicia, Santiago Páez, Elena María, *Nueva guía de las bibliotecas de Madrid*, Madrid, Associación nacional de archiveros, bibliotecarios…, 1979.

Munibe, Xavier Maria de, *La ilustración vasca : cartas de Xavier María de Munibe, conde de Peñaflorida a Pedro Jacinto de Álava*, ed., introd., notas e índices por J. Ignacio Tellechea Idígoras, s.l., Eusko legebiltzarra, 1987.

Bibliothèques imaginaires

Catalogue des livres de la bibliothèque de feu M. le duc de La Vallière, dont la vente se fera dans les premiers jours du mois de décembre 1783, Paris, Guillaume Debure fils, 1783, in-8°, 4 tomes dont 1 de supplément en 7 volumes.

Char, René, *La bibliothèque est en feu*, orné d'une gravure originale de Georges Braque, Paris, L. Broder, 1956.

Érik Desmazières : gravures récentes (exposition), Paris, Arsène Bonafous-Murat, 1993.

Érik Desmazières : Amor librorum pictorum nos unit (exposition), Paris, Arsène Bonafous-Murat, 2002.

Evans, Christophe, Camus, Agnès, Crétin, Jean-Michel, *Les Habitués. Le microcosme d'une grande bibliothèque*, préface de Christian Baudelot, Paris, Bibliothèque publique d'information, « Études et recherches », 2000.

Henri Labrouste, architecte de la Bibliothèque nationale de 1854 à 1875 (exposition à la BNF, mars-avril 1953), Paris, Presses artistiques, 1953.

Ledoux, Claude Nicolas, *L'Œuvre et les Rêves de Claude Nicolas Ledoux*, précédé de *Ledoux et son temps* par Yvan Christ ; par Ionel Schein, Paris, Chêne, 1971.

— *L'Architecture considérée sous le rapport de l'art, des mœurs et de la législation*, Paris, l'auteur, 1804.

Les Architectes visionnaires de la fin du XVIIIe siècle (exposition organisée en collaboration avec la Bibliothèque nationale de Paris, cabinet des estampes, musée d'Art et d'Histoire, Genève, 13 novembre 1965-30 janvier 1966), Genève, musée d'Art et d'Histoire, 1965.

Pérouse de Montclos, Jean-Marie, *Étienne Louis Boullée (1728-1799), de l'architecture classique à l'architecture révolutionnaire*, Paris, Arts et métiers graphiques, 1969.

— (éd.), *L'Architecture visionnaire et néo-classique, Étienne Louis Boullée*, Paris, Hermann, 1993.

Tampieri, Maria Grazia, *La Bibliothèque impériale di Henri Labrouste, 1854-1875*, Bologna, Parametro, 1997.

Weelen, Guy, Jaeger, Jean-François, *Vieira da Silva*, catalogue raisonné établi par Virginie Duval et Diane Daval Béran, Genève, Skira, 1994.

Table

Réalisation : PAO Éditions du Seuil
Achevé d'imprimer par Firmin-Didot
au Mesnil-sur-l'Estrée
Dépôt légal : février 2006. N° 81683 (77418)
Imprimé en France